COLEÇÃO QUESTÕES DE LEGISLAÇÃO INSTITUCIONAL

Legislação da DEFENSORIA PÚBLICA DA UNIÃO, DOS ESTADOS E DO DISTRITO FEDERAL

Questões comentadas

Coordenação
Leonardo Garcia

COLEÇÃO QUESTÕES DE LEGISLAÇÃO INSTITUCIONAL

Organização
José Roberto Mello Porto

Legislação da DEFENSORIA PÚBLICA DA UNIÃO, DOS ESTADOS E DO DISTRITO FEDERAL

Questões comentadas

AUTORES

- Bruno Bortolucci Baghim
- Jânio Urbano Marinho Júnior
- Jorge Bheron Rocha
- Lucas Pampana Basoli

2020

EDITORA JusPODIVM
www.editorajuspodivm.com.br

EDITORA
*Jus*PODIVM
www.editorajuspodivm.com.br

Rua Território Rio Branco, 87 – Pituba – CEP: 41830-530 – Salvador – Bahia
Tel: (71) 3045.9051
• Contato: https://www.editorajuspodivm.com.br/sac

Diagramação: Marcelo S. Brandão *(santibrando@gmail.com)*

Capa: Ana Caquetti

L514 Legislação da defensoria pública da união, dos estados e do distrito federal / organizador José Roberto Mello Porto – Salvador: Editora JusPodivm, 2019.
304 p. (Coleção questões de legislação institucional / coordenador Leonardo Garcia)

Vários autores.
Bibliografia.
ISBN 978-85-442-3012-1.

1. Direito Processual. 2. Defensoria Pública. I. Garcia, Leonardo. II. Porto, José Roberto Mello. III. Título.

CDD 341.413

APRESENTAÇÃO DA COLEÇÃO

A ***Coleção Questões de Legislação Institucional*** nasceu da necessidade de demonstrar como as legislações (federal e dos estados) que organizam e instituem as principais carreiras jurídicas são cobradas nos concursos públicos.

Pela primeira vez, foi selecionada praticamente a totalidade de questões de concursos sobre a atuação e organização das principais carreiras, demonstrando em quais estados (e como) a legislação institucional foi abordada.

Por meio das questões, o candidato perceberá quais pontos de cada lei são mais cobrados, propiciando uma preparação mais direcionada e objetiva. Normalmente, as leis institucionais são extensas e o estudo delas torna-se exaustivo e demorado. Estudar com o foco certo, por intermédio das questões já cobradas, é uma das maneiras mais eficazes de se preparar para os certames atualmente (utilização da Metodologia Questão Vem Primeiro).

Espero contribuir, mais uma vez, com este material diferenciado em sua preparação.

Conte sempre comigo!

Leonardo Garcia
@professorleonardogarcia

SOBRE COORDENAÇÃO, ORGANIZAÇÃO E AUTORIA

COORDENADOR

Leonardo Garcia

Procurador do Estado do Espírito Santo. Mestre em Direitos Difusos e Coletivos pela PUC/SP. Ex-Procurador Federal com exercício no Gabinete do Advogado-Geral da União (AGU) com atuação específica perante o STF. Especialista em "Derecho del Consumo y Economía" pela Universidad de Castilla la Mancha/Espanha. Assessor do Relator da Comissão Especial de Atualização do CDC no Senado Federal. Professor de diversos cursos jurídicos e de pós-graduação. Autor e coordenador de diversos livros jurídicos. www.leonardogarcia.com.br Instagram: @professorleonardogarcia

ORGANIZADOR

José Roberto Mello Porto

Defensor Público do Estado do Rio de Janeiro. Doutorando e Mestre em Direito Processual pela UERJ. Pós-graduado em Direito Privado pela UCAM.

Instagram: @joserobertomelloporto

AUTORES

Bruno Bortolucci Baghim

Defensor Público do Estado de São Paulo. Ex-Coordenador Regional da Escola da Defensoria Pública do Estado (EDEPE). Ex-membro do Núcleo de Defesa da Diversidade e da Igualdade Racial da Defensoria Pública do Estado. Professor da Escola da Magistratura do Paraná (EMAP), dos Cursos Ênfase e Ad Verum e da Pós-Graduação em Direito Penal da Faculdade da

Alta Paulista (FADAP). Graduado em Direito pela Universidade Estadual Paulista "Júlio de Mesquita Filho" (UNESP-Campus Franca). Especialista em Ciências Penais e Direito Constitucional. Mestre em ciência jurídica pela Universidade Estadual do Norte do Paraná (UENP).

Jânio Urbano Marinho Júnior

Defensor Público Federal de 1ª categoria em São Paulo. Vice-Diretor da Escola da DPU. Mestre em Função Social do Direito pela FADISP. Graduado pela Universidade de São Paulo (USP).

Jorge Bheron Rocha

Doutorando em Direito Constitucional (UNIFOR). Mestre em Ciências Jurídico-criminais pela Faculdade de Direito da Universidade de Coimbra, Portugal, com estágio na Georg-August-Universität Göttingen, Alemanha. Pós-graduado em Processo Civil pela Escola Superior do Ministério Público do Ceará. Sócio fundador do Instituto Latino-Americano de Estudos sobre Direito, Política e Democracia - ILAEDPD. Membro da Associação Norte e Nordeste de Professores de Processo - ANNEP e da Associação Brasileira de Direito Processual - ABDPro. Membro e Diretor Regional do Capítulo Brasil do Instituto Panamericano de Direito Processual. Membro do Conselho Penitenciário do Estado do Ceará. Defensor Público do Estado do Ceará. Professor de Direito Penal e Processo Penal e Civil da Graduação e Pós-Graduação. Professor da Escola Superior da Magistratura do Estado do Ceará - ESMEC. Membro do Conselho Editorial da Boulesis e da Emais Editora.

Lucas Pampana Basoli

Defensor Público do Estado de São Paulo. Bacharel em Direito pelo Centro Universitário Eurípides de Marília (UNIVEM). Especialista em Direito Constitucional. Especialista em Direito Processual Civil. Associado ao Instituto Brasileiro de Ciências Criminais (IBCCRIM). Professor do Curso Estude Ad Verum.

SUMÁRIO

PARTE I – LEGISLAÇÃO NACIONAL

PARTE II – LEGISLAÇÕES ESTADUAIS

PARTE I

LEGISLAÇÃO NACIONAL

1

LEI NACIONAL DA DEFENSORIA PÚBLICA

01. (Defensor Público – DPE-MA – FCC – 2018). Na Comarca de Nova Gália tramita ação indenizatória ajuizada pelo Sr. Mévio, representado pela Defensoria Pública, em face do Sr. Tício. Narra-se na inicial que Tício, político e rico empresário da região, conduzindo seu veículo importado, atropelou Mévio, enquanto este atravessava a rua sobre a faixa de pedestre. Considerando os danos sofridos e a notória capacidade econômica do demandado, o pedido de indenização é de R$ 250.000,00. No curso do processo, constatou-se que Tício buscava frustrar sua citação pessoal, o que motivou sua citação por hora certa. Certificado o decurso do prazo para resposta, foi proferida decisão determinando a intimação de um dos Defensores Públicos atuantes na Comarca para que, se o caso, atuasse como curador especial. Considerando os fatos narrados, é correto afirmar:

a) O Juízo agiu de forma acertada ao determinar a intimação da Defensoria Pública no caso, uma vez que, sendo Instituição autônoma, a seus membros compete a análise da hipossuficiência de seus usuários, devendo o Defensor, ao ser intimado, informar que não atuará como curador especial em favor de Tício, pois este não se enquadra na categoria de hipossuficiente, sendo um rico empresário da região, que tem plenas condições de contratar um advogado.

b) O Juízo agiu de forma acertada ao determinar a intimação da Defensoria Pública no caso, uma vez que, sendo Instituição autônoma, a seus membros compete a análise da possibilidade de sua atuação, devendo o Defensor, ao ser intimado, informar que não poderá atuar como curador especial no processo, pois a parte autora já é patrocinada por outro Defensor Público, havendo, em decorrência dos princípios da unidade e indivisibilidade, impedimento legal expresso na Lei Complementar n° 80/94 para que a Defensoria Pública patrocine no mesmo processo, ainda que por meio de Defensores diversos, partes com interesses antagônicos.

c) Em que pese seja possível ao Defensor Público atuar pela parte demandada quando a parte autora é assistida por outro Defensor, bem como atuar por pessoa com recursos econômicos, exercendo uma de suas atribuições atípicas, o órgão de execução, ao ser intimado, deverá, na defesa de sua independência funcional, deixar de atuar no caso concreto, uma vez que o demandado claramente não terá argumentos suficientes para afastar a pretensão do autor, atropelado sobre a faixa de pedestres, e assim não poderá se beneficiar da atuação da Instituição que, se ocorresse, violaria seus objetivos institucionais.

d) Considerados a missão institucional da Defensoria Pública e os princípios da unidade, indivisibilidade e autonomia funcional, bem como as atribuições dos órgãos de execução da Defensoria Pública, previstas na Lei Complementar n° 80/94, o Defensor Público poderá atuar no caso, com a ressalva de que sua atuação deverá se limitar ao exercício da defesa formal da parte, uma vez que necessária para o prosseguimento do processo, sendo-lhe vedado, porém, deduzir tese diretamente contrária às teses constantes da inicial, pois a Defensoria Pública deve atuar de forma estratégica na construção de jurisprudência favorável aos hipossuficientes.

e) Considerada a missão institucional da Defensoria Pública e os princípios da unidade, indivisibilidade e independência funcional, bem como as atribuições dos órgãos de execução da Defensoria Pública, previstas nas Lei Complementar n° 80/94, o Defensor Público poderá atuar como curador especial no caso, ainda que para parte com patentes indícios de riqueza e de forma contrária à parte patrocinada por outro Defensor Público, podendo, inclusive, contrariar as teses da inicial, seja sobre as questões de fato, seja sobre as questões de direito.

► ***Anotações/Comentários***

A assertiva "e" está correta, de acordo com o artigo 4º, XVI, LC nº 80/94, é função institucional da Defensoria Pública "exercer a curadoria especial nos casos previstos em lei", dentre as previsões está o art. 72, II do CPC/2015: "O juiz nomeará curador especial ao: (...) réu preso revel, bem como ao réu revel citado por edital ou com hora certa, enquanto não for constituído advogado.

Gabarito:E

02. (Defensor Público DPE-MA – 2018 – FCC). Sobre a autonomia funcional, administrativa e financeira conferidas à Defensoria Pública dos Estados, é correto afirmar que

a) devem ser preservadas pelo Chefe do Poder Executivo, ainda que, em tese, seja admitida a vinculação da Defensoria Pública à Secretaria de Governo.

b) compete à Defensoria Pública, independentemente da chancela de outro Poder, a abertura de concurso público, a criação e o provimento dos cargos de suas carreiras e dos serviços auxiliares.

c) segundo previsão de sua Lei Orgânica Nacional, à Defensoria Pública dos Estados é assegurada autonomia funcional, administrativa e iniciativa para elaboração de sua proposta orçamentária, sendo-lhe, porém pela mesma lei, expressamente vedada a participação na elaboração da Lei de Diretrizes Orçamentárias, de iniciativa do Poder Executivo.

d) a Defensoria Pública do Estado elaborará sua proposta orçamentária atendendo aos seus princípios, às diretrizes e aos limites definidos na lei de diretrizes orçamentárias, encaminhando-a diretamente ao Poder Legislativo, uma vez que não se encontra subordinada ao Poder Executivo.

e) a Defensoria Pública do Estado encaminhará sua proposta orçamentária ao Chefe do Poder Executivo que, apesar de não poder realizar a redução unilateral do orçamento proposto, quando tenha sido elaborado em obediência à lei de diretrizes orçamentárias e enviado conforme as diretrizes constitucionais, poderá pleitear ao Poder Legislativo a redução eventualmente pretendida.

► *Anotações/Comentários*

A assertiva da letra "a" está incorreta, uma vez que "A EC 45/2004 outorgou expressamente autonomia funcional e administrativa às defensorias públicas estaduais, além da iniciativa para a propositura de seus orçamentos (art. 134, § 2º): donde, ser inconstitucional a norma local que estabelece a vinculação da Defensoria Pública a Secretaria de Estado." (ADI 3.569 e ADI 4.056).

A assertiva da letra "b" está incorreta, pois a criação de cargos a criação e o provimento dos cargos depende de lei específica aprovada pelo Poder Legislativo, segundo a leitura conjunta do art. 134, § 4º e art. 96, II, "b".

A assertiva da letra "c" está incorreta, porque não é a Lei Orgânica Nacional que veda a participação da Defensoria Pública na elaboração da Lei de Diretrizes Orçamentárias. No âmbito federal, a disciplina da matéria se encontra no art. 165, II da Constituição, e atribui a iniciativa de lei ao Poder Executivo.

A assertiva da letra "d" está incorreta, pois a Defensoria Pública "elaborará sua proposta orçamentária (...) encaminhando-a ao Chefe do Poder

Executivo para consolidação e encaminhamento ao Poder Legislativo", segundo dicção do art. 97-B.

Assim, a alternativa correta é aquela prevista na letra "e".

Gabarito: E

03. (Defensor Público DPE-MA - 2018 - FCC). Considerando as disposições da Lei Orgânica Nacional da Defensoria Pública (LC n° 80/1994) e Lei Orgânica da Defensoria Pública do Estado do Maranhão (LC Estadual n° 19/1994), é correto afirmar que:

a) O Conselho Superior é presidido pelo Defensor Público-Geral, que terá voto de qualidade, inclusive em matéria disciplinar.

b) A Defensoria Pública será instalada, preferencialmente, em prédio integrante do conjunto arquitetônico do Fórum.

c) As decisões do Conselho Superior da Defensoria Pública serão motivadas e publicadas, e suas sessões deverão ser públicas e realizadas, no mínimo, trimestralmente, podendo ser convocada por qualquer conselheiro, caso não realizada dentro deste prazo.

d) Para ser considerado economicamente necessitado, segundo os critérios estabelecidos em lei para a atuação da Defensoria Pública do Maranhão, o usuário deverá, cumulativamente, ter renda pessoal inferior a três salários mínimo e pertencer a entidade familiar, cuja média da renda per capita mensal não ultrapasse 1,5 salários mínimo.

e) São funções institucionais da Defensoria Pública prestar orientação jurídica e exercer a defesa dos necessitados, em todos os graus e promover, prioritariamente, a solução de litígios por meio do ajuizamento de ações coletivas.

▸ *Anotações/Comentários*

A assertiva da letra "a" está incorreta, pois o voto de qualidade não tem vez em matéria disciplinar, conforme art. 57, § 1º e art. 101, § 1º, LC nº 80/94, em relação às Defensorias Públicas do Distrito Federal, Territórios e Estados.

A assertiva da letra "c" é incorreta, pois "acessões deverão ser públicas, salvo nas hipóteses legais de sigilo, e realizadas, no mínimo, bimestralmente", conforme, art. 102, § 3º, LC nº 80/94, em relação às Defensorias Públicas dos Estados.

A assertiva da letra "d" é incorreta, em vista da dicção expressa do art. 1º, § 2º, "a", Lei Complementar nº 19, de 11 de Janeiro de 1994.

A assertiva da letra "e" é incorreta, pois a promoção prioritária é da solução extrajudicial dos litígios, conforme art. 4º, II, LC nº 80/94.

Assim, a alternativa correta é aquela prevista na letra "b", textualmente no "Art. 7º – A Defensoria Pública será instalada, preferencialmente, em prédio integrante do conjunto arquitetônico do Fórum." da Lei Complementar nº 19, de 11 de Janeiro de 1994, do Estado do Maranhão.

Gabarito: B

04. (Defensor Público DPE-AM – 2018 – FCC). Quando da edição da Lei Complementar nº 132/2009, foi objeto de veto presidencial previsão que

a) permitia a recusa e renúncia à promoção à carreira.

b) indicava como atribuição institucional da Defensoria Pública o patrocínio da ação penal privada e da subsidiária da pública.

c) determinava a imediata ciência ao Defensor Público-Geral sobre a decisão de não atuação institucional do membro da carreira.

d) permitia a convocação de audiências públicas para discutir matérias relacionadas às funções institucionais.

e) permitia atendimento interdisciplinar, por meio de órgãos ou servidores do quadro de apoio.

► ***Anotações/Comentários***

A assertiva da letra "a" está incorreta, pois houve veto presidencial à figura da "renúncia à promoção", prevista na alteração proposta ao art. 32, permanecendo, entretanto, a figura da "recusa" já existente na redação originária da LC nº 80/94.

Gabarito: A

05. (Defensor Público DPE-AM – 2018 – FCC). Segundo a Lei Complementar nº 80/1994, a Ouvidoria Geral da Defensoria Pública do Estado é órgão

a) complementar, dentro da estrutura da Subdefensoria Pública-Geral.

b) da administração superior.

c) de atuação junto aos movimentos sociais.

d) de execução.

e) auxiliar.

► ***Anotações/Comentários***

A assertiva da letra "e" está correta em face da previsão expressa no art. 98, IV, LC nº 80/04

Gabarito: E

06. (Defensor Público DPE-RS – 2018 – FCC). A Lei Complementar nº 80/94 estabelece no artigo 4°, inciso XVI, que é função institucional da Defensoria Pública, dentre outras, exercer a curadoria especial nos casos previstos em lei.

À luz do dispositivo acima citado, configura hipótese de atuação:

I. em ação declaratória de união estável *post mortem* ajuizada contra a sucessão, representada por filho incapaz advindo da união cujo reconhecimento se pretende.

II. ao réu revel citado com hora certa, enquanto não for constituído advogado.

III. ao réu revel citado pessoalmente, enquanto não for constituído advogado.

Está correto o que consta APENAS de:

a) I e II.

b) II e III.

c) I.

d) I e III.

e) III.

► ***Anotações/Comentários***

A assertiva "I" está correta, pois corresponde à hipótese prevista no art. 72, I, 2ª parte, CPC/2015.

A assertiva "II" está correta, pois corresponde à hipótese prevista no art. 72, II, CPC/2015.

A assertiva "III" está incorreta, pois não corresponde a nenhuma hipótese prevista em lei, especialmente no CPC/2015 (art. 72).

Gabarito: A

07. (Defensor Público DPE-RS – 2018 – FCC). A respeito das prerrogativas dos membros da Defensoria Pública, consoante dispõe a Lei Complementar n° 80/94, considere os itens a seguir:

I. Receber, inclusive quando necessário, mediante entrega dos autos com vista, intimação pessoal em qualquer processo e grau de jurisdição ou instância administrativa, contando-se-lhes em dobro todos os prazos.

II. Comunicar-se, pessoal e reservadamente, com seus assistidos, ainda quando estes se acharem presos ou detidos, salvo se incomunicáveis, tendo livre ingresso em estabelecimentos policiais, prisionais e de internação coletiva, independentemente de prévio agendamento.

III. Ser ouvido como testemunha, em qualquer processo ou procedimento, em dia, hora e local previamente ajustados com a autoridade competente.

IV. Representar a parte, em feito administrativo ou judicial, independentemente de mandato, ressalvados os casos para os quais a lei exija poderes especiais.

V. Quando, no curso de investigação policial, houver indício de prática de infração penal por membro da Defensoria Pública do Estado, a autoridade policial, civil ou militar, comunicará imediatamente o fato ao Corregedor-Geral, que designará membro da Defensoria Pública para acompanhar a apuração.

Está correto o que consta APENAS de:

a) III, IV e V.

b) I, II e III.

c) I, III e IV.

d) II, III e V.

e) I, III e V.

► *Anotações/Comentários*

A assertiva "II" está incorreta, pois é prerrogativa dos membros da Defensoria Pública comunicar-se, pessoal e reservadamente, com seus assistidos, ainda que encontrem incomunicáveis (art. 44, VII; art. 89, VII; e art. 128, VI) da Lei Orgânica Nacional.

Gabarito: C

08. (Assistente Técnico – Administrativa DPE-AM – 2018 – FCC). A Defensoria Pública é instituição permanente, essencial à função jurisdicional do Estado, incumbindo-lhe prestar gratuita assistência jurídica e extrajudicial aos necessitados, compreendendo a orientação, postulação e defesa de seus direitos e interesses em todos os graus de jurisdição. Essa incumbência é compatível com o propósito da Constituição Federal de construir uma sociedade livre, justa e solidária. Esse propósito está inserido na lei maior como um

a) fundamento.

b) objetivo fundamental.

c) objetivo social.

d) objetivo jurídico.

e) princípio.

► ***Anotações/Comentários***

A assertiva "b" está correta, conforme o art. 3º, I, CRFB.

Gabarito: B

09. (Defensor Público DPE-AP – 2018 – FCC). Em relação ao Conselho Superior da Defensoria Pública do Estado, prevê a Lei Complementar nº 80/1994 que

a) o Presidente terá voto de qualidade em sede de matéria disciplinar.

b) as eleições serão realizadas em conformidade com as regras indicadas em Ato editado pelo Defensor Público-Geral.

c) a escolha de seus membros deve se dar até o final do mês de abril, a cada dois anos.

d) a presença do Ouvidor Geral é computada com a finalidade de se atingir o quórum necessário à instalação da sessão.

e) são elegíveis os membros que contarem com mais de cinco anos de serviço público na Instituição.

► ***Anotações/Comentários***

A assertiva "a" está incorreta, conforme o art. 101, § 1º, da LC nº 80/94.

A assertiva "b" está incorreta, conforme o art. 101, § 2º, da LC nº 80/94.

A assertiva "c" está incorreta, pois não há qualquer disposição a respeito de data de eleição na LC nº 80/94.

A assertiva "e" está incorreta, tendo em vista que são elegíveis os membros estáveis na carreira (art. 101, *caput*, LC nº 80/94) que não estejam afastados (art. 101, § 4º, LC nº 80/94).

A assertiva "d" está correta, conforme o art. 101, *caput*, da LC nº 80/94, pois a "A composição do Conselho Superior da Defensoria Pública do Estado deve incluir obrigatoriamente (...) o Ouvidor-Geral".

Gabarito: D

10. (Defensor Público DPE-AP – 2018 – FCC). A remoção compulsória de membro da Defensoria Pública, conforme prevista na Lei Complementar nº 80/1994, ocorrerá

a) com a concordância do membro, haja vista sua inamovibilidade.

b) quando houver cargo vago em determinada Comarca que não conte com outro membro em atividade naquela localidade.

c) com prévio parecer da Corregedoria-Geral, assegurada ampla defesa em processo administrativo que a imponha.

d) com observância da antiguidade.

e) de acordo com as regras a serem fixadas em lei estadual.

► ***Anotações/Comentários***

A assertiva "e" está correta, conforme o art. 118, LC nº 80/94.

Gabarito: E

11. **(Defensor Público DPE-AM – 2018 – FCC).** Segundo a Lei Complementar n° 80/1994, que prescreve normas gerais para a organização nos Estados, a Ouvidoria-Geral da Defensoria Pública do Estado é órgão

a) auxiliar, ficando a escolha do Ouvidor-Geral a cargo de entidades da sociedade civil.

b) de atuação, com nomeação do Ouvidor-Geral realizada pelo Governador do Estado.

c) da administração superior, mas sem necessidade de o cargo de Ouvidor-Geral ser exercido em regime de dedicação exclusiva.

d) auxiliar, com Ouvidor-Geral escolhido dentre integrantes de lista tríplice formada pela sociedade civil.

e) da administração superior, com cargos de quadro de apoio preenchidos por pessoas externas à instituição.

► ***Anotações/Comentários***

A assertiva "d" está correta, conforme art. 98, IV e art. 105-B, LC nº 80/94.

Gabarito: D

12. **(Analista – Análise de Sistemas DPE-AM – 2018 – FCC).** No que se refere à organização da Defensoria Pública da União, a Lei Complementar n° 80/94 estabelece que

a) a União terá apenas um Subdefensor Público-Geral Federal.

b) para o mandato do Defensor Público-Geral Federal não é permitida a recondução.

c) a nomeação do Defensor Público-Geral Federal é feita pelo Presidente da República e deve ser precedida de aprovação no Senado Federal e na Câmara dos Deputados.

d) o Subdefensor Público-Geral Federal será escolhido pelo Conselho Superior e nomeado pelo Presidente da República e precedido de aprovação na Câmara dos Deputados.

e) o Defensor Público-Geral Federal é escolhido por voto direto, secreto, plurinominal e obrigatório de seus membros.

► *Anotações/Comentários*

A assertiva "a" está incorreta, conforme art. 7º, parágrafo único, LC nº 80/94.

A assertiva "b está incorreta, conforme art. 6º, *caput*, LC nº 80/94.

A assertiva "c" está incorreta, conforme art. 6º, *caput*, LC nº 80/94, a Câmara dos Deputados não participa do ato de aprovação.

A assertiva "d" está incorreta, conforme art. 7º, *caput*, LC nº 80/94, a Câmara dos Deputados não participa do ato de aprovação.

A assertiva "e" está correta, conforme art. 6º, *caput*, LC nº 80/94, a cabendo ao Presidente nomear um dentre os três nomes escolhidos pela categoria para integrar a lista tríplice.

Gabarito: E

13. (Defensor Público DPE-PE – 2018 – CESPE). Os familiares de uma vítima de delito de homicídio procuraram a Defensoria Pública a fim de que o órgão os representasse como assistente de acusação nos autos da respectiva ação penal em curso, cujo réu também é assistido pela Defensoria Pública.

À luz das atribuições legais do órgão e do entendimento jurisprudencial sobre o assunto, o defensor público responsável pelo atendimento dos familiares da vítima deve

a) deferir o patrocínio, devendo juntar aos autos procuração judicial com poderes específicos para atuação no processo, na hipótese de os familiares da vítima não serem economicamente hipossuficientes.

b) deferir o patrocínio, com aferição da hipossuficiência econômica dos familiares da vítima, sendo desnecessária a juntada aos autos de procuração com poderes específicos para atuação no processo.

c) recusar o patrocínio, haja vista a incompatibilidade de atuação do órgão na função acusatória.

d) recusar o patrocínio, visto que o réu na referida ação penal já se encontra assistido pela Defensoria Pública.

e) deferir o patrocínio, independentemente da aferição da hipossuficiência econômica dos familiares da vítima, por se tratar a hipótese de atribuição institucional do órgão.

► ***Anotações/Comentários***

A assertiva "b" está correta, conforme art. 4º, XVII e art. 4º-A, V, LC nº 80/94.

Gabarito: B

14. (Defensor Público DPE-PE – 2018 – CESPE). Com relação aos institutos da gratuidade da justiça e da assistência jurídica pública gratuita, assinale a opção correta.

a) A recusa da assistência jurídica gratuita pelo defensor público responsável pelo atendimento é passível de controle de legalidade no âmbito da própria instituição.

b) A aferição do direito da parte à assistência jurídica gratuita pela Defensoria Pública e a decisão da concessão do benefício da gratuidade da justiça são atribuições do defensor público responsável pelo atendimento.

c) O deferimento da gratuidade da justiça e a posterior intimação judicial para a atuação em favor de parte desprovida de capacidade postulatória obrigam a atuação da Defensoria Pública nos autos da demanda judicial.

d) A decisão do defensor público que defere a assistência jurídica gratuita da Defensoria Pública deve ser submetida a revisão judicial.

e) Deferida a assistência jurídica gratuita, a decisão não pode ser revista, ainda que alterada a situação econômica do assistido, o que obriga a Defensoria Pública a atuar durante todo o curso da demanda judicial.

► ***Anotações/Comentários***

A assertiva "a" está correta, conforme art. 4º-A, III, LC nº 80/94, e em razão de a concessão da gratuidade da justiça ser de competência do órgão judicial.

Gabarito: A

15. (Defensor Público DPE-PE – 2018 – CESPE). A Lei Complementar n.º 80/1994 considera órgão auxiliar de promoção da qualidade dos serviços prestados pelas defensorias públicas estaduais

a) a Corregedoria Pública-Geral.
b) a Ouvidoria-Geral.
c) o Conselho Superior.
d) os núcleos da Defensoria Pública.
e) a Subdefensoria Pública-Geral.

► ***Anotações/Comentários***

A assertiva "b" está correta, conforme art. 98, IV, LC nº 80/94.

Gabarito: B

16. (Técnico Administrativo DPE-SC – 2018 – FUNDATEC). Assinale a alternativa INCORRETA.

a) A Corregedoria-Geral é órgão de fiscalização da atividade funcional e da conduta dos membros e dos servidores da Instituição.
b) O Defensor Público-Geral e o Subdefensor Público-Geral devem ser maiores de 35 (trinta e cinco) anos e membros estáveis da carreira.
c) Compete ao Corregedor-Geral da Defensoria Pública determinar correições extraordinárias.
d) O Conselho Superior da Defensoria Pública tem como membros natos o Defensor Público-Geral, o Subdefensor Público-Geral, o Corregedor-Geral e o Ouvidor-Geral.
e) Compete ao Conselho Superior editar as normas que regulamentam a eleição para Ouvidor-Geral.

► ***Anotações/Comentários***

A assertiva "c" está incorreta, conforme disposto no art. 8º, XII e art. 56, XII, LC nº 80/94.

Gabarito: C

17. (Defensor Público DPE-AC – 2017 – CESPE). De acordo com a Lei Orgânica Nacional da Defensoria Pública e as demais legislações pertinentes, constitui prerrogativa dos DP

a) a manifestação nos processos apenas por meio de petição.
b) a representação processual imediatamente após a apresentação de mandato.
c) a contagem em dobro dos prazos processuais, incluídos os ritos procedimentais dos juizados especiais.

d) comunicar-se, pessoal e reservadamente, com seus assistidos, salvo quando estes se acharem presos sob cláusula de incomunicabilidade.

e) a intimação pessoal, ainda que o DP esteja presente na audiência que tenha ensejado o ato.

► ***Anotações/Comentários***

A assertiva "a" está incorreta, pois pode se manifestar por meio de cota (*v.g.* art. 44, IX, LC nº 80/94).

A assertiva "b" está incorreta, pois pode representar a parte, em feito administrativo ou judicial, independentemente de mandato, ressalvados os casos para os quais a lei exija poderes especiais (*v.g.* art. 44, XI, LC nº 80/94).

A assertiva "c" a jurisprudência tem admitido a contagem dobrada nos Juizados Especiais Estaduais, mas não nos Federais e da Fazenda Pública.

A assertiva "d" está incorreta, pois a comunicação deve ocorrer mesmo estando incomunicáveis seus assistidos presos ou detidos (*v.g.* art. 44, VII, LC nº 80/94).

A assertiva "e" está correta, conforme STJ/REsp 1190865/MG e STF/HC 126663.

Gabarito: E

18. **(Defensor Público DPE-AC – 2017 – CESPE).** João é o único DP em exercício em uma comarca do interior do estado X. Celso, sobrinho da esposa de João, foi preso em flagrante na referida comarca e declarou, na audiência de custódia, não ter condições de constituir advogado. Por esse motivo, João foi convocado para a audiência, mas sua participação foi impugnada pelo promotor de justiça, que alegou existência de relação de parentesco entre ele e Celso.

Considerando essa situação hipotética e a legislação pertinente, no que se refere à atuação institucional de João, o juiz da vara criminal da comarca do interior do estado X deverá

a) impedi-la, já que o parentesco por afinidade é motivo de impedimento tanto na fase pré-processual quanto na fase processual.

b) impedi-la, uma vez que o parentesco por afinidade dá causa a incompatibilidade, nas fases pré-processual e processual.

c) impedi-la, em qualquer circunstância, pois a relação de parentesco constitui motivo de suspeição.

d) autorizá-la, pois o impedimento de DP ocorre apenas em casos de parentesco consanguíneo ou afim em linha reta ou colateral.

e) autorizá-la, desde que o juiz assim o determine, devendo ser, no entanto, restrita aos atos da fase pré-processual.

► ***Anotações/Comentários***

A assertiva "d" está correta, pois o parentesco por afinidade limita-se aos ascendentes, aos descendentes e aos irmãos do cônjuge ou companheiro (art. 1.595, § 1º, CC).

Gabarito: D

19. (Defensor Público DPE-AC – 2017 – CESPE). De acordo com a CF e a legislação pertinente, constitui, entre outras, função institucional da DP

a) defender a ordem jurídica, o regime democrático e os interesses sociais e individuais indisponíveis.

b) convocar audiências públicas para discutir políticas públicas sobre saúde, educação, moradia e segurança.

c) exercer a curadoria especial de natureza material.

d) promover, prioritariamente, a solução extrajudicial dos litígios, por meio de instrumentos que valerão como título executivo.

e) assegurar os princípios constitucionais da ampla defesa e do contraditório.

► ***Anotações/Comentários***

A assertiva "d" está correta, conforme art. 4º, II e § 4º, LC nº 80/94.

Gabarito: D

20. (Defensor Público DPU – 2017 – CESPE). A respeito do tratamento constitucional conferido à DP, da organização e do funcionamento da DPU e da responsabilidade funcional de seus membros, julgue o item a seguir.

As penas de demissão e cassação da aposentadoria aos membros da DPU serão aplicadas pelo presidente da República, cabendo ao DPG a aplicação das demais penalidades funcionais.

☐ Certo

☐ Errado

► ***Anotações/Comentários***

A assertiva está em conformidade com a disposição expressa do art. 50, § 6º, LC nº 80/94, embora possa ser questionada sua revogação em razão da Emenda Constitucional nº 74/2013 que conferiu à Defensoria Pública da União autonomia funcional e administrativa (art. 134, § 2º e 3º, CRFB). Numa prova dissertativa ou oral, caberia estas observações.

Gabarito: Certo.

21. (Defensor Público DPU – 2017 – CESPE). No que se refere às atribuições institucionais da DP, à assistência jurídica gratuita e à gratuidade da justiça, julgue o item seguinte.

As funções institucionais da DP incluem a promoção prioritária da solução extrajudicial de conflitos por meio de mediação, conciliação e arbitragem, tendo natureza jurídica de título executivo extrajudicial o instrumento resultante da composição referendado pelo DP.

☐ Certo

☐ Errado

► ***Anotações/Comentários***

A assertiva está certa, conforme art. 4º, II e § 4º, LC nº 80/94.

Gabarito: Certo.

22. (Analista – Administrador DPE-RS – 2017 – FCC). De acordo com a Lei Complementar Federal nº 80/1994, os órgãos de atuação da Defensoria Pública da União, em cada Estado, serão dirigidos por Defensor Público-Chefe, designado pelo Defensor Público-Geral. Ao Defensor Público-Chefe, sem prejuízo de suas funções institucionais, compete, dentre outras,

a) remeter, anualmente, ao Corregedor-Geral, relatório das atividades na sua área de competência.

b) delegar a coordenação das atividades desenvolvidas pelos Defensores Públicos Federais que atuem em sua área de competência ao Conselho Administrativo local da Defensoria Pública da União.

c) enviar, mandatoriamente, a cada três meses, ao Defensor Público-Geral sugestões de providências para o aperfeiçoamento das atividades institucionais em sua área de competência.

d) deferir ao membro da Defensoria Pública da União sob sua coordenação direitos e vantagens legalmente autorizados, por expressa delegação de competência do Defensor Público-Geral.

e) enviar, mandatoriamente, a cada seis meses, ao Defensor Público-Geral sugestões de providências para o aperfeiçoamento das atividades institucionais em sua área de competência.

► ***Anotações/Comentários***

A assertiva "d" está correta, conforme expressa disposição no art. 15, III, LC nº 80/94.

Gabarito: D

23. (Analista - Processual DPE-RS - 2017 - FCC). De acordo com a Lei Complementar Federal n° 80/1994, a composição do Conselho Superior da Defensoria Pública da União deve incluir obrigatoriamente o Defensor Público-Geral Federal, o Subdefensor Público-Geral Federal e

a) o Corregedor-Geral Federal, como membros natos, e, em sua maioria, representantes estáveis da Carreira, dois por categoria, eleitos pelo voto direto, plurinominal, obrigatório e secreto de todos integrantes da Carreira.

b) o Corregedor-Geral Federal, como membros natos, e, em sua maioria, representantes estáveis da Carreira, três por categoria, eleitos pelo voto direto, plurinominal, facultativo e aberto de todos integrantes da Carreira.

c) facultativamente o Corregedor-Geral Federal, como membros natos, e, em sua maioria, representantes estáveis da Carreira, dois por categoria, eleitos pelo voto direto, plurinominal, obrigatório e aberto de todos integrantes da Carreira.

d) facultativamente o Corregedor-Geral Federal, como membros natos, e, em sua maioria, representantes estáveis da Carreira, três por categoria, eleitos pelo voto direto, plurinominal, facultativo e secreto de todos integrantes da Carreira.

e) o Corregedor-Geral Federal, como membros natos, e, em sua maioria, representantes estáveis da Carreira, três por categoria, eleitos pelo voto direto, plurinominal, obrigatório e aberto de todos integrantes da Carreira.

► ***Anotações/Comentários***

A assertiva "a" está correta, conforme expressa disposição no art. 9º, LC nº 80/94.

Gabarito: A

24. (Analista – Processual DPE-RS – 2017 – FCC). Sobre a Defensoria Pública, na esteira da Lei Complementar n° 132/2009, é correto afirmar que o instrumento de transação, mediação ou conciliação referendado pelo Defensor Público valerá como título executivo

a) judicial, ainda que celebrado com pessoa jurídica de direito público.

b) extrajudicial, ainda que celebrado com pessoa jurídica de direito público.

c) judicial, salvo se celebrado com pessoa jurídica de direito público.

d) extrajudicial, salvo se celebrado com pessoa jurídica de direito público.

e) judicial se também for referendado pelo Ministério Público, ainda que celebrado com pessoa jurídica de direito público.

► ***Anotações/Comentários***

A assertiva "b" está correta, conforme expressa disposição no art. 4º, § 4º, LC nº 80/94.

Gabarito: B

25. (Defensor Público DPE-RO – 2017 – VUNESP). As decisões disciplinares, que não acarretem remoção, disponibilidade ou aposentadoria do Defensor Público do Conselho Superior da Defensoria Pública de Rondônia exigem o voto

a) da maioria absoluta de seus membros.

b) de 2/3 de seus membros.

c) da maioria simples, presente a maioria absoluta de seus membros.

d) da maioria absoluta em dois turnos de votação.

e) da maioria simples dos seus membros presentes à sessão.

► ***Anotações/Comentários***

A assertiva "a" está correta, conforme disposto no art. 16, § 2º, Lei Complementar Estadual nº 117/1994.

Gabarito: A

26. (Defensor Público DPE-SC – 2017 – FCC). A Lei Complementar Federal n° 132/2009 alterou alguns dispositivos da Lei Complementar Federal nº 80/1994. Dentre elas, identifica-se a alteração:

a) no exercício da advocacia, quando, então, passou a ser vedado.

b) na oitiva do membro na condição de testemunha, quando passou a se prever a prerrogativa de ajustar previamente com a autoridade competente dia, hora e local para o ato.

c) nos pedidos de remoção por permuta, quando passou a ser exigido o respeito à antiguidade dos demais membros e a ampla divulgação de tais pedidos.

d) na promoção dos membros da carreira, incluindo-se a possibilidade de ascensão pelo merecimento.

e) no afastamento para estudo ou missão, quando este passou a ser autorizado pelo Defensor Público-Geral e não mais pelo Conselho Superior da instituição.

▶ ***Anotações/Comentários***

A assertiva "c" está correta, conforme nova redação dada pela LC nº 132/2009 ao art. 38 e 123 da LC nº 80/94.

Gabarito: C

27. (Defensor Público DPE-SC – 2017 – FCC). Deixar de patrocinar a ação quando esta for manifestamente incabível ou inconveniente aos interesses da parte sob seu patrocínio, comunicando seus fundamentos ao Defensor Público Geral, caracteriza a prerrogativa do Defensor Público de

a) independência hierárquica.

b) livre convencimento motivado.

c) independência funcional.

d) autonomia institucional.

e) autonomia administrativa.

▶ ***Anotações/Comentários***

A assertiva "c" está correta, conforme disposto no art. 44, XII; art. 89, XII e 128, XII, LC nº 80/94.

Gabarito: C

28. (Defensor Público DPE-SC – 2017 – FCC). Na XIV Conferência Judicial Ibero-Americana, ocorrida em 2008, foi produzido um texto que ficou conhecido como as Regras de Brasília sobre Acesso à Justiça das Pessoas em Condições de Vulnerabilidade. Para além de reflexões a respeito do efetivo acesso à justiça pela população vulnerável, o texto trouxe também recomendações aos órgãos públicos e aos operadores do sistema judicial que intervêm na produção desse acesso. Dentre as ações, medidas e direitos previstos, está:

a) não fomentar resolução alternativa de conflito quando se tratar de pessoa vulnerável, a fim de não minimizar a proteção judicial em seu entorno.

b) não informar a vítima sobre a soltura de réu objeto de sua denúncia, a fim de garantir a integridade física e psíquica de ambas as partes.

c) fazer uso de intérpretes quando a pessoa estrangeira não conhece a língua oficial.

d) diminuir a oralidade das ações judiciais, garantindo a formalidade necessária à preservação da segurança jurídica.

e) impedir a antecipação de prova nos casos de pessoas vulneráveis, sendo esta ação ainda mais gravosa quando se trata deste público.

► ***Anotações/Comentários***

A assertiva "c" está correta, conforme disposto no Capítulo II, Secção 3ª. n. 32 das Regras de Brasília sobre Acesso à Justiça das Pessoas em Condição de Vulnerabilidade.

Gabarito: C

29. (Administrador DPE-PR – 2017 – INAZ do Pará). De acordo com a Lei complementar nº 80, são deveres dos membros da Defensoria Pública da União, exceto:

a) Residir na localidade onde exercem suas funções.

b) Desempenhar, com zelo e presteza, os serviços a seu cargo.

c) Examinar, em qualquer repartição pública, autos de flagrantes, inquéritos e processos, assegurada a obtenção de cópias e podendo tomar apontamentos;

d) Prestar informações aos órgãos de administração superior da Defensoria Pública da União, quando solicitadas;

e) Atender ao expediente forense e participar dos atos judiciais, quando for obrigatória a sua presença;

► ***Anotações/Comentários***

A assertiva "c" está incorreta, tendo em vista que se trata de prerrogativa e não de dever, conforme disposto no art. 44, VIII, art. VIII e art. 128, VIII, LC nº 80/94.

Gabarito: C

30. (Administrador DPE-PR – 2017 – INAZ do Pará). Conforme estabelece a Lei complementar nº 80/1994 (Organiza a Defensoria Pública da União, do Distrito Federal e dos Territórios e prescreve normas gerais para sua organização nos Estados), assinale a alternativa que trata de uma atribuição do Defensor Público-Geral.

a) Exercer o poder normativo no âmbito da Defensoria Pública da União.

b) Conhecer e julgar recurso contra decisão em processo administrativo disciplinar.

c) Propor a instauração de processo disciplinar contra membros da Defensoria Pública da União e seus servidores.

d) Acompanhar o estágio probatório dos membros da Defensoria Pública da União.

e) Autorizar os afastamentos dos membros da Defensoria Pública da União.

► ***Anotações/Comentários***

A assertiva "e" está correta, conforme disposto no art. 8º, VI, LC nº 80/94.

Gabarito: E

31. (Técnico de Informática DPE-PR – 2017 – INAZ do Pará). Com base na Lei Complementar nº 80/1994, assinale a alternativa correta referente a Organização da Defensoria Pública da União:

a) O Conselho Superior é presidido pelo Defensor Público-Geral que, além do seu voto de membro, tem o de qualidade, inclusive em matéria de remoção e promoção, sendo as deliberações tomadas por maioria de votos.

b) Ao Conselho Superior da Defensoria Pública da União compete elaborar lista tríplice destinada à promoção por merecimento.

c) O Corregedor-Geral não poderá ser destituído antes do término do mandato, salvo por proposta de dois terços dos membros do Conselho Superior, assegurada ampla defesa.

d) Compete ao Defensor Público Geral decidir acerca da remoção voluntária dos integrantes da carreira da Defensoria Pública da União.

e) A prestação de assistência judiciária pelos órgãos próprios da Defensoria Pública da União dar-se-á, exclusivamente, perante o Supremo Tribunal Federal e os Tribunais superiores.

► ***Anotações/Comentários***

A assertiva "b" está correta, conforme disposto no art. 10, III, LC nº 80/94.

Gabarito: B

32. (Técnico de Informática DPE-PR – 2017 – INAZ do Pará). Acerca dos Deveres, das Proibições, dos Impedimentos e da Responsabilidade Funcional prevista na Lei Complementar nº 80/1994, assinale a alternativa incorreta.

a) Os defensores públicos estão impedidos de exercer suas funções em processo ou procedimento em que seja parte ou, de qualquer forma, interessado.

b) A sanção de advertência será aplicada por escrito nos casos de violação aos deveres e das proibições funcionais, quando o fato não justificar a imposição de pena mais grave.

c) A remoção compulsória será aplicada sempre que a falta praticada, pela sua gravidade e repercussão, tornar incompatível a permanência do faltoso no órgão de atuação de sua lotação.

d) Prescrevem em quatro anos, a contar da data em que foram cometidas, as faltas puníveis com advertência, suspensão e remoção compulsória, aplicando-se, quanto as demais, os prazos previstos em lei.

e) A qualquer tempo poderá ser requerida revisão do processo disciplinar, quando se aduzirem fatos novos ou circunstâncias suscetíveis de provar a inocência do apenado ou de justificar a imposição da pena mais branda.

► ***Anotações/Comentários***

A assertiva "d" está incorreta, conforme disposto no art. 50, § 7º, LC nº 80/94.

Gabarito: D

33. (Defensor Público DPE-ES – 2016 – FCC). A Lei Complementar nº 80/1994 reconhece expressamente como direito das pessoas assistidas juridicamente pela Defensoria Pública, EXCETO:

a) O direito à informação sobre a tramitação dos processos e os procedimentos para a realização de exames, perícias e outras providências necessárias à defesa de seus interesses.

b) O direito de ter sua pretensão revista no caso de recusa de atuação pelo Defensor Público.

c) O patrocínio de seus direitos e interesses pelo defensor natural.

d) A atuação de Defensores Públicos distintos, quando verificada a existência de interesses antagônicos ou colidentes entre destinatários de suas funções.

e) O atendimento multidisciplinar com psicólogo e assistente social.

► ***Anotações/Comentários***

A assertiva "a" está correta, conforme disposto no art. 4º-A, I, "b", LC nº 80/94.

A assertiva "a" está correta, conforme disposto no art. 4º-A, III, "b", LC nº 80/94.

A assertiva "a" está correta, conforme disposto no art. 4º-A, IV, "b", LC nº 80/94.

A assertiva "a" está correta, conforme disposto no art. 4º-A, V, "b", LC nº 80/94.

Gabarito: E

34. (Defensor Público DPE-ES – 2016 – FCC). No regime jurídico da Ouvidoria-Geral da Defensoria Pública do Estado estabelecido pela Lei Complementar nº 80/1994,

a) compete ao Ouvidor-Geral receber e processar as representações contra os membros da Defensoria Pública do Estado, encaminhado-as, com parecer, ao Conselho Superior.

b) o Ouvidor-Geral será escolhido pelo Conselho Superior, dentre membros integrantes da carreira, indicados em lista tríplice formada pela sociedade civil.

c) compete ao Ouvidor-Geral participar, com direito a voto, do Conselho Superior da Defensoria Pública do Estado.

d) o cargo de Ouvidor-Geral será exercido em regime de dedicação exclusiva.

e) o Ouvidor-Geral será nomeado pelo Conselho Superior da Defensoria Pública do Estado.

► ***Anotações/Comentários***

A assertiva "d" está correta, conforme disposto no art. 105-B, § 3º, LC nº 80/94.

Gabarito: D

35. (Defensor Público DPE-ES – 2016 – FCC). Compete ao Conselho Superior da Defensoria Pública do Estado, nos termos do que dispõe expressamente a LC nº 80/1994:

I. Decidir sobre a fixação ou a alteração de atribuições dos órgãos de atuação da Defensoria Pública e, em grau de recurso, sobre matéria disciplinar e os conflitos de atribuições entre membros da Defensoria Pública.

II. Contribuir para a disseminação das formas de participação popular no acompanhamento e na fiscalização da prestação dos serviços realizados pela Defensoria Pública.

III. Exercer as atividades consultivas, normativas e decisórias a serem previstas na lei estadual.

IV. Propor a instauração de processo disciplinar contra membros da Defensoria Pública do Estado e seus servidores.

Está correto o que se afirma APENAS em

a) II e IV.
b) I e II.
c) I e IV.
d) I e III.
e) I, III e IV.

► ***Anotações/Comentários***

A assertiva "d" está correta, conforme disposto no art. 102, § 1º e *caput*, LC nº 80/94.

Gabarito: D

36. (Defensor Público DPE-ES – 2016 – FCC). De acordo com a Lei Complementar nº 80/1994, são órgãos que integram a Administração Superior da Defensoria Pública do Estado:

I. Corregedoria-Geral da Defensoria Pública do Estado.

II. Escola da Defensoria Pública do Estado.

III. Conselho Superior da Defensoria Pública do Estado.

IV. Ouvidoria-Geral da Defensoria Pública do Estado.

Está correto o que se afirma APENAS em

a) II e III.
b) I e III.
c) I, II e III.
d) III e IV.
e) I, II e IV.

► ***Anotações/Comentários***

De acordo com o artigo 98, da Lei Complementar nº 80/1994, a Defensoria Pública dos Estados compreende: **I – órgãos de administração superior:** a) a Defensoria Pública-Geral do Estado; b) a Subdefensoria Pública-Geral do Estado; c) o Conselho Superior da Defensoria Pública do Estado; d) a Corregedoria-Geral da Defensoria Pública do Estado. **II – órgãos de atuação:** a) as Defensorias Públicas do Estado;b) os Núcleos da Defensoria Pública do Estado; **III – órgãos de execução:** a) os Defensores Públicos do Estado. **IV – órgão auxiliar:** Ouvidoria-Geral da Defensoria Pública do Estado.

Assim, a alternativa correta é aquela prevista na letra "b".

Gabarito: B

37. (Defensor Público DPE-ES – 2016 – FCC). No âmbito da atuação da Defensoria Pública em sede de tutela processual coletiva, tanto extrajudicial quanto judicialmente, considere:

I. A Lei da Ação Civil Pública (Lei nº 7.347/1995) atribui legitimidade à Defensoria Pública para firmar termo de ajustamento de conduta.

II. A Lei Complementar nº 80/1994 reconhece expressamente a possibilidade de o Defensor Público convocar audiências públicas para discutir matérias relacionadas às suas funções institucionais.

III. A Lei Complementar nº 80/1994 reconhece expressamente como prerrogativa dos membros da Defensoria Pública requisitar de autoridade pública ou de agente privado exames, certidões, perícias, vistorias, diligências, processos, documentos, informações, esclarecimentos e providências necessárias ao exercício de suas atribuições.

IV. A Lei Complementar nº 80/1994 atribui expressamente legitimidade à Defensoria Pública para promover ação civil pública e todas as espécies de ações capazes de propiciar a adequada tutela dos direitos difusos, coletivos ou individuais homogêneos, desde que comprovada a carência econômica dos beneficiários de tal medida.

Está correto o que se afirma APENAS em

a) I e II.

b) II e IV.

c) I e III.

d) I, III e IV.

e) I, II e III.

► ***Anotações/Comentários***

A assertiva constante do item I está acordo com o artigo 5º, inciso II, combinado com o §º6º da Lei nº 7.347/1995, que pontuam que os órgãos públicos legitimados para a propositura da ação civil pública poderão tomar dos interessados compromisso de ajustamento de sua conduta às exigências legais, mediante cominações, que terá eficácia de título executivo extrajudicial.

A assertiva prescrita no item II, que cuida das atribuições institucionais da Defensoria Pública, é verdadeira e está de acordo com o artigo 4º, inciso XXII, da Lei Complementar nº 80/1994.

A afirmativa abarcada pelo item III é falsa, já que o poder de requisição não se estende aos particulares, ou agente privados, sejam pessoas físicas ou jurídicas. Tal prerrogativa, vale dizer, se aplica apenas para autoridades públicas e seus agentes.

A assertiva trazida pelo item IV é falsa. Com efeito, constitui função institucional da Defensoria Pública promover a ação civil pública e todas as espécies de ações capazes de propiciar a adequada tutela dos direitos difusos, coletivos ou individuais homogêneos, quando o resultado da demanda puder beneficiar grupo de pessoas hipossuficientes. De se frisar, neste ponto, que o Supremo Tribunal Federal[1] assentou entendimento de que a Defensoria Pública tem legitimidade para a propositura de ação civil pública que vise a promover a tutela judicial de direitos difusos e coletivos de que sejam titulares, **em tese**, pessoas necessitadas. Assim, a presunção de que, no rol dos afetados pelos resultados da ação coletiva, constem pessoas necessitadas é suficiente a justificar a legitimidade da Defensoria Pública, para não esvaziar, totalmente, as finalidades que originaram a Defensoria Pública como função essencial à Justiça.

Assim, a alternativa correta é aquela prevista na letra "a".

Gabarito: A

38. (Defensor Público DPE-BA – 2016 – FCC). A Lei Complementar nº 80/94, ao prescrever normas para a organização das Defensorias Públicas dos Estados, dispõe que

a) as decisões do Conselho Superior serão motivadas e publicadas, e suas sessões serão sempre públicas e realizadas, no mínimo, bimestralmente, podendo ser convocada por qualquer conselheiro, caso não realizada dentro desse prazo.

1. RECURSO EXTRAORDINÁRIO 733.433 – MINAS GERAIS.

b) a composição do Conselho Superior da Defensoria Pública do Estado deve conter exclusiva e obrigatoriamente o Defensor Público-Geral, o Corregedor-Geral, Ouvidor-Geral e o Defensor Público mais antigo na carreira.

c) o Conselho Superior deve ser presidido pelo Defensor Público-Geral, que terá voto de qualidade em quaisquer matérias.

d) caberá ao Conselho Superior decidir sobre a fixação ou a alteração de atribuições dos órgãos de atuação da Defensoria Pública e, em grau de recurso, sobre matéria disciplinar e os conflitos de atribuições entre membros da Defensoria Pública, sem prejuízo de outras atribuições.

e) caberá ao Defensor Público-Geral aprovar o plano de atuação da Defensoria Pública do Estado, cujo projeto será precedido de ampla divulgação e ratificação pelo Conselho Superior.

► ***Anotações/Comentários***

A assertiva constante da letra "a" é falsa. Como dispõe o artigo 102, § 3º, da Lei Complementar nº 80/94, as decisões do Conselho Superior serão motivadas e publicadas, salvo as hipóteses legais de sigilo, e as sessões do Conselho Superior, salvo na hipótese legal de sigilo, serão públicas.

A assertiva prescrita na letra "b" é falsa. Dispõe o artigo 101, "caput", da Lei Complementar nº 80/94, que a composição do Conselho Superior da Defensoria Pública do Estado deve incluir obrigatoriamente o Defensor Público-Geral, o Subdefensor Público-Geral, o Corregedor-Geral e o Ouvidor-Geral, como membros natos, e, em sua maioria, representantes estáveis da Carreira, eleitos pelo voto direto, plurinominal, obrigatório e secreto de seus membros, em número e forma a serem fixados em lei estadual.

A afirmativa abarcada pela letra "c" é incorreta. Pontua o artigo 101, § 1º, da Lei Complementar nº 80/94, que o Conselho Superior é presidido pelo Defensor Público-Geral, que terá voto de qualidade, exceto em matéria disciplinar.

A assertiva trazida pelo item "d" é correta e está de acordo com o artigo 102, § 1º, da Lei Complementar nº 80/94.

A afirmativa abarcada pela letra "e" é incorreta. Dispõe o artigo 102, § 2º, da Lei Complementar nº 80/94, que caberá ao Conselho Superior aprovar o plano de atuação da Defensoria Pública do Estado, cujo projeto será precedido de ampla divulgação.

Assim, a alternativa correta é aquela prevista na letra "d".

Gabarito: D

39. (Defensor Público DPE-MT – 2016 – UFMT). Considerando a Lei Complementar Federal nº 80/1994, marque V para as afirmativas verdadeiras e F para as falsas.

( ) A remoção precederá o preenchimento da vaga por merecimento, seja a pedido ou por permuta, sempre entre membros, independentemente da categoria em que os interessados se encontram.

( ) A promoção por merecimento será efetivada por ato do Defensor Público-Geral do Estado, após a elaboração de lista tríplice para cada vaga pelo Conselho Superior.

( ) A remoção compulsória somente será aplicada com prévio parecer da Corregedoria-Geral, assegurada a ampla defesa e em processo administrativo disciplinar.

( ) O Defensor que figurar por três vezes consecutivas ou cinco alternadas em lista de merecimento deverá ser, obrigatoriamente, promovido.

( ) O afastamento do Defensor é permitido para exercício de mandato em entidade de classe de âmbito estadual ou nacional, de maior representatividade, sem prejuízo dos vencimentos, vantagens ou qualquer direito inerente ao cargo.

Assinale a sequência correta.

a) F, V, F, V, V

b) V, F, F, V, V

c) V, V, F, V, F

d) F, F, V, F, V

e) F, V, V, F, F

► ***Anotações/Comentários***

A primeira assertiva é falsa. Diz o artigo 123 da LC nº 80/1994 que quando por permuta, a remoção será concedida mediante requerimento dos interessados, **respeitada a antiguidade dos demais,** na forma da lei estadual.

A segunda assertiva é verdadeira. Diz o artigo 116, "caput", da LC nº 80/1994, que as promoções serão efetivadas por ato do Defensor Público-Geral do Estado, obedecidos, alternadamente, os critérios de antiguidade e merecimento, sendo que, a teor do que dispõe o § 3º do mesmo artigo, a promoção por merecimento dependerá de lista tríplice para cada vaga, elaborada pelo Conselho Superior, em sessão secreta, com ocupantes do primeiro terço da lista de antiguidade.

A terceira assertiva é falsa. Prescreve o artigo 120, da LC nº 80/1994, que a remoção compulsória somente será aplicada com prévio parecer do Conselho Superior, assegurada ampla defesa em processo administrativo disciplinar.

A quarta assertiva é verdadeira e está de acordo com o artigo 116, § 5º, da LC nº 80/1994.

A quinta assertiva é verdadeira e está de acordo com o artigo 126-A, da LC nº 80/1994.

Assim, a alternativa correta é aquela prevista na letra "a": F, V, F, V, V.

Gabarito: A

40. (Defensor Público DPE-MT - 2016 - UFMT). O termo de ajustamento de conduta é, atualmente, importante instrumento à disposição da Defensoria Pública para tutela dos direitos difusos e coletivos. Sobre o assunto, assinale a afirmativa correta.

a) Não é função institucional da Defensoria Pública promover qualquer espécie de ação capaz de propiciar a tutela dos direitos difusos, coletivos e homogêneos, estando limitada à ação civil pública, aos remédios constitucionais e à legitimidade passiva hipossuficiente.

b) O termo de ajustamento de conduta é tomado dos interessados para adequação às exigências legais, com as devidas cominações, que possuem eficácia de título executivo extrajudicial, podendo este ser executado pela Defensoria Pública.

c) A lei que disciplina o termo de ajustamento de conduta garante a legitimidade ativa da Defensoria Pública para propô-lo à parte interessada, como meio excepcional de transação.

d) Conforme a doutrina majoritária, o termo de ajustamento de conduta é meio de transação, porém não pode ser interpretado como na seara penal, onde é instrumento excepcional, diante da fragilidade dos direitos difusos e coletivos.

e) Os termos de ajustamento de conduta podem ser considerados como forma de solução prévia de litígio, já que ensejam necessariamente a extinção do processo administrativo instaurado, quando firmado entre as partes.

► ***Anotações/Comentários***

A frase contida na letra "a" é falsa. Tanto a Lei da Ação Civil Pública, quanto a Lei Complementar nº 80/1994, legitimam a Defensoria Pública a promover a ação civil pública e todas as espécies de ações capazes de propiciar a adequada tutela dos direitos difusos, coletivos ou individuais homogêneos quando o resultado da demanda puder beneficiar grupo de pessoas hipossuficientes.

A assertiva da letra "b" é verdadeira. De acordo com o artigo 5º, inciso II, combinado com o §º6º, da Lei nº 7.347/1995, os órgãos públicos legitimados para a propositura da ação civil pública, dentre os quais está a Defensoria Pública, poderão tomar dos interessados compromisso de ajustamento de sua conduta às exigências legais, mediante cominações, que terá eficácia de título executivo extrajudicial.

A afirmação da letra "c" é falsa. O termo de ajustamento de conduta não constituiu espécie de transação, pois não há concessões recíprocas entre as partes.

A assertiva constante da letra "d" é falsa, pois, como leciona Fernanda Costa[2]: "não se pode afirmar, categoricamente, que o TAC é uma transação pura e simples, pois não envolve direito material controvertido que possibilite às partes acordar dentro de seus interesses próprios, pois dispõem titularidade do conteúdo processual e material objeto da lide. Sem maior apego ao nomen juris melhor conceituar que o TAC é uma "transação especial", pois açambarca como objeto a indisponibilidade dos direitos transindividuais, ou seja, não há identidade pessoal entre os legitimados, titulares do direito material, característica própria de disponibilidade de direito material próprio."

A assertiva elaborada pela letra "e" é falsa. O processo administrativo instaurado não se extingue com a assinatura do termo de ajustamento de conduta. Com efeito, as condições impostas serão objeto de fiscalização pelo ente estatal competente e deverão ser cumpridas integralmente pelo signatário, não havendo que se falar em extinção do expediente administrativo que lhe deu origem pela simples assinatura do termo entre as partes.

Gabarito: B

41. (Analista DPU - 2016 - CESPE). A respeito da Defensoria Pública (DP), julgue o item a seguir, com base nas disposições gerais da Lei Complementar n.º 80/1994.

No caso de recusa de atuação pelo defensor público, o assistido pela DP tem direito à revisão de sua pretensão.

☐ Certo

☐ Errado

2. COSTA, Fernanda Pereira Termo de Ajustamento de Conduta – TAC – Fonte: http://lex.com.br/doutrina_26089822_TERMO_DE_AJUSTAMENTO_DE_CONDUTA__TAC.aspx. Acesso em: 30/05/2019.

► ***Anotações/Comentários***

A assertiva é verdadeira e está de acordo com o artigo 4º-A, inciso III, da LC nº 80/1994, que cuida dos direitos dos assistidos da Defensoria Pública.

Gabarito: C

42. (Analista DPU – 2016 – CESPE). A respeito da Defensoria Pública (DP), julgue o item a seguir, com base nas disposições gerais da Lei Complementar n.º 80/1994.

As funções institucionais da DP não podem ser exercidas em favor de pessoas jurídicas com fins lucrativos, pois esse tipo de entidade não se enquadra no conceito de necessitados.

☐ Certo

☐ Errado

► ***Anotações/Comentários***

A assertiva está errada. De acordo com o artigo 4º, da LC nº 80/1994, constitui uma das funções institucionais da Defensoria Pública exercer, mediante o recebimento dos autos com vista, a ampla defesa e o contraditório em favor de pessoas naturais e jurídicas, em processos administrativos e judiciais, perante todos os órgãos e em todas as instâncias, ordinárias ou extraordinárias, utilizando todas as medidas capazes de propiciar a adequada e efetiva defesa de seus interesses.

Gabarito: E

43. (Analista DPU – 2016 – CESPE)

A respeito da Defensoria Pública (DP), julgue o item a seguir, com base nas disposições gerais da Lei Complementar n.º 80/1994.

O defensor público, no exercício de suas funções institucionais, tem capacidade postulatória em decorrência exclusivamente de sua nomeação e posse no cargo.

☐ Certo

☐ Errado

► ***Anotações/Comentários***

A assertiva está correta[3]. De acordo com o artigo 4º, § 6º, da LC nº 80/1994, a capacidade postulatória do Defensor Público decorre exclusivamente de sua nomeação e posse no cargo público.

Gabarito: C

---

44. (Analista DPU - 2016 - CESPE). Acerca da organização da Defensoria Pública da União (DPU), julgue o item que se segue.

O mandato do corregedor-geral da DPU é de dois anos, sendo garantia funcional a impossibilidade de destituição antes do seu término.

☐ Certo

☐ Errado

► ***Anotações/Comentários***

A assertiva está errada. De acordo com o artigo 104, § 1º, da LC nº 80/1994, o Corregedor-Geral poderá ser destituído por proposta do Defensor Público-Geral, pelo voto de dois terços do Conselho Superior, antes do término do mandato.

Gabarito: E

---

43. (Analista DPU - 2016 - CESPE). Acerca da organização da Defensoria Pública da União (DPU), julgue o item que se segue.

Os defensores públicos federais participam do Conselho Penitenciário, ainda que não tenha direito a voto nas decisões do conselho.

☐ Certo

☐ Errado

---

3. De acordo com o Superior Tribunal de Justiça, que decidiu que os membros da Defensoria Pública não precisam manter registro na Ordem dos Advogados do brasil, "Defensores Públicos exercem atividades de representação judicial e extrajudicial, de advocacia contenciosa e consultiva, o que se assemelha bastante à Advocacia, tratada em Seção à parte no texto constitucional. Ao lado de tal semelhança, há inúmeras diferenças, pois a carreira está sujeita a regime próprio e a estatutos específicos; submetem-se à fiscalização disciplinar por órgãos próprios, e não pela OAB; necessitam aprovação prévia em concurso público, sem a qual, ainda que se possua inscrição na Ordem, não é possível exercer as funções do cargo, além de não haver necessidade da apresentação de instrumento do mandato em sua atuação" (REsp 1.710.155).

► ***Anotações/Comentários***

A assertiva está errada. De acordo com o artigo 18, inciso VIII, da LC nº 80/1994, os Defensores Públicos Federais participam, com direito de voz e voto, do Conselho Penitenciário.

Gabarito: E

44. (Analista DPU - 2016 - CESPE). Acerca da organização da Defensoria Pública da União (DPU), julgue o item que se segue.

Os defensores públicos da União, mediante voto direto, secreto, plurinominal e obrigatório, formam lista tríplice a ser levada ao presidente da República, após a aprovação do Senado Federal, para a escolha do defensor público-geral federal.

☐ Certo

☐ Errado

► ***Anotações/Comentários***

A assertiva está errada. De acordo com o artigo 6º, da LC nº 80/1994, a Defensoria Pública da União tem por chefe o Defensor Público-Geral Federal, nomeado pelo Presidente da República, dentre membros estáveis da Carreira e maiores de 35 (trinta e cinco) anos, escolhidos em lista tríplice formada pelo voto direto, secreto, plurinominal e obrigatório de seus membros, após a aprovação de seu nome pela maioria absoluta dos membros do Senado Federal, para mandato de 2 (dois) anos, permitida uma recondução, precedida de nova aprovação do Senado Federal. Assim, a aprovação pelo Senado Federal se dá após a indicação do nome pelo Presidente da República, e não ao contrário, como constou da afirmação em estudo.

Gabarito: E

45. (Analista DPU - 2016 - CESPE). Acerca do exercício de atribuições na DPU, julgue o item subsequente.

O estágio na DPU é reservado a estudantes de direito matriculados nos quatro últimos semestres do curso, e o tempo do estágio conta como serviço público relevante e prática forense.

☐ Certo

☐ Errado

► ***Anotações/Comentários***

A assertiva está correta. Desfia o artigo 145, da LC nº 80/1994, que as Defensorias Públicas da União, do Distrito Federal e dos Territórios e dos Estados adotarão providências no sentido de selecionar, como estagiários, os acadêmicos de Direito que, comprovadamente, estejam matriculados nos quatro últimos semestres de cursos mantidos por estabelecimentos de ensino oficialmente reconhecidos, sendo que o § 3º, do mesmo artigo, pontua que o tempo de estágio será considerado serviço público relevante e como prática forense.

Gabarito: C

46. **(Analista DPU – 2016 – CESPE)**. Acerca do exercício de atribuições na DPU, julgue o item subsequente.

Aos defensores investidos na função antes do advento da Constituição Federal de 1988 foram assegurados o direito de opção pela carreira e o direito ao exercício da advocacia.

☐ Certo

☐ Errado

► ***Anotações/Comentários***

A assertiva está errada. Prevê o artigo 137 das Disposições Finais e Transitórias da LC nº 80/1994 que aos Defensores Públicos investidos na função até a data da instalação da Assembleia Nacional Constituinte é assegurado o direito de opção pela carreira, garantida a inamovibilidade e vedado o exercício da advocacia fora das atribuições constitucionais.

Gabarito: E

47. **(Técnico de Contabilidade DPE-RR – 2015 – FCC)**. Nos termos da Lei Complementar n° 80/94, acompanhar o estágio probatório dos membros da Defensoria Pública do Estado de Roraima compete ao

a) Governador do Estado.

b) Corregedor-Geral.

c) Defensor Público-Geral.

d) Conselho Superior da Defensoria Pública do Estado.

e) Conselho Nacional de Justiça.

► ***Anotações/Comentários***

(a) Alternativa errada e em desacordo com a Lei Complementar 80/1994. Tal afirmação, em última análise, feriria a autonomia da Defensoria Pública.

(b) Alternativa correta, afinal de acordo com a Lei Complementar nº 80/1994, em seu artigo 105, inciso VII, acompanhar o estágio probatório dos membros da Defensoria Pública é uma atribuição que compete à Corregedoria Geral.

(c) Alternativa errada e em desacordo com a Lei Complementar nº 80/1994.

(d) Alternativa errada e em desacordo com a Lei Complementar nº 80/1994.

(e) Alternativa errada e em desacordo com a Lei Complementar 80/1994. Tal afirmação, em última análise, assim como a letra "a", feriria a autonomia da Defensoria Pública.

Gabarito: B

48. (Defensor Público DPE-RN – 2015 – CESPE). No tocante à ouvidoria-geral da DP dos estados, conforme o disposto na LC n.º 80/1994 e alterações trazidas pela LC n.º 132/2009, assinale a opção correta.

a) O ouvidor-geral deve ser nomeado pelo governador do estado com base em lista tríplice elaborada pelo conselho superior e encaminhada pelo defensor público-geral do estado.

b) A lista tríplice elaborada para subsidiar a escolha do ouvidor-geral deve ser composta preferencialmente por integrantes da carreira da DP.

c) O ouvidor-geral participa do conselho superior da DP do estado com direito a voz e voto.

d) A ouvidoria-geral tem a atribuição de contribuir para a disseminação das formas de participação popular no acompanhamento e na fiscalização da prestação dos serviços realizados pela DP.

e) A ouvidoria-geral é órgão de promoção da qualidade dos serviços prestados pela DP do estado e de fiscalização da atividade funcional e da conduta dos membros da instituição.

► ***Anotações/Comentários***

(a) Alternativa errada e em desacordo com a Lei Complementar 80/1994. O ouvidor-geral deve ser nomeado pelo Defensor Público-Geral do Estado, nos termos preconizados pelo artigo 105-B, § 2º da Lei Complementar 80/1994.

(b) Alternativa errada e em desacordo com a Lei Complementar 80/1994. O ouvidor-geral será escolhido pelo Conselho Superior, dentre cidadãos de reputação ilibada, não integrante da Carreira, indicados em lista tríplice formada pela sociedade civil, para mandato de 2 (dois) anos, permitida 1 (uma) recondução, nos termos preconizados pelo artigo 105-B, Lei Complementar 80/1994.

(c) Alternativa errada e em desacordo com a Lei Complementar nº 80/1994. Ao ouvidor-geral compete participar, com direito a voz, do Conselho Superior da Defensoria Pública do Estado, nos termos do que dispõe o artigo 105-C, IV, da Lei Complementar 80/1994. Não há, portanto, direito de voto.

(d) Alternativa correta, afinal, de acordo com a Lei Complementar nº 80/1994, em seu artigo 105-C, inciso VII, contribuir para a disseminação das formas de participação popular no acompanhamento e na fiscalização da prestação dos serviços realizados pela Defensoria Pública é atribuição que cabe à ouvidoria-geral.

(e) Alternativa errada e em desacordo com a Lei Complementar 80/1994. A fiscalização da atividade funcional dos membros da Defensoria Pública compete à Corregedoria-Geral, nos termos do artigo 103 da Lei Complementar nº 80/1994.

Gabarito: D

49. (Defensor Público DPE-RN – 2015 – CESPE). Com base na LC n.º 80/1994 e na LCE n.º 251/2003–RN, assinale a opção correta no que se refere aos assistidos pela DP.

a) Se houver interesses antagônicos entre assistidos envolvidos em uma mesma causa, caberá ao defensor público-geral avaliar se há a necessidade de indicação de DPs distintos para cada um deles.

b) O assistido tem o direito de ser patrocinado pelo defensor natural e a ser atendido com qualidade e eficiência.

c) Em razão do caráter individual da assistência prestada pela DP, pessoa jurídica não pode ser assistida por um DP.

d) A assistência pela DPE/RN é determinada com base na renda do interessado, e deve ser recusada de plano para pessoas com renda mensal superior a dois salários mínimos.

e) Durante o atendimento inicial, o assistido deve outorgar mandato judicial ao DP responsável, para viabilizar o exercício da sua representação em juízo.

▶ *Anotações/Comentários*

(a) Alternativa errada e em desacordo com a Lei Complementar 80/1994. Caberá ao próprio Defensor Público avaliar, sob risco de eventual tergiversação, se há necessidade de indicar outro colega, caso exista colidência de interesses no caso, afinal, dispõe o artigo 4º-A, inciso V, da Lei Complementar 80/1994, que é direito do assistido a atuação de Defensores Públicos distintos, quando verificada a existência de interesses antagônicos ou colidentes entre destinatários de suas funções.

(b) Alternativa correta, afinal, de acordo com a Lei Complementar nº 80/1994, em seu artigo 4º-A, inciso IV, o patrocínio de seus direitos e interesses pelo defensor natural constitui um dos direitos dos assistidos da Defensoria Pública.

(c) Alternativa errada e em desacordo com a Lei Complementar nº 80/1994. Dita o artigo 4º, inciso V, da Lei Complementar nº 80/1994, que constitui função institucional da Defensoria Pública exercer, mediante o recebimento dos autos com vista, a ampla defesa e o contraditório em favor de pessoas naturais e jurídicas, em processos administrativos e judiciais, perante todos os órgãos e em todas as instâncias, ordinárias ou extraordinárias, utilizando todas as medidas capazes de propiciar a adequada e efetiva defesa de seus interesses. Sobre o tema, como desfiam Caio Paiva e Tiago Fensterseifer[4]: "fica evidenciado que também pessoas jurídicas - com fins lucrativos ou não - podem fazer jus ao benefício da assistência jurídica prestada pela Defensoria Pública, desde que, é claro, na linha da jurisprudência do STJ (Súmula. 481), comprovada efetivamente a insuficiência de recursos financeiros".

(d) Alternativa incorreta e em desacordo com a LCE 251/2003 - RN, que em seu artigo 4º, inciso II, prevê que o atendimento poderá ser prestado à pessoa que pertença à entidade familiar cuja a média da renda "per capita" ou mensal não ultrapasse um salário mínimo. Assim, ainda que a renda do assistido seja superior a dois salários mínimos, se na casa houver, por exemplo, cinco pessoas desempregadas, como a renda "per capita" será menor que um salário mínimo, o atendimento poderá ser efetivado.

(e) Alternativa errada e em desacordo com a Lei Complementar 80/1994. São prerrogativas dos membros da Defensoria Pública do Estado, dentre outras que a lei local estabelecer, representar a parte, em feito administrativo ou judicial, independentemente de mandato, ressalvados os casos para os

4. PAIVA, Caio; FENSTEREIFEN, Tiago. Comentários à Lei Nacional da Defensoria Pública. Belo Horizonte:CEI, 2019. p.163.

quais a lei exija poderes especiais, nos termos do artigo 128, inciso XI, da Lei Complementar nº 80/1994.

Gabarito: B

50. (Defensor Público DPE-RN – 2015 – CESPE). No que diz respeito à atuação da DP perante o STJ, assinale a opção correta.

a) A atuação das DPs estaduais perante o STJ é admitida exclusivamente em processos de *habeas corpus*, em razão da amplitude e da natureza desse remédio constitucional.

b) A LC n.º 80/1994 veda expressamente a atuação das DPs estaduais perante os tribunais superiores.

c) A atuação perante o STJ é de competência exclusiva da DPU.

d) É admitida a atuação de uma DP estadual perante o STJ, desde que haja previsão expressa dessa atuação na lei orgânica do estado em questão.

e) A DPU, a seu critério, pode atuar perante o STJ em substituição às DPs estaduais.

► *Anotações/Comentários*

(a) Alternativa errada e em desacordo com a Lei Complementar 80/1994. O artigo 106, parágrafo único do citado diploma pontua que à Defensoria Pública do Estado competirá interpor recursos aos Tribunais Superiores, quando cabíveis. Assim, o Defensor Público Estadual pode manejar qualquer sorte de recurso ou de ação impugnativa autônoma aos Tribunais Superiores, desde que cabível.

(b) Alternativa errada e em desacordo com a Lei Complementar 80/1994. O artigo 111 da Lei Complementar 80/1994 desfia que o Defensor Público do Estado atuará, na forma do que dispuser a legislação estadual, junto a todos os Juízos de 1º grau de jurisdição, núcleos, órgãos judiciários de 2º grau de jurisdição, instâncias administrativas e Tribunais Superiores. Assim, inexiste vedação para a atuação dos Defensores Públicos Estaduais junto aos Tribunais Superiores.

(c) Novamente, a alternativa está errada e em desacordo com a Lei Complementar 80/1994. Seu artigo 111 desfia que o Defensor Público do Estado atuará, na forma do que dispuser a legislação estadual, junto a todos os Juízos de 1º grau de jurisdição, núcleos, órgãos judiciários de 2º grau de jurisdição, instâncias administrativas e Tribunais Superiores. Não há que se falar, portanto, em competência exclusiva da Defensoria Pública da União para atuar perante o STJ.

(d) Alternativa correta, afinal, de acordo com a Lei Complementar nº 80/1994, em seu artigo 106, parágrafo único, competirá à Defensoria Pública do Estado interpor recursos aos Tribunais Superiores, quando cabíveis.

(e) Alternativa errada e em desacordo com a Lei Complementar 80/1994. A Defensoria Pública da União não detém a prerrogativa de intervir em processo de competência das Defensorias Públicas Estaduais, independentemente da instância onde estes se encontrem.

Gabarito: D

51. (Psicólogo DPE-SP – 2015 – FCC). A Deliberação do Conselho Superior da Defensoria Pública – CSDP nº 187, de 12 de agosto de 2010, que organiza e estrutura os Centros de Atendimento Multidisciplinar (CAM), instituiu, como uma das propostas de trabalho, a composição extrajudicial de conflitos como alternativa à instauração de um processo judicial. É correto afirmar que:

a) Mediação, conciliação e negociação podem ser definidas como: a busca da solução de um conflito por meio da comunicação direta e aberta entre os envolvidos no impasse, sendo um elemento importante e muito utilizado nos relacionamentos humanos.

b) A conciliação, embora seja amplamente utilizada pelos psicólogos do CAM, ainda não está prevista no Código de Processo Civil.

c) O papel do mediador é buscar a aproximação entre as partes, sugerindo alternativas claras, tendo em vista a composição do litígio.

d) O trabalho conjunto dos profissionais de psicologia e direito no âmbito da mediação possibilita, a partir de uma leitura mais ampla sobre o conflito, que as partes auxiliadas por esses profissionais construam uma solução favorável tanto do ponto de vista psicológico como jurídico.

e) Na mediação facilitadora, o mediador deve opinar sobre os pedidos das partes e sobre o acordo. Sua atuação será dirigida à aproximação das partes, conciliando os interesses convergentes.

▶ *Anotações/Comentários*

(a) A alternativa está errada. Com efeito, mediação, conciliação e negociação são conceitos distintos como ensina Luiz Barroso[5]: "mediação se caracteriza pela eleição de um terceiro, o mediador, para ajudar na solução de

5. Fonte: https://www.editorajc.com.br/mediacao-arbitragem-conciliacao-e-negociacao/ Acesso em 21/05/2019.

um conflito, cuja função será apenas a de um facilitador, para que as partes cheguem a uma solução em face do impasse surgido, ao passo que na conciliação o conciliador também funciona como um facilitador para ajudar na solução do conflito estabelecido, possuindo, no entanto, um poder maior que o do mediador, podendo sugerir soluções para o referido conflito, Já a negociação se dá quando as próprias partes, ou pessoas contratadas por elas, "negociam" diretamente, sem a interferência de um terceiro".

(b) Atualmente referida alternativa está correta, posto que o Novo Código de Processo Civil, Lei 13.105/2015, em seu artigo 3º, trouxe expressamente a previsão de que o Estado promoverá, sempre que possível, a solução consensual dos conflitos, bem como de que a conciliação, a mediação e outros métodos de solução consensual de conflitos deverão ser estimulados por juízes, advogados, defensores públicos e membros do Ministério Público, inclusive no curso do processo judicial. No entanto, referida disposição não estava em vigor quando da aplicação da prova em exame.

(c) Alternativa errada. Como já visto, o papel do mediador é apenas o de facilitar que as partes cheguem, por si próprias, à solução do conflito, mas sem propor regras para tanto, afinal, na mediação, ao contrário da conciliação, não há sugestão de avenças pelo mediador.

(d) Alternativa correta. Sobre o tema, confira-se a lição de Paula Cavalcante[6]: "Há uma ideia de justiça e garantia de direitos que é integral e interdisciplinar. Portanto, vai além do trabalho de profissionais do Direito. A Psicologia foi inserida neste contexto para colaborar e já começou a apresentar possibilidades interessantes de atuação, propiciando espaços de escuta e cuidado que têm sido oferecidos a essa população, que foi historicamente cerceada de seus direitos e da oportunidade de participação em processos decisórios que possibilitam o acesso à Justiça".

(e) Alternativa errada. Novamente, como já pontuado, o papel do mediador é apenas o de facilitar que as partes cheguem, por si mesmas, à solução do conflito, sem opinar sobre os pedidos e sobre o acordo. Sua posição, assim, é limítrofe entre a facilitação e a neutralidade.

Gabarito: D

6. CAVALVCANTE, Paula Rosana. Cadernos da Defensoria Pública do Estado de São Paulo v. 3 n. 20. Questões Institucionais e Atuação Interdisciplinar. **Psicólogas e psicólogos na Defensoria Pública: a psicologia a serviço da população, dos seus direitos e do acesso à justiça**. *Psicólogas/os na Defensoria Pública: novas possibilidades de atuação e velhos desafios da Psicologia Jurídica*. 2018. p. 35.

52. (Defensor Público DPE-MA – 2015 – FCC). A Lei Orgânica nacional (LC 80/94) investe o Defensor Público do poder de "*certificar a autenticidade de cópias de documentos necessários à instrução de processo administrativo ou judicial, à vista da apresentação dos originais*". Tal investidura, segundo sua natureza jurídica, pertence ao estatuto de

a) deveres do cargo.

b) funções institucionais.

c) proibições do cargo.

d) prerrogativas do cargo.

e) garantias do cargo.

► ***Anotações/Comentários***

(a) Alternativa falsa – Os deveres dos membros da Defensoria Pública dos Estados estão no rol do artigo 129 da LC 80/1994, que não menciona a hipótese narrada na questão. Ademais, cuidando-se de "poder", não estaria mesmo no rol dos "deveres".

(b) Alternativa falsa – O artigo 4º da LC 80/1994 traz, em rol exemplificativo, as atribuições da instituição Defensoria Pública. Com efeito, não seria uma das missões da instituição certificar a autenticidade de cópias.

(c) Alternativa falsa – As proibições decorrentes do cargo se encontram no artigo 130, da LC 80/1994.

(d) Alternativa correta – As prerrogativas do cargo se encontram no artigo 128, da LC 80/1994. Embora o poder de "certificar a autenticidade de cópias de documentos necessários à instrução de processo administrativo ou judicial, à vista da apresentação dos originais" se encontre no artigo 8º, parágrafo único, inciso III, em se cuidando de poder, se trata de evidente prerrogativa do cargo, alocado por equívoco legislativo no rol das atribuições.

(e) Alternativa falsa – As garantias do cargo são independência funcional no desempenho de suas atribuições, inamovibilidade, irredutibilidade de vencimentos e irredutibilidade de vencimentos, consoante o artigo 43, da LC 80/1994.

Gabarito: D

53. (Defensor Público DPE-MA – 2015 – FCC). A Lei Complementar nacional n° 80/94 prevê no inciso X, dos art. 44, 89 e 128, prerrogativa do cargo de defensor público que se costuma denominar "poder de requisição" ("*São prerrogativas dos membros da Defensoria Pública (...): (...) X – requisitar de autoridade pública ou de seus agentes exames, certidões,* *perícias, vistorias, diligências, processos, documentos, informações, esclarecimentos e providências necessárias ao exercício de suas atribuições").* Diante disso, considere as afirmações a seguir.

I. Historicamente, pode-se considerar a prerrogativa de requisição prevista na Lei Orgânica da Defensoria Pública como reflexo da expansão desse poder estatal em tempos de paz.

II. O exercício da prerrogativa de requisição não está sujeito a controle jurisdicional, caso contrário restaria violada a autonomia funcional da Defensoria Pública.

III. O escrevente judicial deve dar cumprimento a requisição de defensor público que exija a certificação de "trânsito em julgado" em autos de processo, pois tal ordem possui os atributos de "imperatividade" e "autoexecutoriedade".

Está correto o que se afirma APENAS em

a) I e III.

b) I.

c) II.

d) III.

e) I e II.

► *Anotações/Comentários*

O item I está correto. O poder de requisição é uma das mais importantes prerrogativas inerentes ao exercício do cargo de Defensor Público. Como desfia Caio Paiva e Thiago Fensterseifer[7], o poder de requisição "é imprescindível para o regular desempenho das funções institucionais conferidas à Defensoria Pública e alinha-se a nova base principiológica do NCPC, eis que reforça o paradigma da priorização da resolução extrajudicial de conflitos, combatendo-se o fenômeno da "superlitigância" judicial. ". Feita esta breve introdução, importa salientar que, de fato, a requisição tem origem bélica, tendo seu uso administrativo se expandido em tempos de paz. Confira-se, a propósito, as lições de Hely Lopes Meirelles[8]: "A requisição tem origens bélicas, mas se transformou em instrumento civil, ou mais propriamente, administrativo, como meio de intervenção estatal na propriedade particular. Coexistem, assim, em nossos dias, a requisição civil e a militar, ambas com

7. Comentários à Lei Nacional..., p. 377.

8. MEIRELLES, Hely Lopes. Direito Administrativo Brasileiro. 36. ed. São Paulo: Malheiros, 2010. P. 660/661.

conceituação jurídica idêntica e com os mesmos fundamentos, mas com objetivos diversos. A requisição civil, visa a evitar danos à vida, à saúde e aos bens da coletividade; a requisição militar objetiva o resguardo da segurança interna e a manutenção da Soberania Nacional. Ambas são cabíveis em tempo de paz, independentemente de qualquer regulamentação legal, desde que se apresente uma real situação de perigo público iminente (inundação, incêndio, sonegação de gêneros de primeira necessidade, conflito armado, comoção intestina). Em tempo de guerra, as requisições, tanto civis como militares, devem atender aos preceitos da lei federal específica (CF, art. 22, III). " Assim, a assertiva constante do item I é verdadeira.

O item II está incorreto. Com efeito, qualquer ato administrativo, inclusive requisições provenientes de membros da Defensoria Pública, estão sujeitas a eventual controle jurisdicional, onde poderão ser alegados e reconhecidos vícios de forma, finalidade, motivo, objeto, competência e de legalidade. Não há, portanto, que se falar em violação da autonomia funcional da Defensoria Pública, afinal, nenhuma lesão ou ameaça de lesão deve pode ser excluída da apreciação do Poder Judiciário, conforme preceitua o art. 5º, XXXV da Constituição Federal.

O item III, por seu turno, também está incorreto. O Defensor Público não detém competência para exigir, mediante requisição, a certificação de trânsito em julgado por se cuidar de ato decisório reservado exclusivamente ao Juiz da causa.

Por todo o exposto, apenas a informação constante do item I é verdadeira.

Gabarito: B

54. (Defensor Público DPE-MA - 2015 - FCC). Considere as afirmações abaixo.

I. A Emenda Constitucional 69/2012 estabeleceu que se aplicam à Defensoria Pública do Distrito Federal os mesmos princípios e regras que, nos termos da Constituição Federal, regem as Defensorias Públicas dos Estados.

II. Segundo a Lei nº 1.060/50, compete à Defensoria Pública decidir se a parte gozará dos benefícios da assistência judiciária, devendo o Judiciário acatar tal decisão em respeito à autonomia constitucional da Defensoria.

III. A Lei Complementar nº 80/94 determina que o Ouvidor-Geral seja escolhido dentre cidadãos de reputação ilibada, não integrante da Carreira, indicados em lista tríplice formada pela sociedade civil, para mandato de 2 (dois) anos, permitida 1 (uma) recondução.

IV. O Conselho Superior da Defensoria Pública não está adstrito ao princípio da legalidade, porque a Lei Complementar n° 80/94 reconhece-lhe competência normativa, além de estar sob o manto da autonomia administrativa.

Está correto o que se afirma APENAS em

a) III e IV.
b) I e IV.
c) I e III.
d) II e III.
e) II e IV.

► ***Anotações/Comentários***

O item I está correto. Com efeito, preceitua o artigo 2º da EC 69/2012 que, aplicam-se à Defensoria Pública do Distrito Federal os mesmos princípios e regras que, nos termos da Constituição Federal, regem as Defensorias Públicas dos Estados.

O item II está incorreto. Em que pese o artigo 4º, da Lei nº 1.060/1950, ter sido revogado pelo Novo Código de Processo Civil, tal artigo dispunha que a parte gozará dos benefícios da assistência judiciária, mediante simples afirmação, na própria petição inicial, de que não está em condições de pagar as custas do processo e os honorários de advogado, sem prejuízo próprio ou de sua família. Atualmente, o artigo 99, § 2º, do Novo Código de Processo Civil, pontua que o juiz somente poderá indeferir o pedido se houver nos autos elementos que evidenciem a falta dos pressupostos legais para a concessão de gratuidade, devendo, antes de indeferir o pedido, determinar à parte a comprovação do preenchimento dos referidos pressupostos.

O item III é verdadeiro. Prevê o artigo 105-B, da Lei Complementar 80/1994 que o Ouvidor-Geral seja escolhido dentre cidadãos de reputação ilibada, não integrante da Carreira, indicados em lista tríplice formada pela sociedade civil, para mandato de 2 (dois) anos, permitida 1 (uma) recondução.

O disposto no item IV está incorreto. O Conselho Superior da Defensoria Pública, enquanto órgão componente administração pública em sentido amplo, está limitado no exercício de suas atribuições ao princípio da estrita legalidade consoante prevê o artigo 37, "caput", da Constituição Federal. Ademais, é certo que a fiscalização contábil, financeira, orçamentária, operacional e patrimonial da Defensoria Pública do Estado, quanto à legalidade, legitimidade, aplicação de dotações e recursos próprios e renúncia de receitas, será exercida pelo Poder Legislativo, mediante controle externo e pelo sistema de controle interno estabelecido em lei, como assegura o artigo 97-B, da Lei Complementar 80/1994. É certo, assim, que a autonomia administrativa não se presta para tutelar a instituição em aso de eventuais desvios relacionados aos princípios constitucionais que governam a administração pública.

Assim, estão corretas as assertivas constantes nos itens I e III.

Gabarito: C

55. (Defensor Público DPE-MA – 2015 – FCC). Em análise de caso concreto, a 3ª Defensoria Pública da Família do município de São Luis conclui que a competência para apresentar determinada demanda judicial é de uma das Defensorias Públicas de São José de Ribamar. Porém, a 1ª Defensoria Pública desse município também se viu incompetente, entendendo que cabe a uma das Defensorias da capital maranhense a propositura da medida judicial solicitada pelo assistido. Diante desse impasse, à luz da Lei Complementar 80/94, a solução desse conflito de atribuição compete

a) à Defensoria Pública-Geral, com recurso ao Conselho Superior.

b) à Corregedoria-Geral, com recurso ao Conselho Superior.

c) ao Núcleo da Defensoria Pública do Maranhão cuja competência seja compatível, com recurso à Defensoria Pública-Geral.

d) à Ouvidoria-Geral, com recurso ao Defensor Público Geral.

e) ao Conselho Superior, sem recurso no âmbito da Defensoria Pública.

▶ *Anotações/Comentários*

O artigo 8º, inciso VIII, da Lei Complementar 80/1994, dispõe que são atribuições do Defensor Público-Geral da União dirimir conflitos de atribuições entre membros da Defensoria Pública da União com recurso para seu Conselho Superior.

A mesma orientação se repete em relação à Defensoria Pública do Distrito Federal e Territórios, como prescreve o artigo 56, inciso VIII, da Lei Nacional.

Assim, por analogia, nos Estados, a atribuição para dirimir conflitos de atribuições entre membros da Defensoria Pública, também com recurso para seu Conselho Superior, pertence ao Defensor Público-Geral.

Aliás, em relação à possibilidade de recurso, a redação do artigo 102, § 1º, da LC 80/1994 é expressa no sentido de que cabe ao Conselho Superior exercer as atividades consultivas, normativas e decisórias a serem previstas na lei estadual, competindo-lhe decidir sobre a fixação ou a alteração de atribuições dos órgãos de atuação da Defensoria Pública e, em grau de recurso, sobre matéria disciplinar e os conflitos de atribuições entre membros da Defensoria Pública dos Estados.

A assertiva correta, portanto, é aquela prevista na letra "a".

Gabarito: A

56. (Analista Jurídico DPE-RO – 2015 – FGV). É prerrogativa dos membros da Defensoria Pública do Estado prevista na Lei Complementar Federal nº 80/94:

a) não ser preso, inclusive na hipótese de flagrante delito, senão por ordem judicial escrita e devidamente fundamentada, no bojo de processo judicial em que lhes tenham sido assegurados o contraditório e a ampla defesa;

b) comunicar-se, pessoal e reservadamente, com seus assistidos, exceto quando estes se acharem presos e incomunicáveis, tendo livre ingresso em estabelecimentos policiais e prisionais, independentemente de prévio agendamento;

c) receber, inclusive quando necessário, mediante entrega dos autos com vista, intimação pessoal em qualquer processo e grau de jurisdição ou instância administrativa, contando-se-lhes em dobro todos os prazos;

d) representar a parte assistida, em feito administrativo ou judicial, necessariamente mediante instrumento de mandato outorgando-lhes poderes específicos para tal, independentemente de a lei exigir poderes especiais para o caso;

e) ser investigado pela prática de crime comum exclusivamente pelo Defensor Público-Geral e, quando, no curso de investigação policial, houver indício de prática de crime por Defensor Público, a autoridade policial encaminhará a investigação imediatamente ao chefe institucional.

► *Anotações/Comentários*

(a) Alternativa falsa – De acordo com o artigo 128, inciso II, da Lei Complementa 80/1994, constitui prerrogativa dos membros da Defensoria Pública não ser preso, senão por ordem judicial escrita, salvo em flagrante, caso em que a autoridade fará imediata comunicação ao Defensor Público-Geral. A assertiva, no entanto, pontua que nem mesmo na hipótese de flagrante o membro da Defensoria Pública pode ser preso, o que a torna incorreta.

(b) Alternativa falsa. De acordo com o artigo 128, inciso VI, da Lei Complementa 80/1994, constitui prerrogativa dos membros da Defensoria

Pública comunicar-se, pessoal e reservadamente, com seus assistidos, **ainda quando estes se acharem presos ou detidos, mesmo incomunicáveis**, tendo livre ingresso em estabelecimentos policiais, prisionais e de internação coletiva, independentemente de prévio agendamento.

(c) Alternativa correta. De fato, o artigo 128, inciso I, da Lei Complementa 80/1994, dispõe constituir prerrogativa dos membros da Defensoria Pública receber, inclusive quando necessário, mediante entrega dos autos com vista, intimação pessoal em qualquer processo e grau de jurisdição ou instância administrativa, contando-se lhes em dobro todos os prazos.

(d) Alternativa falsa. De acordo com o artigo 128, inciso XI, da Lei Complementa 80/1994, constitui prerrogativa dos membros da Defensoria Pública representar a parte, em feito administrativo ou judicial, **independentemente de mandato**, ressalvados os casos para os quais a lei exija poderes especiais.

(e) Alternativa falsa. De acordo com o artigo 128, parágrafo único, da Lei Complementa 80/1994, quando, no curso de investigação policial, houver indício de prática de infração penal por membro da Defensoria Pública do Estado, a autoridade policial, civil ou militar, comunicará imediatamente o fato ao Defensor Público-Geral, que designará membro da Defensoria Pública para acompanhar a apuração. O membro da instituição, assim, não será investigado pelo Defensor Público-Geral.

Gabarito: C

57. (Analista Jurídico DPE-RO – 2015 – FGV). Ao dispor sobre normas gerais para a organização da Defensoria Pública dos Estados, a Lei Complementar Federal nº 80/94 estabelece que a fiscalização contábil, financeira, orçamentária, operacional e patrimonial da Defensoria Pública do Estado, quanto à legalidade, legitimidade, aplicação de dotações e recursos próprios e renúncia de receitas, será exercida pelo:

a) Poder Executivo, mediante controle externo, e pelo sistema de controle interno do Tribunal de Contas;

b) Tribunal de Contas, mediante controle externo feito pelo Poder Judiciário, e pelo sistema de controle interno estabelecido em lei;

c) Tribunal de Contas, mediante controle interno, e pelo sistema de controle interno do Poder Judiciário;

d) Poder Legislativo, mediante controle externo, e pelo sistema de controle interno estabelecido em lei;

e) Poder Judiciário, mediante controle externo, e pelo sistema de controle interno do Tribunal de Contas.

► ***Anotações/Comentários***

A fiscalização contábil, financeira, orçamentária, operacional e patrimonial da Defensoria Pública do Estado, quanto à legalidade, legitimidade, aplicação de dotações e recursos próprios e renúncia de receitas, será exercida pelo Poder Legislativo, mediante controle externo e pelo sistema de controle interno estabelecido em lei, como assegura o artigo 97-B, da Lei Complementar 80/1994.

Assim, a alternativa correta se verifica na "d".

Gabarito: D

58. (Analista Jurídico DPE-RO – 2015 – FGV). De acordo com a Lei Complementar Federal nº 80/94, que organiza a Defensoria Pública da União, do Distrito Federal e dos Territórios e prescreve normas gerais para sua organização nos Estados, é função institucional da Defensoria Pública, dentre outras:

a) exercer, mediante o recebimento dos autos com vista, a ampla defesa e o contraditório em favor de pessoas naturais (vedado o patrocínio de pessoas jurídicas), em processos administrativos e judiciais, perante todos os órgãos e em todas as instâncias;

b) promover, prioritariamente, a solução extrajudicial dos litígios, visando à composição entre as pessoas em conflito de interesses, por meio de mediação, conciliação, arbitragem e demais técnicas de composição e administração de conflitos;

c) prestar orientação jurídica e exercer a defesa dos necessitados, em processos judiciais (vedada a atuação em processos administrativos), perante todos os órgãos e em todas as instâncias, ordinárias ou extraordinárias;

d) prestar orientação jurídica e promover a defesa dos direitos individuais e coletivos da pessoa jurídica de direito público interno a que estiver vinculada, nos processos judiciais, em todos os graus, de forma integral e gratuita;

e) promover a ação de inconstitucionalidade ou representação para fins de intervenção da União e dos Estados, nos casos previstos na Constituição, na defesa dos direitos dos necessitados, em todos os graus, de forma integral e gratuita.

► ***Anotações/Comentários***

(a) Alternativa falsa – Alternativa errada e em desacordo com a Lei Complementar nº 80/1994. Dita o artigo 4º, inciso V, da Lei Complementar nº 80/1994, que constitui função institucional da Defensoria Pública exercer, mediante o recebimento dos autos com vista, a ampla defesa e o contraditório em favor de pessoas naturais e jurídicas, em processos administrativos e judiciais, perante todos os órgãos e em todas as instâncias, ordinárias ou extraordinárias, utilizando todas as medidas capazes de propiciar a adequada e efetiva defesa de seus interesses. Sobre o tema, como desfiam Caio Paiva e Tiago Fensterseifer[9]: "fica evidenciado que também pessoas jurídicas – com fins lucrativos ou não – podem fazer jus ao benefício da assistência jurídica prestada pela Defensoria Pública, desde que, é claro, na linha da jurisprudência do STJ (Súmula. 481), comprovada efetivamente a insuficiência de recursos financeiros".

(b) Alternativa correta. Assertiva em consonância com o disposto no artigo 4, inciso II, a Lei Complementar nº 80/1994.

(c) Alternativa falsa. Dita o artigo 128, inciso V, da Lei Complementa 80/1994, ser função institucional da Defensoria Pública exercer, mediante o recebimento dos autos com vista, a ampla defesa e o contraditório em favor de pessoas naturais e jurídicas, em processos administrativos e judiciais, perante todos os órgãos e em todas as instâncias, ordinárias ou extraordinárias, utilizando todas as medidas capazes de propiciar a adequada e efetiva defesa de seus interesses. Assim, a atuação em processos administrativos também é atribuição institucional.

(d) Alternativa falsa. Quem representa judicialmente a pessoa jurídica de direito público, no âmbito federal, é a Advocacia-Geral da União. Já no âmbito estadual são as Procuradorias do Estado.

(e) Alternativa falsa. A Defensoria Pública não detém legitimidade para promover ação direita de inconstitucionalidade. Atualmente, o Defensor Público-Geral Federal, nos termos do artigo 3º, inciso VI, da Lei nº 11.417/2006, detém legitimidade para propor a edição, a revisão ou o cancelamento de enunciado de súmula vinculante. Em abril de 2019 o Plenário do Senado Federal aprovou a Proposta de Emenda à Constituição 31/2017, que garante legitimidade ao Defensor Público-Geral Federal para propor Ação Direta de Inconstitucionalidade e Ação Declaratória de Constitucionalidade no Supremo Tribunal Federal. A proposta ainda delega atribuição ao Defensor Público-Geral Federal para propor, junto ao Superior Tribunal de Justiça, incidente de deslocamento de competência para a Justiça Federal de casos que envolvam grave violação dos direitos humanos. A matéria seguiu para análise

9. Comentários à Lei Nacional da Defensoria Pública... p.163.

da Câmara dos Deputados e o tema, até o fechamento do presente exemplar, ainda não havia sido pautado para votação.

Gabarito: B

59. (Técnico de Contabilidade DPE-RO – 2015 – FGV). De acordo com a Lei Complementar Federal nº 80/94, a Defensoria Pública é instituição permanente, essencial à função jurisdicional do Estado, incumbindo-lhe, na forma do inciso LXXIV do art. 5º da Constituição Federal, como expressão e instrumento do regime democrático, fundamentalmente, a:

a) orientação jurídica e a defesa dos direitos individuais e coletivos da pessoa jurídica de direito público interno a que estiver vinculada, nos processos judiciais, em todos os graus, de forma integral e gratuita;

b) defesa da ordem jurídica, do regime democrático e dos interesses sociais e individuais indisponíveis dos hipossuficientes, promovendo a ação civil pública e a ação penal pública incondicionada, de forma integral e gratuita;

c) defesa da ordem jurídica, do regime democrático e dos interesses difusos, coletivos, sociais e individuais homogêneos, promovendo a ação civil pública e exercendo o controle externo da atividade policial, tudo na defesa dos necessitados e de forma integral e gratuita;

d) orientação jurídica, a promoção dos direitos individuais e coletivos e a defesa, em todos os graus, judicial e extrajudicial, dos necessitados e do ente federativo a que estiver vinculada, de forma integral e gratuita;

e) orientação jurídica, a promoção dos direitos humanos e a defesa, em todos os graus, judicial e extrajudicial, dos direitos individuais e coletivos, de forma integral e gratuita, aos necessitados.

► *Anotações/Comentários*

A Lei Complementar nº 132/2009 alterou a Lei Complementar 80/1994 para consagrar, em seu artigo 1º, que a Defensoria Pública é instituição permanente, essencial à função jurisdicional do Estado, incumbindo-lhe, como expressão e instrumento do regime democrático, fundamentalmente, **a orientação jurídica, a promoção dos direitos humanos e a defesa, em todos os graus, judicial e extrajudicial, dos direitos individuais e coletivos, de forma integral e gratuita, aos necessitados**, assim considerados na forma do inciso LXXIV do art. 5º da Constituição Federal.

Assim, a alternativa correta é aquela talhada na letra "e".

Gabarito: E

60. (Técnico de Contabilidade DPE-RO – 2015 – FGV). Em relação aos órgãos de administração superior da Defensoria Pública dos Estados, a Lei Complementar Federal nº 80/94 estabelece que:

a) o Defensor Público-Geral é nomeado pelo Governador do Estado, dentre membros estáveis com mais de cinco anos na carreira, escolhidos em lista tríplice, para mandato de dois anos, vedada a recondução;

b) o Defensor Público-Geral é substituído em suas faltas, licenças, férias e impedimentos pelo Defensor Público decano, isto é, o membro mais antigo em atividade na carreira, desde que não tenha anotação de penalidade disciplinar em seus assentamentos funcionais nos últimos cinco anos;

c) ao Defensor Público-Geral do Estado compete dirigir a Defensoria Pública do Estado e manter atualizados os assentamentos funcionais e os dados estatísticos de atuação dos membros da Defensoria Pública, para efeito de aferição de merecimento;

d) ao Conselho Superior cabe decidir sobre a fixação ou a alteração de atribuições dos órgãos de atuação da Defensoria Pública e, em grau de recurso, sobre matéria disciplinar e os conflitos de atribuições entre membros da Defensoria Pública, sem prejuízo de outras atribuições;

e) o Corregedor-Geral é indicado dentre os integrantes da classe mais elevada da Carreira, em lista tríplice formada pelo voto direto, secreto, plurinominal e obrigatório de todos os membros, e nomeado pelo Defensor Público-Geral para mandato de dois anos, vedada a recondução.

► *Anotações/Comentários*

(a) Alternativa falsa. A Defensoria Pública do Estado, nos termos do artigo 99 da Lei Complementar 80/1994, tem por chefe o Defensor Público-Geral, nomeado pelo Governador do Estado, dentre membros estáveis da Carreira e maiores de 35 (trinta e cinco) anos, escolhidos em lista tríplice formada pelo voto direto, secreto, plurinominal e obrigatório de seus membros, para mandato de 2 (dois) anos, **permitida uma recondução.**

(b) Alternativa falsa. O Defensor Público-Geral, nos termos do artigo 99, parágrafo 1º, da Lei Complementar 80/1994, será substituído em suas faltas, licenças, férias e impedimentos pelo **Subdefensor Público-Geral**, por ele nomeado dentre integrantes estáveis da Carreira, na forma da legislação estadual.

(c) Alternativa falsa. Nos termos do artigo 100 da Lei Complementar 80/1994, ao Defensor Público-Geral do Estado compete dirigir a Defensoria Pública do Estado, superintender e coordenar suas atividades, orientando sua atuação, e representando-a judicial e extrajudicialmente. O dever de manter atualizados os assentamentos funcionais e os dados estatísticos de atuação dos membros da Defensoria Pública, para efeito de aferição de merecimento, nos termos do artigo 105, inciso X, da Lei Complementar 80/1994, cabe à Corregedoria-Geral da Defensoria Pública do Estado.

(d) Alternativa correta. Alternativa de acordo com o entabulado no artigo 102, § 1º, da Lei Complementar 80/1994.

(e) Alternativa falsa. Nos termos do artigo 104, "caput", da Lei Complementar 80/1994, a Corregedoria-Geral é exercida pelo Corregedor-Geral indicado dentre os integrantes da classe mais elevada da Carreira, em lista tríplice formada pelo Conselho Superior, e nomeado pelo Defensor Público-Geral para mandato de 2 (dois) anos, permitida 1 (uma) recondução. Não há, assim, votação pelos membros da carreira.

Gabarito: D

61. (Defensor Público DPE-PA – 2015 – FMP Concursos). Em relação às prerrogativas e aos direitos dos Defensores Públicos previstos na Lei Orgânica da Defensoria Pública da União, assinale a alternativa CORRETA.

a) Após sua distribuição ao Poder Judiciário, poderá o Defensor Público examinar os autos de flagrantes, inquéritos e processos, assegurada a obtenção de cópias e podendo tomar apontamentos.

b) O Defensor Público poderá representar a parte, em feito administrativo ou judicial, independentemente de mandato, exceto, entre outras situações, quando arguir a falsidade de documento e a suspeição do juiz.

c) Não poderá o Defensor Público ser preso, senão por ordem judicial escrita, salvo em flagrante por crime inafiançável, caso em que a autoridade fará imediata comunicação ao Defensor Público-Geral.

d) Poderá o Defensor Público comunicar-se, pessoal e reservadamente, com seus assistidos, ainda quando esses se acharem presos ou detidos, mesmo incomunicáveis, tendo livre ingresso em estabelecimentos policiais, prisionais e de internação coletiva, desde que, por razões de segurança, faça-o mediante prévio agendamento.

e) No curso de investigação policial ou processo criminal, o Defensor Público-Geral designará membro da Defensoria Pública para acompanhar toda a apuração que se fará naqueles autos.

► ***Anotações/Comentários***

(a) Alternativa errada. Constitui prerrogativa dos membros da Defensoria Pública examinar, a qualquer momento, em qualquer repartição pública, autos de flagrantes, inquéritos e processos, assegurada a obtenção de cópias e podendo tomar apontamentos. De se frisar, ainda, o teor da Súmula Vinculante nº 14, que assim dispõe: "É direito do defensor, no interesse do representado, ter acesso amplo aos elementos de prova que, já documentados em procedimento investigatório realizado por órgão com competência de polícia judiciária, digam respeito ao exercício do direito de defesa".

(b) Alternativa correta. Constitui prerrogativa dos membros da Defensoria Pública representar a parte, em feito administrativo ou judicial, independentemente de mandato, ressalvados os casos para os quais a lei exija poderes especiais. Os artigos 98 e 146, do Código de Processo Penal, por seu turno, dispõe que o procurador precisa de poderes especiais para alegar a suspeição do magistrado ou a falsidade de um determinado documento.

(c) Alternativa errada. Constitui prerrogativa dos membros da Defensoria Pública não serem presos, senão por ordem judicial escrita, salvo em flagrante, caso em que a autoridade fará imediata comunicação ao Defensor Público-Geral. Assim, não há na lei a descrição de ser afiançável ou inafiançável o crime.

(d) Alternativa errada. Constitui prerrogativa do Defensor Público comunicar-se, pessoal e reservadamente, com seus assistidos, ainda quando esses se acharem presos ou detidos, mesmo incomunicáveis, tendo livre ingresso em estabelecimentos policiais, prisionais e de internação coletiva, independentemente de prévio agendamento

(e) Alternativa errada. Apenas no curso de investigação policial, e não durante o processo criminal, é que o Defensor Público-Geral designará membro da Defensoria Pública para acompanhar toda a apuração que se fará naqueles autos

Gabarito: B

62. (Estágio – Direito DPE-PE – 2015 – DPE-PE). De acordo com a LC 80/94, com as alterações da LC 132/2009, são objetivos da Defensoria Pública, exceto:

a) a primazia da dignidade da pessoa humana e a redução das desigualdades sociais.

b) a afirmação do Estado Democrático de Direito.

c) a prevalência e efetividade dos direitos humanos

d) a garantia dos princípios constitucionais da ampla defesa e do contraditório.

e) a orientação jurídica e o exercício da defesa de toda a população.

► ***Anotações/Comentários***

A alternativa errada é aquela constante da letra "e". Com efeito, dispõe o artigo 3 º-A. da Lei Complementar em estudo que são objetivos da Defensoria Pública. I – a primazia da dignidade da pessoa humana e a redução das desigualdades sociais; II – a afirmação do Estado Democrático de Direito; III – a prevalência e efetividade dos direitos humanos; IV – a garantia dos princípios constitucionais da ampla defesa e do contraditório.

Gabarito: E

63. (Analista – Advocacia DPE-MT – 2015 – FGV). Em recente decisão do Supremo Tribunal Federal, foi reafirmada a autonomia das Defensorias Públicas Estaduais.

Com relação à autonomia funcional e administrativa das Defensorias Públicas dos estados, analise as afirmativas a seguir.

I. Cabe à Defensoria Pública do estado de Mato Grosso abrir concurso público e prover os cargos de suas carreiras e dos serviços auxiliares.

II. Cabe à Defensoria Pública do estado de Mato Grosso compor seus órgãos de Administração Superior e de atuação.

III. Cabe à Defensoria Pública do estado de Mato Grosso elaborar suas folhas de pagamento e expedir os competentes demonstrativos.

Assinale:

a) se somente a afirmativa I estiver correta.

b) se somente a afirmativa II estiver correta.

c) se somente a afirmativa III estiver correta.

d) se somente as afirmativas I e II estiverem corretas.

e) se todas as afirmativas estiverem corretas.

► ***Anotações/Comentários***

Todas as alternativas estão corretas. Com efeito, abrir concursos públicos para provimento de cargo na carreira de Defensor Público, de servidores e de estagiários da instituição, compor órgãos da Administração Superior e de atuação, elaborar suas folhas de pagamento e expedir os competentes demonstrativos, são, de fato, atividades de gestão decorrentes da autonomia funcional e administrativa da Defensoria Pública, como bem prevê o artigo 97-A, e seus incisos, da LC nº 80/1994.

Gabarito: E

64. (Defensor Público DPU - 2015 - CESPE). Julgue o item seguinte, relativo à disposições da Lei Complementar n.º 80/1994 e à independência funcional da DP.

A independência funcional é um princípio institucional previsto na CF que implica a ausência de hierarquia entre os membros da DP tanto no aspecto funcional quanto no âmbito administrativo.

☐ Certo

☐ Errado

► ***Anotações/Comentários***

A independência funcional é um princípio institucional da Defensoria Pública, previsto no art. 134, § 4º, da Constituição de 1988, bem como no art. 3º da LC nº 80/94. Mas também é uma garantia do membro da DPU, de acordo com o art. 43 da LC nº 80, que diz respeito à ausência de hierarquia entre os seus membros, no exercício da atividade-fim, ou seja, no aspecto funcional. No entanto, a independência funcional não afasta a hierarquia no âmbito administrativo entre tais membros e seus órgãos superiores.

Portanto, a afirmação está errada.

Gabarito: Errado.

65. (Defensor Público DPU - 2015 - CESPE). Julgue o item seguinte , relativo à disposições da Lei Complementar n.º 80/1994 e à independência funcional da DP.

Caso um cidadão brasileiro em precária situação financeira procure a DPU para solicitar a postulação de ação contra a União em busca da defesa de suposto direito ofendido, o DP federal responsável pelo encaminhamento desse caso poderá deixar de patrocinar a ação, se entender que ela é manifestamente incabível, devendo comunicar o fato ao defensor público-geral.

☐ Certo

☐ Errado

► ***Anotações/Comentários***

Dentre as prerrogativas dos membros da DPU está a possibilidade de "deixar de patrocinar ação, quando ela for manifestamente incabível ou inconveniente aos interesses da parte sob seu patrocínio, comunicando o fato ao Defensor Público-Geral, com as razões de seu proceder", segundo o inciso XII do art. 44 da LC 80/94.

Portanto, a afirmação está certa.

Gabarito: Certo.

66. (Defensor Público DPU – 2015 – CESPE). Julgue os itens seguintes, relativos às disposições da Lei Complementar n.º 80/1994 e à independência funcional da DP.

Não obstante o legislador ter vedado aos membros da DPU o recebimento de honorários em razão de suas atribuições, o STJ firmou entendimento no sentido de que serão devidos honorários advocatícios sucumbenciais em favor da DP quando esta patrocinar demanda ajuizada contra ente federativo ao qual ela não pertença.

☐ Certo

☐ Errado

► ***Anotações/Comentários***

Diz o art. 4º, inciso XXI, que constitui função institucional da Defensoria Pública "executar e receber as verbas sucumbenciais decorrentes de sua atuação, inclusive quando devidas por quaisquer entes públicos, destinando-as a fundos geridos pela Defensoria Pública e destinados, exclusivamente, ao aparelhamento da Defensoria Pública e à capacitação profissional de seus membros e servidores".

Além disso, segundo o art. 46 da LC 80/94, é vedado ao membro da DPU "receber, a qualquer título e sob qualquer pretexto, honorários, percentagens ou custas processuais, em razão de suas atribuições".

Nessa esteira, o STJ editou a súmula 421, dizendo que: "Os honorários advocatícios não são devidos à Defensoria Pública quando ela atua contra a pessoa jurídica de direito público à qual pertença.".

Portanto, a afirmação está certa.

Ressalte-se, todavia, que atualmente, diante da promulgação da EC nº 74/2013 e da EC nº 80/2014, a matéria voltou ao debate, estando pendente de julgamento no STF o RE 1.140.005, inclusive com repercussão geral reconhecida, que restou assim ementado:

"Ementa: Direito Constitucional. Recurso Extraordinário. Pagamento de honorários à Defensoria Pública que litiga contra o ente público ao qual se vincula. Presença de repercussão geral. 1. A decisão recorrida excluiu a condenação da União ao pagamento de honorários advocatícios à Defensoria Pública da União. 2. A possibilidade de se condenar ente federativo a pagar honorários advocatícios à Defensoria Pública que o integra teve a repercussão geral negada no RE 592.730, Rel. Min. Menezes Direito, paradigma do tema nº 134. 3. As Emendas Constitucionais nº 74/2013 e nº 80/2014, que asseguraram autonomia administrativa às Defensorias Públicas, representaram alteração relevante do quadro normativo, o que justifica a rediscussão da questão. 4. Constitui questão constitucional relevante definir se os entes federativos devem pagar honorários advocatícios às Defensorias Públicas que os integram. 5. Repercussão geral reconhecida."

Gabarito: Certo.

67. (Defensor Público DPU – 2015 – CESPE). Julgue o item seguinte , relativo à disposições da Lei Complementar n.º 80/1994 e à independência funcional da DP.

Assim como ocorre no MP, os membros da DP têm como garantias a vitaliciedade, a inamovibilidade e a irredutibilidade de vencimentos ou subsídios.

☐ Certo

☐ Errado

► ***Anotações/Comentários***

A Constituição de 1988, no art. 134, § 4º, afirma que "São princípios institucionais da Defensoria Pública a unidade, a indivisibilidade e a independência funcional, aplicando-se também, no que couber, o disposto no art. 93 e no inciso II do art. 96 desta Constituição Federal."

Por sua vez, o art. 43 da LC nº 80/94 estabelece como garantias dos membros da DPU: a inamovibilidade, a irredutibilidade de vencimentos e a estabilidade.

Diversamente, aos membros do Ministério Público é reconhecida a garantia "vitaliciedade, após dois anos de exercício, não podendo perder o cargo senão por sentença judicial transitada em julgado", nos termos do art. 128, § 5º, I, a, da própria Constituição de 1988.

Dessa maneira, a afirmação está errada, pois aos membros da DP não é reconhecida a garantia da vitaliciedade, como ocorre no Ministério Público.

Gabarito: Errado.

68. (Defensor Público DPU - 2015 - CESPE). Em relação à DP, julgue o item subsecutivo.

A DPU possui autonomia funcional e administrativa, bem como a prerrogativa de iniciativa de sua proposta orçamentária, observados os limites estabelecidos na lei de diretrizes orçamentárias.

☐ Certo

☐ Errado

► ***Anotações/Comentários***

A afirmação está certa, pois a Constituição de 1988 assegura às Defensorias Públicas Estaduais, da União e do Distrito Federal "autonomia funcional e administrativa e a iniciativa de sua proposta orçamentária dentro dos limites estabelecidos na lei de diretrizes orçamentárias e subordinação ao disposto no art. 99, § 2º", segundo o seu art. 134, § 2 º e 3º.

Nesse sentido, já decidiu o STF que:

> "Nos termos do art. 134, § 2º, da CF, não é dado ao chefe do Poder Executivo estadual, de forma unilateral, reduzir a proposta orçamentária da defensoria pública quando essa é compatível com a LDO. Caberia ao governador do Estado incorporar ao PLOA a proposta nos exatos termos definidos pela defensoria, podendo, contudo, pleitear à assembleia legislativa a redução pretendida, visto ser o Poder Legislativo a seara adequada para o debate de possíveis alterações no PLOA. A inserção da defensoria pública em capítulo destinado à proposta orçamentária do Poder Executivo, juntamente com as secretarias de Estado, constitui desrespeito à autonomia administrativa da instituição, além de ingerência indevida no estabelecimento de sua programação administrativa e financeira" (ADPF 307 MC-REF, rel. min. Dias Toffoli, j. 19-12-2013, P, *DJE* de 27-3-2014).

Gabarito: Certo.

69. (Defensor Público DPE-PE - 2015 - CESPE). Com base na Lei Complementar n.º 80/1994, que organiza a DP, julgue o item subsequente.

Uma das garantias atribuídas ao defensor público é sentar-se no mesmo plano do MP, de modo que defesa e acusação sejam simbolicamente equiparadas. Esse fato tem levado vários tribunais a adequar suas salas de audiência, a fim de que se atenda ao dispositivo da LC n.º 80/1994.

☐ Certo

☐ Errado

► ***Anotações/Comentários***

A LC 80/94, no seu art. 4º, § 7º diz que "aos membros da Defensoria Pública é garantido sentar-se no mesmo plano do Ministério Público.". O objetivo, sem dúvida, é assegura tratamento isonômico entre a acusação pública e a defesa pública.

Dessa maneira, a afirmação está certa.

Gabarito: Certo.

70. (Defensor Público DPE-MS – 2014 – VUNESP). De acordo com os estritos termos do art. 127 da LC 80/94, são garantias dos membros da Defensoria Pública do Estado, sem prejuízo de outras que a lei estadual estabelecer, a independência funcional no desempenho de suas atribuições,

a) bem como a irredutibilidade de vencimentos, apenas.

b) a inamovibilidade e a irredutibilidade de vencimentos, apenas.

c) a inamovibilidade, a irredutibilidade de vencimentos e a estabilidade, apenas.

d) a inamovibilidade, a irredutibilidade de vencimentos, a estabilidade e a imediata vitaliciedade.

► ***Anotações/Comentários***

Alternativa *(c)* é a correta, pois o art. 127 da LC 80/94 prevê expressamente que:

"São garantias dos membros da Defensoria Pública do Estado, sem prejuízo de outras que a lei estadual estabelecer:

I – a independência funcional no desempenho de suas atribuições;

II – a inamovibilidade;

III – a irredutibilidade de vencimentos;

IV – a estabilidade."

Gabarito: C.

71. (Defensor Público DPE-PR – 2014 – NC-UFPR). Acerca da atuação da Defensoria Pública na promoção e defesa dos direitos coletivos, é correto afirmar:

a) Havendo desistência infundada ou abandono da ação coletiva por associação legitimada, a Defensoria Pública poderá assumir a titularidade ativa da demanda apenas quando o Ministério Público expressamente não o fizer.

b) O ajuizamento de ação civil pública pela Defensoria Pública depende de denúncia ou provocação de indivíduo ou de parte da coletividade representada.

c) É requisito para a propositura da ação coletiva pela Defensoria Pública a instauração e a conclusão de procedimento administrativo.

d) A Defensoria Pública está legitimada para o ingresso de todas as espécies de ações capazes de propiciar a adequada tutela dos direitos difusos, coletivos ou individuais homogêneos.

e) Conforme entendimento jurisprudencial majoritário, a existência de indivíduos hipersuficientes economicamente que se beneficiem da ação coletiva obsta a legitimação da Defensoria Pública.

► *Anotações/Comentários*

(a) Errada. Art. 5º, § 3º, da Lei da Ação Civil Pública: "Em caso de desistência infundada ou abandono da ação por associação legitimada, o Ministério Público ou outro legitimado assumirá a titularidade ativa".

(b) Errada, pois é possível o ajuizamento de ACP inclusive para defesa de direitos difusos, que são titularizados por pessoas indeterminadas. Art. 4º, VII, da LC 80/94.

(c) Errada. A LC 80/94 não traz esse requisito para propositura de ACP.

(d) Afirmação correta. Art. 4º, VII, da LC 80/94: é função institucional da DP "promover ação civil pública e todas as espécies de ações capazes de propiciar a adequada tutela dos direitos difusos, coletivos ou individuais homogêneos quando o resultado da demanda puder beneficiar grupo de pessoas hipossuficientes".

(e) Errada. Eis o entendimento prevalecente: "O Superior Tribunal de Justiça, ao interpretar os requisitos legais para a atuação coletiva da Defensoria Pública, adota exegese ampliativa da condição jurídica de "necessitado", de modo a possibilitar sua atuação em relação aos necessitados jurídicos em geral, não apenas aos hipossuficientes sob o aspecto econômico." (AgInt nos EDcl no REsp 1529933/CE, Rel. Ministro BENEDITO GONÇALVES, PRIMEIRA TURMA, julgado em 20/05/2019, DJe 22/05/2019).

Vale destacar ainda o seguinte posicionamento: "A assente jurisprudência desta Corte Superior de Justiça é no sentido de que a Defensoria Pública tem legitimidade ativa para propor ação civil pública que tutele direitos individuais homogêneos, desde que se trate de hipossuficientes de qualquer sorte, decorrentes de vulnerabilidade econômica, financeira ou social" (AgInt no AREsp 987.554/TO, Rel. Ministro BENEDITO GONÇALVES, PRIMEIRA TURMA, julgado em 21/06/2018, DJe 28/06/2018)

Gabarito: D.

72. (Defensor Público DPE-GO – 2014 – CS-UFG). De acordo com a Lei Complementar Federal n. 80/1994, são princípios institucionais da Defensoria Pública:

a) inamovibilidade de seus membros e descentralização.

b) unidade, indivisibilidade e independência funcional.

c) estabilidade, vitaliciedade e descentralização.

d) irredutibilidade de subsídios e estabilidade.

e) impessoalidade e moralidade.

► ***Anotações/Comentários***

Alternativa (b) é a correta, pois o art. 3º da LC 80/94 prevê que: "São princípios institucionais da Defensoria Pública a unidade, a indivisibilidade e a independência funcional".

Como se nota, portanto, descentralização, estabilidade, impessoalidade e moralidade não são princípios institucionais da DP.

Gabarito: B.

73. (Técnico Médio de Defensoria Pública DPE-RJ – 2014 – FGV). Quanto a sua atuação no processo (civil ou penal), é correto afirmar que a Defensoria Pública

a) não é regida pelos princípios da unidade e indivisibilidade, mas seus membros estão autorizados a substituir uns aos outros no exercício em determinado processo, sendo desnecessária prévia concordância do assistido.

b) é regida pelos princípios da unidade e indivisibilidade, mas seus membros não estão autorizados a substituir uns aos outros no exercício em determinado processo, sendo irrelevante prévia concordância do assistido.

c) não é regida pelos princípios da unidade e indivisibilidade, mas seus membros estão autorizados a substituir uns aos outros no exercício em determinado processo, sendo necessária prévia concordância do assistido.

d) é regida pelos princípios da unidade e indivisibilidade e seus membros estão autorizados a substituir uns aos outros no exercício em determinado processo, sendo desnecessária prévia concordância do assistido.

e) é regida pelos princípios da unidade e indivisibilidade e seus membros estão autorizados a substituir uns aos outros no exercício em determinado processo, sendo necessária prévia concordância do assistido.

► ***Anotações/Comentários***

(a) Errada. Segundo o art. 134, § 4º, da Constituição de 1988, são princípios institucionais da Defensoria Pública a unidade, a indivisibilidade e a independência funcional.

(b) Errada. Pelo princípio da indivisibilidade, os membros da DP podem ser substituídos uns pelos outros, de acordo com as regras internas de substituição, a fim de garantir a prestação da assistência jurídica integral de forma continuada.

(c) Errada. Segundo o art. 134, § 4º, da Constituição de 1988, são princípios institucionais da Defensoria Pública a unidade, a indivisibilidade e a independência funcional.

(d) Afirmação correta. Pelo princípio da indivisibilidade, os membros da DP podem ser substituídos uns pelos outros, de acordo com as regras internas de substituição, a fim de garantir a prestação da assistência jurídica integral de forma continuada, sendo desnecessária ainda prévia concordância do assistido.

(e) Errada. Pelos princípios da unidade e da indivisibilidade, não há necessidade de prévia concordância do assistido.

Gabarito: D.

74. (Defensor Público DPE-SP – 2013 – FCC). Estão corretas as providências extrajudiciais que podem ser orientadas pelo defensor público no atendimento aos usuários:

a) autorização do pai, mãe ou responsável, com firma reconhecida, para viagem de adolescente desacompanhado dentro do território nacional e inventário e partilha por escritura pública em que não haja herdeiros incapazes, testamento ou litígio, mediante o pagamento, em qualquer caso, dos respectivos emolumentos devidos ao tabelionato.

b) lavratura de registro tardio de nascimento independentemente de testemunhas e celebração de casamento homoafetivo.

c) celebração de acordo envolvendo direito a alimentos referendado pelo defensor público e exclusão da paternidade de filhos menores e incapazes do registro civil.

d) reconhecimento voluntário e gratuito de paternidade de incapaz em cartório de registro civil diverso daquele em que lavrado o assento de nascimento e levantamento administrativo dos saldos das contas individuais do FGTS e do PIS-PASEP deixados pelo falecido em favor dos dependentes habilitados perante a Previdência Social.

e) alteração do nome no registro civil em virtude de transexualidade comprovada por laudo médico e psicossocial e divórcio consensual que não envolva interesses indisponíveis de filhos menores ou incapazes.

▶ *Anotações/Comentários*

(a) Errada. Art. 83 do ECA: "Nenhuma criança ou adolescente menor de 16 (dezesseis) anos poderá viajar para fora da comarca onde reside desacompanhado dos pais ou dos responsáveis sem expressa autorização judicial". Ademais, inventário e partilha extrajudiciais podem ser gratuitos, conforme art. 610, § 2º, CPC e Resolução CNJ 35/2007.

(b) Errada. A celebração do casamento, inclusive o homoafetivo, segundo os art. 1.533 e seguintes do Código Civil, realiza-se perante "a autoridade que houver de presidir o ato". Pelo art. 98, II, da Constituição de 1988, o ato é presidido pelo juiz de paz. No entanto, não há uma padronização quanto à essa autoridade, sendo que em São Paulo é competente o juiz de casamento.

No que toca ao registro tardio de nascimento, de acordo com o art. 2º da Resolução CNJ 28/2013, "O requerimento de registro será direcionado ao Oficial de Registro Civil das Pessoas Naturais do lugar de residência do interessado e será assinado por 2 (duas) testemunhas, sob as penas da lei".

(c) Errada. Art. 1.601 do CC prevê o "direito de contestar a paternidade dos filhos nascidos de sua mulher" que necessariamente é via judicial, sendo a ação negatória de paternidade imprescritível.

Já a afirmação quanto à "celebração de acordo envolvendo direito a alimentos referendado pelo defensor público" está correta, conforme art. 4º, II, da LC 80/94: "promover, prioritariamente, a solução extrajudicial dos litígios, visando à composição entre as pessoas em conflito de interesses, por meio de mediação, conciliação, arbitragem e demais técnicas de composição e administração de conflitos".

(d) Afirmação correta, conforme art. 1º da Lei 6.58/1980 ("Os valores devidos pelos empregadores aos empregados e os montantes das contas individuais do Fundo de Garantia do Tempo de Serviço e do Fundo de Participação PIS-PASEP, não recebidos em vida pelos respectivos titulares, serão pagos, em quotas iguais, aos dependentes habilitados perante a Previdência Social ou na forma da legislação específica dos servidores civis e militares, e, na sua falta, aos sucessores previstos na lei civil, indicados em alvará judicial, independentemente de inventário ou arrolamento"), bem como o Provimento CNJ 16/2012.

(e) Errada. Depende de ação judicial. Art. 57 da Lei 6.015/73.

Gabarito: D.

75. (Defensor Público DPE-DF – 2013 – CESPE). De acordo com a Lei Complementar n.° 80/1994, julgue os itens que se seguem.

As funções institucionais da DP/DF são exercidas por meio dos DPs, que compõem núcleos dirigidos pelo defensor público-chefe, designado pelo DPG entre membros estáveis da carreira, com mais de trinta e cinco anos de idade, para mandato de dois anos.

☐ Certo

☐ Errado

► *Anotações/Comentários*

Segundo o art. 53 da LC 80/94, a Defensoria Pública do Distrito Federal e dos Territórios compreende: I – órgãos de administração superior; II – órgãos de atuação, compostos por: a) Defensorias Públicas do Distrito Federal e dos Territórios; e b) Núcleos da Defensoria Pública do Distrito Federal e dos Territórios; bem como III – órgãos de execução, que são os Defensores Públicos do Distrito Federal e dos Territórios.

Ainda, conforme os art. 62 e 63 da LC 80, a Defensoria Pública do Distrito Federal e dos Territórios exercerá suas funções institucionais através de Núcleos, que são dirigidos por Defensor Público-Chefe, designado pelo Defensor Público-Geral, dentre integrantes da carreira.

Portanto, a afirmação está errada.

Gabarito: E.

76. (Oficial de Defensoria Pública DPE-SP – 2013 – FCC). De acordo com a Lei Complementar Federal n° 80/94, com as modificações da Lei Complementar n° 132/09, a Ouvidoria-Geral da Defensoria Pública do Estado é um órgão

a) de execução direta atuante.

b) de administração superior.

c) de atuação.

d) auxiliar.

e) de execução direta integrada.

► ***Anotações/Comentários***

Segundo o art. 105-A da LC 80/94, "A Ouvidoria-Geral é órgão auxiliar da Defensoria Pública do Estado, de promoção da qualidade dos serviços prestados pela Instituição"

Portanto, a alternativa (d) está correta.

Gabarito: D.

77. (Oficial de Defensoria Pública DPE-SP – 2013 – FCC). Marta, 37 anos de idade, Gabriela, 33 anos de idade, e Bruna, 57 anos de idade, são Defensoras Públicas do Estado de São Paulo, membros estáveis da carreira. De acordo com a Lei Complementar Federal n° 80/94, com as modificações da Lei Complementar n° 132/09,

a) apenas Marta e Bruna, poderão ocupar o cargo de Defensor Público-Geral, para mandato de 2 anos, permitida uma recondução.

b) apenas Bruna, poderá ocupar o cargo de Defensor Público-Geral, para mandato de 2 anos, permitida uma recondução.

c) Marta, Bruna e Grabriela, poderão ocupar o cargo de Defensor Público-Geral, para mandato de 2 anos, permitida uma recondução.

d) apenas Bruna, poderá ocupar o cargo de Defensor Público-Geral, para mandato de 3 anos, vedada a recondução.

e) apenas Marta e Bruna, poderão ocupar o cargo de Defensor Público-Geral, para mandato de 3 anos, vedada a recondução.

► ***Anotações/Comentários***

Os pressupostos para ocupar o cargo de Defensor Público-Geral estão previstos no art. 99 da LC 80/94, que assim prevê: "A Defensoria Pública do Estado tem por chefe o Defensor Público-Geral, nomeado pelo Governador do Estado, dentre membros estáveis da Carreira e maiores de 35 (trinta e cinco) anos, escolhidos em lista tríplice formada pelo voto direto, secreto, plurinominal e obrigatório de seus membros, para mandato de 2 (dois) anos, permitida uma recondução".

No caso, Marta e Bruna poderão ocupar o cargo de Defensor Público-Geral, por serem maiores de 35 anos e serem membros estáveis na carreira. Já Gabriela não preenche o requisito etário.

Ressalte-se que o mandato é de 2 anos, permitida uma recondução.

Logo, a alternativa (a) está correta.

Gabarito: A.

78. (Defensor Público DPE-RR – 2013 – CESPE). De acordo com as disposições da Lei Complementar Federal n.º 80/1994 e da Lei n.º 8.906/1994, assinale a opção correta.

a) Os DPs federais nos estados, no DF e nos territórios são órgãos de atuação que integram a DPU, juntamente com os demais órgãos.

b) A organização dos serviços auxiliares, a prática de atos próprios de gestão, a elaboração de folhas de pagamento de pessoal e a expedição dos competentes demonstrativos são atribuições típicas da DPU.

c) A ouvidoria-geral, como órgão auxiliar, integra a DPU, as DPs dos estados, do DF e dos territórios.

d) O ouvidor-geral será escolhido, pelo Conselho Superior, entre integrantes da carreira, para cumprir mandato de dois anos, sendo-lhe permitida uma recondução por igual período.

e) O advogado que renunciar ao mandato continuará a representar o mandante durante os dez dias subsequentes à notificação da renúncia, sob pena de incidir em infração disciplinar, salvo se for substituído antes do término desse prazo ou se abandonar a causa por motivo justo.

► ***Anotações/Comentários***

(a) Errada. De acordo com o art. 5º da LC 80/94, são órgãos de atuação: a) as Defensorias Públicas da União nos Estados, no Distrito Federal e nos Territórios; e b) os Núcleos da Defensoria Pública da União. E são órgãos de execução: os Defensores Públicos Federais nos Estados, no Distrito Federal e nos Territórios.

(b) Errada. As atribuições típicas da Defensoria Pública dizem respeito à "orientação jurídica, a promoção dos direitos humanos e a defesa, em todos os graus, judicial e extrajudicial, dos direitos individuais e coletivos, de forma integral e gratuita, aos necessitados, assim considerados na forma do inciso LXXIV do art. 5º da Constituição Federal", como previsto no art. 1º da LC 80/94. As funções institucionais da Defensoria Pública estão previstas exemplificativamente no art. 4º da mesma LC. Especialmente em relação à atuação dos Defensores Públicos Federais, estabelece o art. 18 da LC 80/94 que "Aos Defensores Públicos Federais incumbe o desempenho das funções de orientação, postulação e defesa dos direitos e interesses dos necessitados", trazendo ainda um rol exemplificativo dessas incumbências.

Assim, as atribuições mencionadas na alternativa não dizem respeito às funções típicas da DPU, mas sim àquelas de cunho administrativo, imprescindíveis para o funcionamento da Instituição.

(c) Errada. Segundo o art. 134, § 4º, da Constituição de 1988, são princípios institucionais da Defensoria Pública a unidade, a indivisibilidade e a independência funcional.

(d) Errada. Art. 105-B da LC 80/94: "O Ouvidor-Geral será escolhido pelo Conselho Superior, dentre cidadãos de reputação ilibada, não integrante da Carreira, indicados em lista tríplice formada pela sociedade civil, para mandato de 2 (dois) anos, permitida 1 (uma) recondução".

(e) Afirmação correta. Art. 5º, § 3º, da Lei 8.906/1994: "O advogado que renunciar ao mandato continuará, durante os dez dias seguintes à notificação da renúncia, a representar o mandante, salvo se for substituído antes do término desse prazo".

Gabarito: E.

79. (Técnico de Apoio Especializado – Transporte DPE-RS – 2013 – FCC). Atenção: As questões de números 24 a 28 referem-se à Lei Complementar Federal nº 80/94.

A Defensoria Pública do Estado, ao abrir concurso público e prover os cargos de suas carreiras e dos serviços auxiliares, está agindo em observância

a) ao princípio da máxima efetividade dos direitos fundamentais.
b) aos princípios institucionais da unidade e indivisibilidade.
c) à sua autonomia funcional e administrativa.
d) à sua competência legislativa.
e) aos princípios institucionais da unidade e inamovibilidade.

► ***Anotações/Comentários***

A Constituição de 1988, no artigo 134, assegura à Defensoria Pública estadual "autonomia funcional e administrativa e a iniciativa de sua proposta orçamentária dentro dos limites estabelecidos na lei de diretrizes orçamentárias e subordinação ao disposto no art. 99, § 2º."

Por autonomia administrativa, entende-se a autogestão, ou seja, "a aplicação direta de suas receitas, na contratação de serviços e na gestão de pessoal" (RUGGERI RÉ, p. 113), o que compreende, portanto, a possibilidade de abrir concurso público e prover cargos de suas carreiras e serviços auxiliares.

Há relação também com a autonomia funcional, pois "permite que a Defensoria Pública defina, internamente, as rotinas dos Defensores Públicos no cumprimento de suas atribuições, bem como a forma de assistência jurídica a ser prestada, com vista à melhor e mais acessível prestação de serviço, sem qualquer ingerência externa" (RUGGERI RÉ, p. 119).

Nesse sentido, determina o art. 97-A da LC 80/94 que "À Defensoria Pública do Estado é assegurada autonomia funcional, administrativa e iniciativa para elaboração de sua proposta orçamentária, dentro dos limites estabelecidos na lei de diretrizes orçamentárias, cabendo-lhe, especialmente: I – abrir concurso público e prover os cargos de suas Carreiras e dos serviços auxiliares".

Logo, a alternativa (c) está correta.

Gabarito: C.

---

80. (Técnico de Apoio Especializado – Transporte DPE-RS – 2013 – FCC). Atenção: As questões de números 24 a 28 referem-se à Lei Complementar Federal nº 80/94.

A assistência jurídica integral e gratuita prestada pela Defensoria Pública do Estado NÃO abrange

a) o atendimento interdisciplinar.

b) a atuação na esfera administrativa do Estado, em defesa dos interesses do assistido.

c) a atuação, como regra, em matérias de competência da Justiça Federal.

d) a tutela de interesses difusos e coletivos.

e) a utilização de mecanismos alternativos de solução de conflitos, como a conciliação e a mediação.

► ***Anotações/Comentários***

Compete à Defensoria Pública da União, segundo o art. 14 da LC 80/94, atuar "junto às Justiças Federal, do Trabalho, Eleitoral, Militar, Tribunais Superiores e instâncias administrativas da União".

Por sua vez, a Defensoria Pública do Estado tem a atribuição de prestar "assistência jurídica aos necessitados, em todos os graus de jurisdição e instâncias administrativas do Estado" (art. 106 da LC 80/94). Tal atribuição inclui atendimento interdisciplinar, a tutela de interesses difusos e coletivos, bem como a utilização de mecanismos alternativos de solução de conflitos, desde que essas funções estejam vinculadas às matérias de competência da Justiça Estadual.

Assim, fica claro que a assistência jurídica integral e gratuita prestada pela Defensoria Pública do Estado NÃO abrange a atuação, como regra, em matérias de competência da Justiça Federal.

Logo, a alternativa (c) é a resposta correta.

Gabarito: C.

81. (Técnico de Apoio Especializado – Transporte DPE-RS – 2013 – FCC). Atenção: As questões de números 24 a 28 referem-se à Lei Complementar Federal nº 80/94. Em relação aos órgãos que integram a Defensoria Pública do Estado, é correto afirmar que

a) a Subdefensoria Pública-Geral e a Corregedoria-Geral são órgãos de administração superior.

b) a Corregedoria-Geral e a Ouvidoria-Geral são órgãos auxiliares da Defensoria Pública do Estado.

c) o Conselho Superior e os Núcleos Especializados da Defensoria Pública são órgãos de administração superior.

d) o Corregedor-Geral, enquanto órgão da administração superior, substitui o Defensor Público-Geral nas suas férias, ausências e impedimentos.

e) a Defensoria Pública-Geral e a Ouvidoria-Geral são órgãos de administração superior.

► *Anotações/Comentários*

Segundo o art. 98 da LC 80/94, a Defensoria Pública dos Estados compreende: I – órgãos de administração superior, dentre os quais: a) a Defensoria Pública-Geral do Estado; b) a Subdefensoria Pública-Geral do Estado; c) o Conselho Superior da Defensoria Pública do Estado; d) a Corregedoria-Geral da Defensoria Pública do Estado; II – órgãos de atuação, incluindo: a) as Defensorias Públicas do Estado; e b) os Núcleos da Defensoria Pública do Estado; III – órgãos de execução, que são os Defensores Públicos do Estado; por fim, IV – órgão auxiliar: a Ouvidoria-Geral da Defensoria Pública do Estado.

Portanto, a alternativa (a) está correta, pois tanto a Subdefensoria Pública-Geral, como a Corregedoria-Geral são órgãos de administração superior.

Gabarito: A.

82. (Técnico de Apoio Especializado – Transporte DPE-RS – 2013 – FCC). A atuação da Defensoria Pública do Estado, por seus Núcleos ou Núcleos Especializados, deve dar prioridade

a) às regiões com maiores índices de exclusão social e adensamento populacional.

b) às cidades mais distantes da Capital e que não sejam sede de comarca do Poder Judiciário.

c) à atuação em demandas coletivas.

d) à atuação na esfera administrativa.

e) às cidades com maior número de habitantes.

► ***Anotações/Comentários***

De acordo como o art. 107 da LC 80/94, "A Defensoria Pública do Estado poderá atuar por intermédio de núcleos ou núcleos especializados, dando-se prioridade, de todo modo, às regiões com maiores índices de exclusão social e adensamento populacional".

Logo a alternativa (a) está correta. As prioridades elencadas nas demais alternativas não foram albergadas pela LC 80/94, como se nota do dispositivo legal mencionado.

Gabarito: A.

83. (Estágio – Direito DPE-ES – 2013 – CESPE). Com base na Lei Complementar n.º 80/1994, assinale a opção correta.

a) É função institucional da DP fiscalizar o processo eleitoral, por meio da formação de grupo de trabalho composto por servidores estáveis da carreira, indicados pelo defensor público-geral, o responsável por acompanhar as eleições.

b) O instrumento de transação, mediação ou conciliação referendado pelo defensor público vale como título executivo extrajudicial, razão por que sua efetividade independe de homologação judicial.

c) As funções institucionais da DP são exercidas contra pessoas físicas e jurídicas, ressalvadas as de direito público da unidade da Federação a que a instituição esteja vinculada.

d) A DPU atua nos estados, no DF e nos territórios, junto à justiça estadual, à distrital e à dos territórios que vierem a ser criados.

e) A DP abrange a DPU, as DPs dos estados, do DF e as DPs dos municípios.

► ***Anotações/Comentários***

(a) Errada. Conforme previsto no art. 1º da LC 80/94, a Defensoria Pública tem a incumbência de "a orientação jurídica, a promoção dos direitos humanos e a defesa, em todos os graus, judicial e extrajudicial, dos direitos individuais e coletivos, de forma integral e gratuita, aos necessitados, assim considerados na forma do inciso LXXIV do art. 5º da Constituição Federal". As funções institucionais estão elencadas, de maneira exemplificativa, no art. 4º da LC 80/94, não incluindo a fiscalização do processo eleitoral, cuja função pode ser atribuída ao Ministério Público, como fiscal da lei.

(b) Afirmação correta, pois o art. 4º, § 4º da LC 80/94 estabelece expressamente que "O instrumento de transação, mediação ou conciliação referendado pelo Defensor Público valerá como título executivo extrajudicial, inclusive quando celebrado com a pessoa jurídica de direito público".

No mesmo sentido dispõe o art. 784, IV, do CPC que é título executivo extrajudicial "o instrumento de transação referendado pelo Ministério Público, pela Defensoria Pública, pela Advocacia Pública, pelos advogados dos transatores ou por conciliador ou mediador credenciado por tribunal".

(c) Errada. Art. 4º, § 2º, da LC 80/94: "As funções institucionais da Defensoria Pública serão exercidas inclusive contra as Pessoas Jurídicas de Direito Público".

(d) Errada. A DPU não tem atribuição para atuar junto à Justiça Estadual, conforme dispõe o art. 14 da LC 80/94: "A Defensoria Pública da União atuará nos Estados, no Distrito Federal e nos Territórios, junto às Justiças Federal, do Trabalho, Eleitoral, Militar, Tribunais Superiores e instâncias administrativas da União".

(e) Errada. Segundo o art. 2º da LC 80/94, a Defensoria Pública abrange: a Defensoria Pública da União; a Defensoria Pública do Distrito Federal e dos Territórios; e as Defensorias Públicas dos Estados. Além disso, na Constituição de 1988 não há previsão de uma Defensoria Pública Municipal.

Logo, a alternativa (b) deve ser assinalada.

Gabarito: B.

84. (Defensor Público DPE-AM – 2013 – FCC). Sobre a autonomia da Defensoria Pública do Estado é correto afirmar que

a) a Emenda Constitucional nº 45/04 conferiu à Defensoria Pública do Estado tríplice autonomia, assegurando-lhe a iniciativa de leis e de sua proposta orçamentária.

b) a autonomia administrativa prevista no artigo 134, § 2º, da Constituição Federal assegura ao Defensor Público a possibilidade de, no desempenho de suas funções, adotar o posicionamento jurídico que entender mais adequado à defesa da pessoa necessitada.

c) a Defensoria Pública do Estado, em razão de sua autonomia e nos termos previstos pela Lei Complementar Federal nº 80/94, pode criar cargos em suas carreiras e em seus serviços auxiliares, provendo-os por concurso público.

d) a Lei Complementar Federal nº 80/94 assegura à Defensoria Pública do Estado, como decorrência de sua autonomia, a atribuição de elaborar suas folhas de pagamento.

e) as decisões da Defensoria Pública do Estado, fundadas em sua autonomia funcional e administrativa, estão, nos termos da Lei Complementar Federal nº 80/94, condicionadas à decisão final do Chefe do Poder Executivo Estadual.

▶ *Anotações/Comentários*

(a) Afirmação incorreta, pois a EC 45/2004 incluiu o § 2º ao art. 134, conferindo à Defensoria Pública Estadual a autonomia funcional e administrativa, bem como a iniciativa de sua proposta orçamentária dentro dos limites estabelecidos na lei de diretrizes orçamentárias e subordinação ao disposto no art. 99, § 2º.

(b) Errada. Por autonomia administrativa, entende-se a autogestão, ou seja, "a aplicação direta de suas receitas, na contratação de serviços e na gestão de pessoal" (RUGGERI RÉ, p. 113), cujas atribuições vêm especificadas de modo exemplificativo no art. 97-A da LC 80/94. Por sua vez, a possibilidade de o Defensor Público, no desempenho de suas funções, adotar o posicionamento jurídico que entender mais adequado à defesa da pessoa necessitada é assegurada pela garantia da independência funcional, prevista no art. 127 da mesma LC 80/94.

Ressalte-se que "a autonomia funcional é conferida à instituição, e não se confunde com a independência funcional, que é prerrogativa de seus membros" (SOARES REIS, ZVEIBIL E JUNQUEIRA, 2013, p. 40)

(c) Errada. Nos termos do art. 97-A da LC 80/94, à Defensoria Pública do Estado é assegurada autonomia funcional, administrativa e iniciativa para elaboração de sua proposta orçamentária, dentro dos limites estabelecidos na lei de diretrizes orçamentárias, cabendo-lhe, especialmente "I – abrir concurso público e prover os cargos de suas Carreiras e dos serviços auxiliares". Assim, a competência para criar cargos em suas carreiras e em seus serviços auxiliares é do Poder Legislativo.

(d) Afirmação correta, porque está em conformidade com o art. 97-A da LC 80/94, estabelecendo que à Defensoria Pública do Estado é assegurada autonomia funcional, administrativa e iniciativa para elaboração de sua proposta orçamentária, dentro dos limites estabelecidos na lei de diretrizes orçamentárias, cabendo-lhe, especialmente: "V – elaborar suas folhas de pagamento e expedir os competentes demonstrativos".

(e) Errada. O parágrafo 5º do art. 97-B da LC 80/94 prevê expressamente que "As decisões da Defensoria Pública do Estado, fundadas em sua autonomia funcional e administrativa, obedecidas as formalidades legais, têm eficácia plena e executoriedade imediata, ressalvada a competência constitucional do Poder Judiciário e do Tribunal de Contas."

Gabarito: D.

85. (Defensor Público DPE-AM – 2013 – FCC). O parágrafo 5º do artigo 4º da Lei Complementar Federal nº 80/94, ao estabelecer que a assistência jurídica integral e gratuita custeada ou fornecida pelo Estado será exercida pela Defensoria Pública, reconheceu

a) o modelo público de assistência jurídica gratuita, fundado na convivência entre defensores públicos e advogados dativos custeados pelo Estado.

b) o modelo misto de assistência jurídica gratuita, que assegura a atuação de organizações não governamentais, mediante o repasse de recursos públicos.

c) a prevalência do modelo *judicare*, fundado na advocacia voluntária ou *pro bono*.

d) que o direito fundamental previsto no artigo 5º, LXXIV, da Constituição Federal deve ser instrumentalizado pela Defensoria Pública.

e) a titularidade do direito à assistência jurídica integral e gratuita à Defensoria Pública.

► *Anotações/Comentários*

(a) Afirmação errada. A convivência entre defensores públicos e advogados dativos custeados pelo Estado corresponde ao modelo misto. No modelo público, "existem profissionais do direito que atuam exclusivamente na assistência jurídica e, por isso, são remunerados como servidores públicos" (SOARES DOS REIS, ZVEIBIL e JUNQUEIRA, 2013, p. 29).

(b) Afirmação errada. Esse seria um exemplo de modelo *judicare*. Nesse sistema, "advogados (profissionais liberais) são remunerados pelos cofres públicos, prestando assistência judiciária às pessoas necessitadas" (SOARES DOS REIS, ZVEIBIL e JUNQUEIRA, 2013, p. 29).

(c) Afirmação errada. Tais modelos destoam por completo do modelo público. O *modelo pro bono* consiste na prestação de assistência judiciária gratuita por advogados, sem contraprestação estatal.

(d) Afirmação correta, pois está em conformidade com o art. 134 da Constituição de 1988, que assim prevê: "A Defensoria Pública é instituição permanente, essencial à função jurisdicional do Estado, incumbindo-lhe, como expressão e instrumento do regime democrático, fundamentalmente, a orientação jurídica, a promoção dos direitos humanos e a defesa, em todos os graus, judicial e extrajudicial, dos direitos individuais e coletivos, de forma integral e gratuita, aos necessitados, na forma do inciso LXXIV do art. 5º desta Constituição Federal". Trata-se do modelo denominado de "salaried staff", ou seja, aquele em que o Estado remunera agentes públicos para prestarem a assistência jurídica gratuita.

(e) Afirmação errada. O direito à assistência jurídica é das pessoas necessitadas e não da Defensoria Pública.

Gabarito: D.

86. (Defensor Público DPE-AM – 2013 – FCC). Ao estabelecer normas gerais sobre o Conselho Superior da Defensoria Pública Estadual, a Lei Complementar Federal nº 80/94 previu

a) a competência do órgão para a fixação ou alteração das atribuições dos órgãos de atuação da Defensoria Pública.

b) que a sua composição deve conter membros eleitos e natos, em proporção equivalente.

c) a publicidade de todas as suas sessões, cuja periodicidade será disciplinada por lei estadual, com realização de ao menos uma sessão mensal.

d) a vedação à reeleição de seus membros eleitos.

e) a possibilidade de revisão pelo órgão do plano de atuação aprovado pelo Defensor Público Geral.

► ***Anotações/Comentários***

(a) Afirmação correta, tendo em vista o disposto no art. 102, § 1º, da LC 80/94: "Caberá ao Conselho Superior decidir sobre a fixação ou a alteração de atribuições dos órgãos de atuação da Defensoria Pública e, em grau de recurso, sobre matéria disciplinar e os conflitos de atribuições entre membros da Defensoria Pública, sem prejuízo de outras atribuições".

(b) Errada. Não há uma equivalência de membros natos e eleitos, conforme se verifica do art. 101 da LC 80/94, que assim prevê: "A composição do Conselho Superior da Defensoria Pública do Estado deve incluir obrigatoriamente o Defensor Público-Geral, o Subdefensor Público-Geral, o Corregedor-Geral e o Ouvidor-Geral, como membros natos, e, em sua maioria, representantes estáveis da Carreira, eleitos pelo voto direto, plurinominal, obrigatório e secreto de seus membros, em número e forma a serem fixados em lei estadual."

(c) Errada. O art. 102, § 3º, da LC 80/94 prevê a possibilidade de realização de sessões não públicas, a fim de se resguardar as hipóteses legais de sigilo. *In verbis*: "As decisões do Conselho Superior serão motivadas e publicadas, e suas sessões deverão ser públicas, salvo nas hipóteses legais de sigilo, e realizadas, no mínimo, bimestralmente, podendo ser convocada por qualquer conselheiro, caso não realizada dentro desse prazo".

(d) Errada. Uma reeleição é permitida, nos termos do art. 101, § 3º da LC 80/94, que assim dispõe: "Os membros do Conselho Superior são eleitos para mandato de 2 (dois) anos, permitida uma reeleição".

(e) Errada. Cabe ao Conselho Superior aprovar o Plano, conforme o art. 102, § 2º da LC 80/94: "Caberá ao Conselho Superior aprovar o plano de atuação da Defensoria Pública do Estado, cujo projeto será precedido de ampla divulgação.".

Gabarito: A.

87. (Defensor Público DPE-MS – 2012 – VUNESP). Conforme dispõe, expressamente, a Lei Complementar Federal n.º 80/94, são todos princípios institucionais da Defensoria Pública:

a) a unidade, a inamovibilidade dos seus membros e a descentralização.

b) a inamovibilidade dos seus membros, a vitaliciedade e a independência funcional.

c) a indivisibilidade, a inamovibilidade dos seus membros e a descentralização.

d) a unidade, a indivisibilidade e a independência funcional.

► *Anotações/Comentários*

São princípios institucionais da Defensoria Pública: a unidade, a indivisibilidade e a independência funcional, conforme previsto no art. 134, § 4º, da Constituição de 1988.

Portanto, a alternativa (d) está correta.

Gabarito: D.

88. (Defensor Público DPE-MS - 2012 - VUNESP). Considerando o disposto na Lei Complementar Federal n.º 80/94, sobre as Normas Gerais para a Organização da Defensoria Pública dos Estados, assinale a alternativa correta.

a) A Defensoria Pública do Estado elaborará sua proposta orçamentária atendendo aos seus princípios, às diretrizes e aos limites definidos na lei de diretrizes orçamentárias, encaminhando-a diretamente à Mesa da Assembleia Legislativa do Estado.

b) A Defensoria Pública do Estado tem por chefe o Defensor Público-Geral, nomeado pelo Governador do Estado, dentre membros estáveis da Carreira e maiores de 35 (trinta e cinco) anos de idade, escolhidos em lista tríplice formada pelo voto direto, secreto, plurinominal e obrigatório de seus membros, para mandato de 2 (dois) anos, permitida uma recondução.

c) A composição do Conselho Superior da Defensoria Pública do Estado deve incluir, obrigatoriamente, o Defensor Público-Geral, o Corregedor-Geral e o Ouvidor-Geral, como membros natos, e, em sua maioria, representantes da Carreira, eleitos pelo voto direto, facultativo e secreto de seus membros.

d) A Corregedoria-Geral é exercida pelo Corregedor-Geral indicado dentre os integrantes da classe mais elevada da Carreira, em lista tríplice formada pelo Defensor Público-Geral, e nomeado pelo Conselho Superior para mandato de 2 (dois) anos, vedada a recondução.

► *Anotações/Comentários*

(a) Errada, pois prevê o art. 97-B da LC 80/94 que: "A Defensoria Pública do Estado elaborará sua proposta orçamentária atendendo aos seus princípios, às diretrizes e aos limites definidos na lei de diretrizes orçamentárias, encaminhando-a ao Chefe do Poder Executivo para consolidação e encaminhamento ao Poder Legislativo".

(b) Afirmação correta, nos exatos termos do art. 99 da LC 80/94: "A Defensoria Pública do Estado tem por chefe o Defensor Público-Geral, nomeado pelo Governador do Estado, dentre membros estáveis da Carreira e maiores de 35 (trinta e cinco) anos, escolhidos em lista tríplice formada pelo voto direto, secreto, plurinominal e obrigatório de seus membros, para mandato de 2 (dois) anos, permitida uma recondução".

(c) Errada, uma vez que o voto é obrigatório e não facultativo, conforme o art. 101 da LC 80/94, que assim dispõe: "A composição do Conselho Superior da Defensoria Pública do Estado deve incluir obrigatoriamente o Defensor Público-Geral, o Subdefensor Público-Geral, o Corregedor-Geral e o Ouvidor-Geral, como membros natos, e, em sua maioria, representantes estáveis da Carreira, eleitos pelo voto direto, plurinominal, obrigatório e secreto de seus membros, em número e forma a serem fixados em lei estadual".

(d) Errada, porque a recondução é permitida. Diz o art. 104 da LC 80/94 que: "A Corregedoria-Geral é exercida pelo Corregedor-Geral indicado dentre os integrantes da classe mais elevada da Carreira, em lista tríplice formada pelo Conselho Superior, e nomeado pelo Defensor Público-Geral para mandato de 2 (dois) anos, permitida 1 (uma) recondução".

Gabarito: B.

89. (Defensor Público DPE-RO - 2012 - CESPE). Conforme previsão expressa da Lei Complementar n.º 80/1994, constitui prerrogativa de membro da DPE

a) receber intimação pessoal em qualquer processo, sempre mediante a entrega dos autos com vista.

b) ser recolhido, após sentença condenatória transitada em julgado, à prisão especial ou à sala especial de Estado Maior.

c) ter o mesmo tratamento reservado aos magistrados e demais titulares dos cargos das funções essenciais à justiça.

d) ser processado e julgado, nos crimes comuns e de responsabilidade, pelo órgão judiciário de 2.º grau.

e) ser preso somente por ordem judicial escrita ou em razão de flagrante de crime inafiançável.

▶ *Anotações/Comentários*

(a) Errada. Art. 128, I, da LC 80/94: é prerrogativa do membro da Defensoria Pública do Estado "receber, inclusive quando necessário, mediante entrega dos autos com vista, intimação pessoal em qualquer processo e grau de jurisdição ou instância administrativa, contando-se-lhes em dobro todos os prazos".

(b) Errada. Art. 128, III, da LC 80/94: é prerrogativa do membro da Defensoria Pública do Estado "ser recolhido à prisão especial ou à sala especial de Estado Maior, com direito a privacidade e, após sentença condenatória transitada em julgado, ser recolhido em dependência separada, no estabelecimento em que tiver de ser cumprida a pena".

(c) Afirmação correta. Nos exatos termos do art. 128, XIII, da LC 80/94: é prerrogativa do membro da Defensoria Pública do Estado "ter o mesmo tratamento reservado aos Magistrados e demais titulares dos cargos das funções essenciais à justiça".

(d) Errada. Não há tal previsão na LC 80/94.

(e) Errada. Art. 128, III, da LC 80/94: é prerrogativa do membro da Defensoria Pública do Estado "não ser preso, senão por ordem judicial escrita, salvo em flagrante, caso em que a autoridade fará imediata comunicação ao Defensor Público-Geral".

Gabarito: C.

90. (Defensor Público DPE-AC - 2012 - CESPE). Assinale a opção correta acerca da prerrogativa de intimação pessoal dos membros da DP.

a) Em processo de *habeas corpus*, em razão de sua natureza, mesmo que haja pedido expresso de sustentação oral, não é obrigatória a intimação pessoal do DP.

b) A contagem do prazo para a DP inicia-se apenas quando seu representante apõe o ciente nos autos, mesmo que em data diversa da de seu recebimento por servidor designado.

c) É pacífico na jurisprudência o entendimento de que a prerrogativa da intimação pessoal do DP deve ser sempre observada, mesmo no rito dos juizados especiais criminais.

d) Conforme entendimento do STJ, a presença do DP na audiência em que seja proferida a sentença é suficiente para caracterizar a intimação pessoal da DP, sendo, assim, desnecessária a entrega dos autos com vista.

e) Considera-se válida a intimação da data de julgamento da apelação feita a DP diverso do que efetivamente tenha atuado no feito.

► ***Anotações/Comentários***

(a) Errada. Segundo o STF, "Imperiosa a intimação pessoal da Defesa da data do julgamento da impetração quando há pedido expresso para a realização de sustentação oral" ((RHC 116691/RS, 1ª Turma, Minª. Rosa Weber, Data do Julgamento 09/04/2014).

(b) Errada. A contagem inicia-se da data em que os autos são recebidos pela Defensoria Pública, ainda que por servidor designado. Art. 128,

I, da LC 80/94. Nesse sentido: "O Plenário do Supremo Tribunal Federal, quando do julgamento do HC 83.255-5/SP, consolidou entendimento no sentido de considerar como termo inicial da contagem dos prazos, seja em face da Defensoria Pública, seja em face do Ministério Público, o dia útil seguinte à data da entrada dos autos no órgão público ao qual é dada a vista" (STJ, AgRg no REsp 1500613/DF, 2ª Turma, Min. Mauro Campbell, DJe 11/03/2015)

(c) Errada. Vide HC 86007, Min. Sepúlveda Pertence, 1ª Turma do STF, julgado em 29/06/2005.

(d) Errada. Mesmo a presença do Defensor Público na audiência não afasta a necessidade de remessa dos autos para intimação pessoal da Defensoria. Nesse sentido: STJ, HC 337624/SC, Min. Ribeiro Dantas, 5ª Turma, DJe 09/11/2016.

(e) Afirmação correta. Trata-se de aplicação do princípio da indivisibilidade da DP.

Gabarito: E.

91. (Defensor Público DPE-AC – 2012 – CESPE). De acordo com o que dispõe a Lei Complementar n.º 80/1994, é função da DP

a) impetrar *habeas corpus*, mandado de injunção, *habeas data* e mandado de segurança ou qualquer outra ação em defesa das funções institucionais e prerrogativas de seus órgãos de execução.

b) promover, prioritariamente, a solução judicial dos litígios, mediante todas as espécies de ações capazes de propiciar a adequada tutela dos direitos de seus assistidos.

c) executar e receber as verbas sucumbenciais decorrentes de sua atuação, exceto as devidas pelos entes públicos, e destiná-las a fundos geridos pela instituição.

d) promover, nos casos em que o resultado da demanda possa beneficiar grupo de pessoas hipossuficientes, ação civil pública para a tutela de direitos difusos e coletivos, mas não de direitos individuais homogêneos.

e) acompanhar inquérito policial, inclusive com a comunicação imediata da prisão em flagrante pela autoridade policial, tendo ou não o preso constituído advogado.

► ***Anotações/Comentários***

(a) Afirmação correta, nos exatos termos do art. 4º, IX, da LC 80/94, constituindo função institucional da DP: "impetrar habeas corpus, mandado de injunção, habeas data e mandado de segurança ou qualquer outra ação em defesa das funções institucionais e prerrogativas de seus órgãos de execução".

(b) Errada, pois pelo art. 4º, II, da LC 80/94 é função institucional da DP "promover, prioritariamente, a solução extrajudicial dos litígios, visando à composição entre as pessoas em conflito de interesses, por meio de mediação, conciliação, arbitragem e demais técnicas de composição e administração de conflitos" Logo, a prioridade é buscar a solução extrajudicial de litígios e não judicial.

(c) Errada, uma vez é possível a execução de verbas sucumbenciais inclusive decorrentes da atuação contra entes públicos. Segundo o art. 4º, XXI, da LC 80/94 é função institucional da DP "executar e receber as verbas sucumbenciais decorrentes de sua atuação, inclusive quando devidas por quaisquer entes públicos, destinando-as a fundos geridos pela Defensoria Pública e destinados, exclusivamente, ao aparelhamento da Defensoria Pública e à capacitação profissional de seus membros e servidores".

(d) Errada. De acordo com o art. 4º, VII, da LC 80/94 é função institucional da DP "promover ação civil pública e todas as espécies de ações capazes de propiciar a adequada tutela dos direitos difusos, coletivos ou individuais homogêneos quando o resultado da demanda puder beneficiar grupo de pessoas hipossuficientes". Assim, estão incluídos os direitos individuais homogêneos.

(e) Errada. De acordo com o art. 4º, XIV, da LC 80/94 é função institucional da DP "acompanhar inquérito policial, inclusive com a comunicação imediata da prisão em flagrante pela autoridade policial, quando o preso não constituir advogado". Ressalte-se ser imprescindível, portanto, que o preso não constitua advogado.

Gabarito: A.

92. (Defensor Público DPE-AC – 2012 – CESPE). Considerando o que dispõe a Lei Complementar n.º 80/1994 sobre os objetivos, as garantias e funções da DP e sobre a ouvidoria-geral da DP, assinale a opção correta.

a) A ouvidoria-geral é órgão de administração superior da DPE.

b) À ouvidoria-geral compete participar, com direito a voz, do Conselho Superior da DPE.

c) Inclui-se entre os objetivos da DP a orientação jurídica dos necessitados, prestada em todos os graus.

d) Aos membros da DP é garantido sentar-se no mesmo plano dos magistrados.

e) O instrumento de transação referendado por um DP vale como título executivo judicial.

► ***Anotações/Comentários***

(a) Errada, pois a Ouvidoria-Geral é órgão auxiliar e não da Administração Superior da DPE, conforme o art. 98 da LC 80/94.

(b) Afirmação correta, nos termos do art. 105-C, IV, da LC 80/94, estabelecendo que à Ouvidoria-Geral compete "participar, com direito a voz, do Conselho Superior da Defensoria Pública do Estado".

(c) Errada, pois são objetivos da Defensoria Pública, conforme o art. 3º-A, da LC 80/94: a primazia da dignidade da pessoa humana e a redução das desigualdades sociais; a afirmação do Estado Democrático de Direito; a prevalência e efetividade dos direitos humanos e a garantia dos princípios constitucionais da ampla defesa e do contraditório.

Por sua vez, é função institucional da Defensoria Pública "prestar orientação jurídica e exercer a defesa dos necessitados, em todos os graus" (art. 4º, I, da LC 8094).

(d) Errada, pois "Aos membros da Defensoria Pública é garantido sentar-se no mesmo plano do Ministério Público", de acordo com o parágrafo 7º do art. 4º da LC 80/94.

(e) Errada, uma vez que "O instrumento de transação, mediação ou conciliação referendado pelo Defensor Público valerá como título executivo extrajudicial, inclusive quando celebrado com a pessoa jurídica de direito público", consoante o parágrafo 4º do art. 4º da LC 80/94.

Gabarito: B.

93. (Defensor Público DPE-SP – 2012 – FCC). No julgamento do Recurso Especial nº 931.513/RS, no âmbito do Superior Tribunal de Justiça, o Ministro Antônio Herman Benjamin reconheceu a legitimidade do Ministério Público para a propositura de Ação Civil Pública em prol de direito individual de pessoa com deficiência para obtenção de prótese auditiva, reconhecendo, no caso, a caracterização de "sujeito hipervulnerável". No seu voto, o Ministro destaca que "a categoria ético-política, e também jurídica, dos sujeitos vulneráveis inclui um subgrupo de *sujeitos hipervulneráveis*, entre os quais se destacam, por razões óbvias as pessoas com deficiência física, sensorial ou mental", bem como que, "em caso de dúvida sobre a legitimação para agir de sujeito intermediário – Ministério Público, Defensoria Pública e associações, p. ex. –, sobretudo se estiver em jogo a dignidade da pessoa humana, o juiz deve optar por reconhecê-la e, assim, abrir as portas para a solução judicial de litígios que, a ser diferente, jamais veriam seu dia na Corte". A partir de tais considerações e com base no que dispõe a Lei Orgânica

Nacional da Defensoria Pública (Lei Complementar nº 80/94, com as alterações trazidas pela Lei Complementar nº 132/09) é correto afirmar:

a) O conceito de necessitado (ou vulnerável) deve ser tomado exclusivamente em sentido estrito, tal qual estabelecido no art. 2º, parágrafo único, da Lei no 1.060/50, ou seja, apenas vislumbrando a perspectiva exclusivamente econômica do indivíduo ou grupo social que busca o serviço da Defensoria Pública.

b) Com base no art. 4º, VII, da Lei Complementar no 80/94, a legitimidade da Defensoria Pública para a propositura de Ação Civil Pública é ampla e irrestrita, não havendo qualquer limitação de ordem legislativa.

c) Muito embora a previsão do art. 4º, X, da Lei Complementar nº 80/94, no sentido de assegurar a legitimidade da Defensoria Pública para promover a mais ampla defesa dos direitos fundamentais dos necessitados, abrangendo seus direitos individuais e sociais, não há consagração expressa de tal legitimidade para a proteção dos seus direitos ambientais.

d) O art. 4º, XII, da Lei Complementar nº 80/94 assegura a legitimidade da Defensoria Pública para a instauração de inquérito civil.

e) A previsão do art. 4º, XI, da Lei Complementar nº 80/94, ao reconhecer a legitimidade da Defensoria Pública para exercer a defesa dos direitos coletivos da criança e do adolescente, do idoso, da pessoa portadora de necessidades especiais, da mulher vítima de violência doméstica e familiar e de outros "grupos sociais vulneráveis" que mereçam proteção especial do Estado, permite ampliar o conceito de necessitado para o que a doutrina denomina de "necessitados do ponto de vista organizacional".

► *Anotações/Comentários*

(a) Errada. O entendimento do STJ, conforme acórdão mencionado no enunciado, ampliou o conceito de necessitado para abranger não somente aquele do ponto de vista econômico. Nesse sentido, acolheu posicionamento da Ada Pelegrini Grinover que assim se manifestou "existem os que são necessitados no plano econômico, mas também existem os necessitados do ponto de vista organizacional. Ou seja, todos aqueles que são socialmente vulneráveis: os consumidores, os usuários de serviços públicos, os usuários de planos de saúde, os que queiram implementar ou contestar políticas públicas, como as atinentes à saúde, à moradia, ao saneamento básico, ao meio ambiente etc." (Disponível em: http://www.sbdp.org.br/arquivos/material/542_ADI3943_pareceradapellegrini.pdf).

Vale destacar também o entendimento do STF na ADI 3943, Relator(a): Min. CÁRMEN LÚCIA, Tribunal Pleno, julgado em 07/05/2015, ACÓRDÃO ELETRÔNICO DJe-154 DIVULG 05-08-2015 PUBLIC 06-08-2015.

(b) Errada. Não se trata de legitimidade ampla e irrestrita, segundo o art. 4º, VII, da LC 80/94, estabelecendo com função institucional da DP "promover ação civil pública e todas as espécies de ações capazes de propiciar a adequada tutela dos direitos difusos, coletivos ou individuais homogêneos **quando o resultado da demanda puder beneficiar grupo de pessoas hipossuficientes**" (*g.n.*).

(c) Errada. Art. 4º, X, da LC 80/94: é função institucional da DP "promover a mais ampla defesa dos direitos fundamentais dos necessitados, abrangendo seus direitos individuais, coletivos, sociais, econômicos, culturais e ambientais, sendo admissíveis todas as espécies de ações capazes de propiciar sua adequada e efetiva tutela" (*g.n.*).

(d) Errada. Não há menção à possibilidade de instauração de inquérito civil. Ademais, o inciso XII do art. 4º da LC 80/94 foi vetado.

(e) Afirmação correta. Entende-se que há uma ampliação do conceito de necessitado, acolhendo-se posicionamento da Ada Pelegrini Grinover que assim se manifestou "existem os que são necessitados no plano econômico, mas também existem os necessitados do ponto de vista organizacional. Ou seja, todos aqueles que são socialmente vulneráveis: os consumidores, os usuários de serviços públicos, os usuários de planos de saúde, os que queiram implementar ou contestar políticas públicas, como as atinentes à saúde, à moradia, ao saneamento básico, ao meio ambiente etc." (Disponível em: http://www.sbdp.org.br/arquivos/material/542_ADI3943_pareceradapellegrini.pdf).

Gabarito: E.

94. (Técnico do Ministério Público MPE-AL – 2012 – COPEVE-UFAL). Trata-se de função essencial da Defensoria Pública:

a) promover privativamente a ação penal pública.

b) defender, na condição de único legitimado, a ordem jurídica, o regime democrático e os interesses sociais e individuais indisponíveis.

c) prestar a consultoria e assessoramento jurídico ao Poder Executivo.

d) defender judicialmente os direitos e interesses das populações indígenas.

e) promover a orientação jurídica e a defesa dos indivíduos considerados necessitados na forma da legislação brasileira.

► ***Anotações/Comentários***

(a) Errada. Trata-se de função institucional do Ministério Público (art. 129 da Constituição de 1988).

(b) Errada. Trata-se de incumbência do Ministério Público, como explicitado no art. 127 da Constituição de 1988: "O Ministério Público é instituição permanente, essencial à função jurisdicional do Estado, incumbindo-lhe a defesa da ordem jurídica, do regime democrático e dos interesses sociais e individuais indisponíveis".

(c) Errada. Trata-se, em linhas gerais, da função da Advocacia Pública (art. 131 e seguintes da Constituição de 1988).

(d) Errada. O art. 129, V, da Constituição de 1988 prevê como função institucional do Ministério Público "defender judicialmente os direitos e interesses das populações indígenas".

No entanto, em que pese o gabarito oficial do concurso indicar esta alternativa como errada, é preciso lembrar que constitui função institucional da Defensoria Pública "exercer a defesa dos interesses individuais e coletivos da criança e do adolescente, do idoso, da pessoa portadora de necessidades especiais, da mulher vítima de violência doméstica e familiar e de outros grupos sociais vulneráveis que mereçam proteção especial do Estado", segundo o art. 4º, XI, da LC 80/94, sendo certo que o conceito jurídico indeterminado "grupos sociais vulneráveis" pode perfeitamente abranger as populações indígenas. Nesse sentido, vale ressaltar, inclusive, que a DPU tem atuado na defesa desse grupo. Segundo consta do *site* desta Instituição, são comuns demandas como a expedição de documentos, além da assistência jurídica em causas criminais ou que envolvem o Instituto Nacional do Seguro Social (INSS). A DPU também pode intervir em casos de interesse coletivo, como demarcação de reservas (Disponível em: https://www.dpu.def.br/comunidades-indigenas)

(e) Afirmação correta, nos termos do art. 4º, I, da LC 80/94, constituindo função institucional da DP "prestar orientação jurídica e exercer a defesa dos necessitados, em todos os graus".

Gabarito: E.

95. (Defensor Público DPE-AM – 2011 – INSTITUTO CIDADES). São prerrogativas e garantias do defensor público, para sua lídima atuação processual, EXCETO

a) representar a parte, em feito administrativo ou judicial, mediante mandato, inclusive nos casos para os quais a lei exija poderes especiais.

b) patrocinar ação penal privada.

c) receber intimação pessoal, em qualquer processo e grau de jurisdição.

d) inamovibilidade, salvo se apenado com remoção compulsória, na forma da respectiva lei.

e) manifestar-se em autos judiciais por meio de cota.

► ***Anotações/Comentários***

(a) Afirmação incorreta, pois a atuação do Defensor Público independe de mandato, conforme art. 128, XI, da LC 80/94: "São prerrogativas dos membros da Defensoria Pública do Estado, dentre outras que a lei local estabelecer: XI - representar a parte, em feito administrativo ou judicial, independentemente de mandato, ressalvados os casos para os quais a lei exija poderes especiais".

(b) Afirmação correta. Art. 4º, XV, da LC 80/94: "São funções institucionais da Defensoria Pública, dentre outras: XV - patrocinar ação penal privada e a subsidiária da pública".

(c) Afirmação correta. Art. 128, I, da LC 80/94: "São prerrogativas dos membros da Defensoria Pública do Estado, dentre outras que a lei local estabelecer: I - receber, inclusive quando necessário, mediante entrega dos autos com vista, intimação pessoal em qualquer processo e grau de jurisdição ou instância administrativa, contando-se-lhes em dobro todos os prazos".

(d) Afirmação correta. Art. 127, II, da LC 80/94: São garantias dos membros da Defensoria Pública do Estado, sem prejuízo de outras que a lei estadual estabelecer: II - a inamovibilidade".

(e) Afirmação correta. Art. 128, IX, da LC 80/94: "São prerrogativas dos membros da Defensoria Pública do Estado, dentre outras que a lei local estabelecer: IX - manifestar-se em autos administrativos ou judiciais por meio de cota".

Gabarito: A.

96. (Defensor Público – DPE-BA – 2010 – CESPE). No que concerne à proteção dos interesses individuais, julgue o item que se segue.

O defensor público pode referendar transações relativas a alimentos, as quais passarão a ter efeito de título executivo extrajudicial.

☐ Certo

☐ Errado

► *Anotações/Comentários*

Conforme dispõe o parágrafo 4º do art. 4º da LC 80/94, "O instrumento de transação, mediação ou conciliação referendado pelo Defensor Público valerá como título executivo extrajudicial, inclusive quando celebrado com a pessoa jurídica de direito público".

Portanto, a afirmação está certa.

Gabarito: Certo.

97. (Defensor Público DPE-BA – 2010 – CESPE). Julgue o item subsequente, com base na estrutura e organização da Defensoria Pública do Estado da Bahia, na Lei n.º 1.060/1950 (Lei de Assistência Judiciária) e na Lei Complementar Federal n.º 80/1994.

O exercício do cargo de defensor público é expressamente indelegável e privativo de membro da carreira.

☐ Certo

☐ Errado

► *Anotações/Comentários*

Nos termos do parágrafo 10 do art. 4º da Lc 80/94, "O exercício do cargo de Defensor Público é indelegável e privativo de membro da Carreira".

Sobre o tema, o STF já se manifestou da seguinte forma:

> "Lei 8.742, de 30-11-2005, do Estado do Rio Grande do Norte, que "dispõe sobre a contratação temporária de advogados para o exercício da função de defensor público, no âmbito da Defensoria Pública do Estado". A Defensoria Pública se revela como instrumento de democratização do acesso às instâncias judiciárias, de modo a efetivar o valor constitucional da universalização da justiça (inciso XXXV do art. 5º da CF/1988). Por desempenhar, com exclusividade, um mister estatal genuíno e essencial à jurisdição, a Defensoria Pública não convive com a possibilidade de que seus agentes sejam recrutados em caráter precário. Urge estruturá-la em cargos de provimento efetivo e, mais que isso, cargos de carreira. A estruturação da Defensoria Pública em cargos de carreira, providos mediante concurso público de provas e títulos, opera como garantia da independência técnica da instituição, a se refletir na boa qualidade da assistência a que fazem jus os estratos mais economicamente débeis da coletividade" (ADI 3.700, rel. min. Ayres Britto, j. 15-10-2008, P, DJE de 6-3-2009).

Portanto, a afirmação está certa.

Gabarito: Certo.

98. (Defensor Público DPE-GO - 2010 - INSTITUTO CIDADES). A Defensoria Pública da União tem por chefe

a) o Defensor Público-Geral Federal, nomeado pelo Presidente da República, dentre membros estáveis da Carreira e maiores de 35 (trinta e cinco) anos, escolhidos em lista tríplice formada pelo voto direto, secreto, plurinominal e obrigatório de seus membros, após a aprovação de seu nome pela maioria absoluta dos membros do Senado Federal, para mandato de 2 (dois) anos, permitida uma recondução, precedida de nova aprovação do Senado Federal.

b) o Defensor Público-Geral Federal, nomeado pelo Presidente da República, dentre integrantes da carreira, maiores de 35 (trinta e cinco) anos, após a aprovação de seu nome pela maioria absoluta dos membros do Senado Federal, para mandato de 2 (dois) anos, permitida uma recondução.

c) o Defensor Público-Geral Federal, nomeado pelo Presidente da República, dentre integrantes da carreira e maiores de 30 (trinta) anos, após a aprovação de seu nome pela maioria absoluta dos membros do Senado Federal, para mandato de 2 (dois) anos, permitida uma recondução, precedida de nova aprovação do Senado Federal.

d) o Defensor Público-Geral Federal, nomeado pelo Presidente da República, dentre integrantes da carreira, maiores de 30 (trinta) anos, após a aprovação de seu nome pela maioria absoluta dos membros do Senado Federal, para mandato de 2 (dois) anos, permitida a recondução.

e) o Defensor Público-Geral Federal, nomeado pelo Presidente da República dentre os Defensores Públicos da categoria mais elevada, maiores de 35 (trinta e cinco) anos, escolhidos pelos integrantes da carreira, em escrutínio direto e secreto e dispostos em lista tríplice pela ordem decrescente de votação, para um mandato de 2 (dois) anos, permitida uma recondução.

▸ *Anotações/Comentários*

Nos termos do art. 6º da LC 80/94, "A Defensoria Pública da União tem por chefe o Defensor Público-Geral Federal, nomeado pelo Presidente da República, dentre membros estáveis da Carreira e maiores de 35 (trinta e cinco) anos, escolhidos em lista tríplice formada pelo voto direto, secreto, plurinominal e obrigatório de seus membros, após a aprovação de seu nome pela maioria absoluta dos membros do Senado Federal, para mandato de 2 (dois) anos, permitida uma recondução, precedida de nova aprovação do Senado Federal.".

Portanto, a afirmação (a) está certa.

Gabarito: A.

99. (Técnico Médio de Defensoria Pública DPE-RJ – 2010 – CEPUERJ). Constitui função essencial da Defensoria Pública disposta na Lei Orgânica da Defensoria Pública (LC 80/94):

a) atuar como promotor *ad hoc*

b) representara parte, em feito administrativo ou judicial, por meio de mandatos, ressalvados os casos para os quais a lei exija poderes especiais

c) a atuação pela garantia e promoção dos princípios relativos à ordem pública

d) promover, prioritariamente, a solução extrajudicial dos litígios visando a composição entre as pessoas em conflito de interesses, por meio de mediação, conciliação, arbitragem e demais técnicas de composição e administração de conflitos

► ***Anotações/Comentários***

(a) Errada. Não cabe à Defensoria Pública, evidentemente, exercer as funções do Ministério Público. Ressalte-se que as funções institucionais da DP estão elencadas, de modo exemplificativo, no art. 4º da LC 80/94.

(b) Errada. A atuação do Defensor Público independe de mandato (art. 128, XI, da LC 80/94).

(c) Errada. Trata-se de incumbência do Ministério Público, que se extraí do art. 127 da Constituição de 1988, nos seguintes termos: "O Ministério Público é instituição permanente, essencial à função jurisdicional do Estado, incumbindo-lhe a defesa da ordem jurídica, do regime democrático e dos interesses sociais e individuais indisponíveis"

(d) Afirmação correta. Pelo Art. 4º, II, da LC 80/94 é função institucional da DP "promover, prioritariamente, a solução extrajudicial dos litígios, visando à composição entre as pessoas em conflito de interesses, por meio de mediação, conciliação, arbitragem e demais técnicas de composição e administração de conflitos"

Gabarito: D.

100. (Defensor Público DPE-SP – 2010 – FCC). Entre as inovações advindas da reforma da Lei Orgânica Nacional da Defensoria Pública, promovida pela Lei Complementar Federal nº 132, de 07 de outubro de 2009, destaca-se:

a) Garantiu a composição paritária do Conselho Superior, entre membros natos e eleitos.

b) Assegurou maior autonomia à Corregedoria Geral da Defensoria Pública Estadual ao prever a nomeação do Corregedor Geral pelo Governador do Estado.

c) Assegurou ao assistido da Defensoria Pública o direito de ter sua pretensão revista no caso de recusa de atuação pelo Defensor Público.

d) Previu a participação no Conselho Superior do presidente da entidade de classe de maior representatividade dos membros da carreira, com direito a voto.

e) Instituiu a Ouvidoria Geral no âmbito das Defensorias Públicas Estaduais, da União e do Distrito Federal.

► ***Anotações/Comentários***

(a) Alternativa errada, pois, pelo contrário, após a reforma, restou definido que a maioria dos Conselheiros fosse de membros eleitos, tanto na Defensoria Pública da União (LC 80/94, art. 9º), como na do Distrito Federal e Territórios (LC 80/94, art. 57) e na dos Estados (LC 80/94, art. 101).

(b) Alternativa errada, pois após a reforma o art. 104 da LC 80/94 passou a prever que o Corregedor-Geral será indicado dentre os integrantes da classe mais elevada da Carreira, em lista tríplice formada pelo Conselho Superior, e nomeado pelo Defensor Público-Geral. Além disso, nota-se que a assertiva é contraditória, visto que a nomeação do Corregedor-Geral pelo Governador representa menor autonomia.

(c) Correta, pois o art. 4º-A, incluído pela LC 132/09, traz o seu inciso III, que prevê o direito de o assistido ter sua pretensão revista no caso de recusa de atuação pelo Defensor Público;

(d) Errada, pois o § 7º do art. 57 da LC 80/94, incluído pela LC 132/09, prevê apenas assento e voz ao presidente da entidade de classe de maior representatividade dos membros da carreira, mas não prevê voto.

(e) Errada, pois a LC 132/09 trata somente das Defensorias Públicas dos Estados (Art. 98, IV)

Gabarito: C

101. (Assistente social DPU – 2010 – CESPE). É função da Defensoria Pública

a) defender judicialmente e administrativamente os direitos e interesses das populações indígenas.

b) promover a ação penal pública.

c) promover, prioritariamente, a solução judicial dos conflitos em favor dos mais necessitados.

d) exercer com exclusividade a curadoria especial.

e) exercer a defesa dos direitos e interesses individuais, difusos, coletivos e individuais homogêneos e dos direitos do consumidor, conforme previsto na CF.

► ***Anotações/Comentários***

(a) Errada, pois embora possa a Defensoria atuar em prol de populações indígenas, tal função não se encontra explicitamente prevista na LC 80/94.

(b) Errada, pois a promoção da ação penal pública compete ao Ministério Público, sendo que a LC 80/94 prevê ser função da Defensoria Pública patrocinar a ação penal privada e a subsidiária da pública (art. 4º, XV)

(c) Errada, pois o papel da Defensoria é justamente o oposto: promover, prioritariamente, a solução extrajudicial de conflitos, nos termos do inciso II do art. 4º da LC 80/94.

(d) Errada, pois a lei prevê a Defensoria exercendo a curadoria especial (art. 4º, XVI, da LC 80/94), mas não fala em exclusividade.

(e) Correta, pois é justamente o que dispõe o art. 4º, VIII, da LC 80/94, que prevê ser função da Defensoria Pública exercer a defesa dos direitos e interesses individuais, difusos, coletivos e individuais homogêneos e dos direitos do consumidor, na forma do inciso LXXIV do art. 5º da Constituição Federal;

Gabarito: E

102. (Assistente social DPU – 2010 – CESPE). A Defensoria Pública

a) tem, por primazia, o objetivo de promover o bem de todos, sem preconceitos de origem, raça, sexo, cor, idade ou de quaisquer outras formas de discriminação.

b) é dirigida pelo ministro da Justiça.

c) tem por princípios institucionais a unidade, a indivisibilidade e a independência funcional.

d) tem por função gerenciar os sistemas internacionais de proteção dos direitos humanos.

e) defere aos seus membros, com fulcro na LC 80, a prerrogativa de se manifestar por cota em autos judiciais, não nos administrativos.

Anotações/comentários

(a) Errada, pois dentre os objetivos da Defensoria Pública está a primazia da dignidade da pessoa humana e a redução das desigualdades sociais, algo não descrito na assertiva "a". Como se vê, trata-se de questão que pode levar à confusão.

b) Errada, pois a Defensoria Pública é dirigida pelo(a) Defensor(a) Público(a)-Geral, sendo Instituição autônoma, o que seria incompatível com a direção nas mãos do Ministro da Justiça, que é cargo vinculado e subordinado ao Poder Executivo.

c) Correta, sendo estes os princípios da Instituição, previstos no art. 3º da LC 80/94.

d) Questão errada, pois a função da Defensoria Pública não é gerenciar, mas representar aos sistemas internacionais de proteção dos direitos humanos, postulando perante seus órgãos (LC 80/94, art. 4º, VI).

e) Errada, pois é prerrogativa dos membros das Defensorias Públicas a manifestação em autos administrativos ou judiciais por meio de cota (artigos 44, IX; 89, IX e 128, IX, da LC 80/94)

Gabarito: C

103. (Assistente social DPU - 2010 - CESPE). Os membros da Defensoria Pública da União (DPU)

a) podem participar de sociedade comercial, exceto como cotista.

b) gozam de independência funcional.

c) não podem exercer a advocacia.

d) sujeitam-se, precipuamente, ao regime da Lei n.º 8.112/1990.

e) devem ter idade mínima de 35 anos.

Anotações/comentários

(a) Alternativa errada, pois, ao contrário do que traz a alternativa, o art. 46 da LC 80/94 dispõe em seu inciso IV ser vedado o exercício do comércio ou a participação em sociedade comercial, salvo na condição de cotista ou acionista.

(b) Alternativa correta, que reproduz os exatos termos do art. 43, I, da LC 80/94, que prevê a prerrogativa da independência funcional.

(c) Alternativa errada, visto que o art. 46, I, da LC 80/94 dispõe que é vedado ao membro da Defensoria Pública da União exercer a advocacia fora das atribuições institucionais, e não pura e simplesmente "exercer a advocacia". Note o leitor que a letra da lei acaba contrariando o art. 4º, § 6º, da LC 80/94, que prevê que a capacidade postulatória do defensor público decorre exclusivamente de sua nomeação e posse no cargo público, ou seja, independe de inscrição na OAB (consoante entendimento sedimentado no Superior Tribunal de Justiça). Além disso, após a Emenda Constitucional 80/2014, a Defensoria Pública passou a figurar em Seção separada daquela da Advocacia no capítulo das Funções Essenciais à Justiça, evidenciando que a atuação do Defensor não se confunde com advocacia, mesmo no exercício das atribuições institucionais. Entretanto, a impropriedade terminológica permanece, tanto na redação original da LC 80, que é de 1994, como na própria Constituição, em seu art. 134, § 1º.

(d) Alternativa errada, visto que o art. 136 da LC 80/94 prevê que a Lei 8.112/91 terá aplicação subsidiária, sendo que precipuamente os Defensores Públicos Federais estarão sujeitos ao regime da LC 80/94.

(e) Não há previsão de idade mínima para o exercício do cargo de Defensor Público Federal, sendo que as condições se encontram nos artigos 24 a 27 da LC 80/94.

Gabarito: B

104. (Assistente social DPU - 2010 - CESPE). As prerrogativas e garantias deferidas aos defensores públicos (DPs) da União incluem

a) a inamovibilidade, salvo se apenados com remoção compulsória.

b) o direito de recolhimento a prisão especial ou a sala de Estado Maior, mesmo após sentença condenatória transitada em julgado.

c) a autoridade para requisitar força policial para assegurar a incolumidade física dos membros da DPU, quando estes se encontrarem ameaçados em razão do desempenho de suas atribuições institucionais.

d) o poder para determinar correições extraordinárias.

e) a autoridade para convocar o Conselho Superior da DPU.

► ***Anotações/Comentários***

(a) Alternativa correta, visto que a inamovibilidade cede diante da aplicação de sanção de remoção compulsória, prevista no Art. 34 da LC 80/94: "Os membros da Defensoria Pública da União são inamovíveis, salvo se apenados com remoção compulsória, na forma desta Lei Complementar."

(b) Incorreta, pois, nos termos do art. 44, III, da LC 80/94, a prisão especial ou a sala especial de Estado-Maior é prevista até o trânsito em julgado da sentença condenatória; após isso, o defensor público federal tem o direito a ser recolhido em dependência separada, no estabelecimento em que tiver de ser cumprida a pena.

(c) Alternativa incorreta, pois nos termos do art. 8º, XIX, da LC 80/94, tal poder de requisição se encontra dentre as atribuições do Defensor Público-Geral, e não se estende para os demais defensores públicos, que não possuem tal prerrogativa.

(d) Alternativa incorreta, pois somente o Defensor Público Corregedor-Geral possui o poder de determinar correições extraordinárias (arts. 13, I e 94, II, da LC 80/94)

(e) Alternativa incorreta, pois se trata de atribuição do Defensor Público-Geral Federal (art. 8º, XIV, da LC 80/94)

Gabarito: A

105. (Assistente social DPU – 2010 – CESPE). No que concerne aos DPs da União, assinale a opção correta.

a) Entre as funções dos DPs da União, inclui-se representar a parte em feito administrativo ou judicial, independentemente de mandato, mesmo nos casos para os quais a lei exija poderes especiais.

b) DPs da União podem requisitar, de autoridade pública ou privada e de seus agentes, exames, certidões, perícias, vistorias, diligências, processos, documentos, informações, esclarecimentos e providências necessários ao exercício de suas atribuições.

c) Os DPs da União possuem vitaliciedade.

d) É livre o ingresso dos DPs da União em estabelecimentos policiais, prisionais e de internação coletiva, desde que previamente agendado.

e) Aos DPs da União é reservado o mesmo tratamento concedido aos magistrados e demais titulares dos cargos das funções essenciais à justiça.

► ***Anotações/Comentários***

(a) Errado, pois, ao contrário da alternativa, o art. 44, XI, da LC 80/94 faz justamente a ressalva quanto à exigência de poderes especiais ("representar a parte, em feito administrativo ou judicial, independentemente de mandato, ressalvados os casos para os quais a lei exija poderes especiais")

(b) Alternativa errada, pois não se prevê o poder de requisição em relação a autoridades privadas, consoante se verifica no art. 44, X, da LC 80/94: "requisitar de autoridade pública e de seus agentes exames, certidões, perícias, vistorias, diligências, processos, documentos, informações, esclarecimentos e providências necessárias ao exercício de suas atribuições".

(c) Alternativa errada, pois a vitaliciedade não se encontra dentre as garantias dos membros da Defensorias Públicas.

(d) Alternativa errada, pois tal prerrogativa de ingresso em estabelecimentos prisionais, policiais e de internação coletiva independe de prévio agendamento, sendo o que dispõe o art. 44, VII, da LC 80/94: "comunicar-se, pessoal e reservadamente, com seus assistidos, ainda quando esses se acharem presos ou detidos, mesmo incomunicáveis, tendo livre ingresso em estabelecimentos policiais, prisionais e de internação coletiva, independentemente de prévio agendamento".

(e) Alternativa correta, nos termos do art. 44, XIII, da LC 80/94: "Ter o mesmo tratamento reservado aos magistrados e demais titulares dos cargos das funções essenciais à justiça".

Gabarito: E

106. (Economista - DPU - CESPE - 2010). A Defensoria Pública

a) defere aos seus membros, com fulcro na LC 80, a prerrogativa de se manifestar por cota em autos judiciais, não nos administrativos.

b) tem, por primazia, o objetivo de promover o bem de todos, sem preconceitos de origem, raça, sexo, cor, idade ou de quaisquer outras formas de discriminação.

c) é dirigida pelo ministro da Justiça.

d) tem por princípios institucionais a unidade, a indivisibilidade e a independência funcional.

e) tem por função gerenciar os sistemas internacionais de proteção dos direitos humanos.

► ***Anotações/Comentários***

(a) Errada, pois o art. 44, IX, da LC 80/94 prevê a prerrogativa de manifestar--se por cota tanto em autos administrativos como judiciais.

(b) Errada, pois dentre os objetivos da Defensoria Pública está a primazia da dignidade da pessoa humana e a redução das desigualdades sociais, algo não descrito na assertiva "b". Como se vê, trata-se de questão que pode levar à confusão.

(c) Errada, pois a Defensoria Pública é dirigida pelo(a) Defensor(a) Público(a)-Geral, sendo Instituição autônoma, o que seria incompatível com a direção nas mãos do Ministro da Justiça, que é cargo vinculado e subordinado ao Poder Executivo

(d) Correta, sendo estes os princípios da Instituição, previstos no art. 3º da LC 80/94.

(e) Questão errada, pois a função da Defensoria Pública não é gerenciar, mas representar aos sistemas internacionais de proteção dos direitos humanos, postulando perante seus órgãos (LC 80/94, art. 4º, VI).

Gabarito: D

107. (Economista - DPU - CESPE - 2010). Os membros da Defensoria Pública da União (DPU)

a) devem ter idade mínima de 35 anos.

b) podem participar de sociedade comercial, exceto como cotista.

c) gozam de independência funcional.

d) não podem exercer a advocacia.

e) sujeitam-se, precipuamente, ao regime da Lei n.º 8.112/1990.

► ***Anotações/Comentários***

(a) Não há previsão de idade mínima para o exercício do cargo de Defensor Público Federal, sendo que as condições se encontram nos artigos 24 a 27 da LC 80/94

(b) Alternativa errada, pois, ao contrário do que traz a alternativa, o art. 46 da LC 80/94 dispõe em seu inciso IV ser vedado o exercício do comércio ou a participação em sociedade comercial, salvo na condição de cotista ou acionista

(c) Alternativa correta, que reproduz os exatos termos do art. 43, I, da LC 80/94, que prevê a prerrogativa da independência funcional

(d) Alternativa errada, visto que o art. 46, I, da LC 80/94 dispõe que é vedado ao membro da Defensoria Pública da União exercer a advocacia fora das atribuições institucionais, e não pura e simplesmente "exercer a advocacia". Note o leitor que a letra da lei acaba contrariando o art. 4º, § 6º, da LC 80/94, que prevê que a capacidade postulatória do defensor público decorre exclusivamente de sua nomeação e posse no cargo público, ou seja, independe de inscrição na OAB (consoante entendimento sedimentado no Superior Tribunal de Justiça). Além disso, após a Emenda Constitucional 80/2014, a Defensoria Pública passou a figurar em Seção separada daquela da Advocacia no capítulo das Funções Essenciais à Justiça, evidenciando que a atuação do Defensor não se confunde com advocacia, mesmo no exercício das atribuições institucionais. Entretanto, a impropriedade terminológica permanece, tanto na redação original da LC 80, que é de 1994, como na própria Constituição, em seu art. 134, § 1º.

(e) Alternativa errada, visto que o art. 136 da LC 80/94 prevê que a Lei 8.112/91 terá aplicação subsidiária, sendo que precipuamente os Defensores Públicos Federais estarão sujeitos ao regime da LC 80/94.

Gabarito: C

108. (Agente Administrativo DPU – 2010 – CESPE). Acerca das funções institucionais da DP, assinale a opção correta.

a) O instrumento de transação ou conciliação referendado por um DP passa a valer como título executivo judicial.

b) A DP pode atuar em favor de pessoa jurídica, tanto em processo administrativo como judicial, em todas as instâncias ordinárias e extraordinárias.

c) É vedado ao DP atuar nos juizados especiais.

d) Nas ações penais, a capacidade postulatória do DP decorre exclusivamente da procuração outorgada pela vítima ao DP designado para o caso.

e) A DP deverá acompanhar inquéritos policiais, inclusive as prisões em flagrante, tendo o preso constituído advogado ou não.

► ***Anotações/Comentários***

(a) Alternativa errada, pois tal instrumento valerá como título executivo extrajudicial, nos termos do art. 4º, § 4º, da LC 80/94: "O instrumento de transação, mediação ou conciliação referendado pelo Defensor Público valerá como título executivo extrajudicial, inclusive quando celebrado com a pessoa jurídica de direito público."

(b) Correta, pois a atuação em prol de pessoas jurídicas encontra previsão no art. 4º, V, da LC 80/94, sendo função institucional da Defensoria Pública: "exercer, mediante o recebimento dos autos com vista, a ampla defesa e o contraditório em favor de pessoas naturais e jurídicas, em processos administrativos e judiciais, perante todos os órgãos e em todas as instâncias, ordinárias ou extraordinárias, utilizando todas as medidas capazes de propiciar a adequada e efetiva defesa de seus interesses.

(c) Alternativa errada, pois o art. 4º, XIX, da LC 80/94 prevê justamente o contrário, ou seja, a atuação perante os Juizados Especiais.

(d) Errada, pois o art. 4º, § 6º da LC 80/94 prevê que "a capacidade postulatória do Defensor Público decorre exclusivamente de sua nomeação e posse no cargo público."

(e) Alternativa errada, pois a Defensoria Pública somente atuará nestes casos quando não houver advogado constituído, nos termos do art. 4º, XIV, da LC 80/94: "acompanhar inquérito policial, inclusive com a comunicação imediata da prisão em flagrante pela autoridade policial, quando o preso não constituir advogado".

Gabarito: B

109. (Agente Administrativo DPU - 2010 - CESPE). Acerca dos deveres, das proibições e dos impedimentos dos membros da DP, assinale a opção correta.

a) É vedado ao membro da DP participar de banca de concurso quando o julgamento disser respeito a um primo seu.

b) É vedado ao membro da DP exercer suas funções em processo em que o interessado seja seu avô.

c) É vedado ao membro da DP participar como cotista em sociedade comercial.

d) O impedimento de atuação de membro da DP em processo no qual houver dado parecer contrário ao objeto da demanda restringe-se aos casos de emissão de parecer por escrito e não aos pareceres emitidos verbalmente.

e) É facultado ao membro da DP residir na localidade onde exerce suas funções.

▸ *Anotações/Comentários*

(a) Errado, visto que a vedação atinge o parentesco até o terceiro grau, conforme arts. 48, 93 e 132 da LC 80/94, os membros da Defensoria Pública não podem participar de comissão, banca de concurso, ou qualquer decisão, quando o julgamento ou votação disser respeito a seu cônjuge ou companheiro, ou parente consanguíneo ou afim em linha reta ou colateral, até o terceiro grau.

(b) Alternativa correta. Nos termos dos arts. 47, III; 92, III; e 131, III, da LC 80/94, é defeso ao Defensor Público atuar em processo ou procedimento em que for interessado cônjuge ou companheiro, parente consanguíneo ou afim em linha reta ou colateral, até o terceiro grau;

(c) Alternativa incorreta, visto que o art. 46, IV, da LC 80/94, veda o exercício do comércio ou participação em sociedade comercial pelo Defensor Público Federal, mas o permite na condição de cotista ou acionista. Idênticas disposições, em relação aos defensores do Distrito Federal e Territórios e dos Estados, se encontram respectivamente nos arts. 91, IV e 130, IV, da LC 80/94.

(d) Alternativa incorreta, pois o impedimento inclui também a emissão de parecer verbal, nos termos dos arts. 47, VI; 92, VI; e 131, VI da LC 80/94.

(e) Alternativa incorreta, pois é dever dos Defensores Públicos a residência na localidade onde exerçam suas funções (LC 80/94, arts. 45, I; 90, I; e 129, I.)

Gabarito: B

110. (Agente Administrativo DPU - 2010 - CESPE). Com relação às garantias e prerrogativas dos membros da DPU, assinale a opção correta.

a) É prerrogativa do DP examinar qualquer processo, seja qual for a repartição pública, podendo deles obter cópias e tomar apontamentos.

b) Uma das garantias dos membros da DPU é a vitaliciedade.

c) Os membros da DPU só podem ser presos em flagrante delito por crimes inafiançáveis.

d) O DP pode comunicar-se, pessoal e reservadamente, com seus assistidos presos, e, se estes estiverem incomunicáveis, com prévio agendamento.

e) Aos DPs é vedado ter vista pessoal dos processos fora dos cartórios e secretarias.

► *Anotações/Comentários*

(a) Alternativa correta, estando tal prerrogativa prevista expressamente no art. 44, inciso I, da LC 80/94, da seguinte maneira: "examinar, em qualquer repartição pública, autos de flagrantes, inquéritos e processos, assegurada a obtenção de cópias e podendo tomar apontamentos".

(b) Alternativa incorreta, pois aos membros da DPU (e de outras Defensorias Públicas) assegura-se as garantias da independência funcional no desempenho de suas funções; a inamovibilidade; a irredutibilidade de vencimentos; e a estabilidade. Especificamente no que tange à DPU, tais garantias se encontram previstas no art. 43 da LC 80/94.

(c) Alternativa incorreta, pois, nos termos do art. 44, II, LC 80/94, não há a exigência de inafiançabilidade do delito para a prisão em flagrante.

(d) Alternativa incorreta, pois mesmo que o preso se encontre incomunicável (o que é vedado pela Constituição Federal inclusive durante a vigência de Estado de Defesa – CF, art. 136, § 3º, IV), o Defensor Público Federal poderá com ele se comunicar sem prévio agendamento, nos termos do art. 44, VII, da LC 80/94.

(e) Alternativa incorreta pois, pelo contrário, é assegurada ao membro da DPU a vista pessoal dos processos fora de cartórios e secretarias, ressalvadas vedações legais (LC 80/94, art. 44, VI).

Gabarito: A

111. (Agente Administrativo DPU – 2010 – CESPE). No que se refere à responsabilidade funcional dos membros da DPU, assinale a opção correta.

a) O prazo máximo da sanção de suspensão é de cento e oitenta dias.

b) É de dois anos o prazo para requerer a revisão de processo disciplinar, quando, por alegação de fatos novos, for possível inocentar o apenado.

c) Quando um DP violar deveres funcionais, a ele poderá ser aplicada advertência verbal, se o fato não justificar a imposição de pena mais grave.

d) As faltas puníveis com remoção compulsória prescrevem em cinco anos, a contar da data em que forem cometidas.

e) A pena de demissão é aplicada pelo presidente da República.

Anotações/comentários

(a) Alternativa errada, posto que o prazo máximo é de noventa dias, nos termos do art. 50, § 1º, II, da LC 80/94.

(b) Alternativa incorreta, visto que o art. 51 da LC 80/94 prevê que a revisão poderá ser requerida a qualquer tempo "quando se aduzirem fatos novos ou circunstâncias suscetíveis de provar, a inocência do apenado ou de justificar a imposição de pena mais branda".

(c) Alternativa incorreta, visto que a advertência será aplicada por escrito, nos termos do art. 50, § 2º, da LC 80/94.

(d) Alternativa errada, visto que, nos termos do art. 51, § 7º, da LC 80/94, prescrevem em dois anos as faltas puníveis com advertência, suspensão e remoção compulsória.

(e) Alternativa correta, prevendo o art. 51, § 6, da LC 80/94 que "as penas de demissão e cassação da aposentadoria serão aplicadas pelo Presidente da República e as demais pelo Defensor Público-Geral".

Gabarito: E

112. (Agente Administrativo DPU – 2010 – CESPE). No que se refere ao defensor público-geral federal (DPGF) e ao subdefensor público-geral federal (SDPGF), assinale a opção correta.

a) A escolha do chefe da DPU é realizada por uma lista tríplice formada pelo voto direto, aberto e facultativo de seus membros.

b) O SDPGF é escolhido pelo Conselho Superior da Defensoria Pública da União, nomeado pelo presidente da República, entre os integrantes de qualquer categoria da carreira.

c) A aprovação, pelo Senado Federal, do DPGF faculta ao presidente da República nomeá-lo pelo período de dois anos, permitida a recondução, sem a necessidade de nova aprovação.

d) A União terá apenas um SDPGF.

e) Com a aprovação de dois terços do conselho superior da DPU, o DPGF pode aplicar a pena de remoção compulsória.

► ***Anotações/Comentários***

(a) Alternativa incorreta, posto que o art. 6º da LC 80/94 prevê a formação da listra tríplice pelo voto direito, secreto, plurinominal e obrigatório dos membros da carreira.

(b) Alternativa incorreta, visto que, nos termos do art. 7º da LC 80/94, o Subdefensor Público-Geral é nomeado pelo Presidente da República, dentre os integrantes da Categoria Especial da Carreira (e não de qualquer categoria), escolhidos pelo Conselho Superior.

(c) Alternativa incorreta, visto que o art. 6º, parte final da LC 80/94 prevê que a recondução deverá ser precedida de nova aprovação do Senado Federal.

(d) Alternativa incorreta, uma vez que o parágrafo único do art. 7º da LC 80/94 prevê que a União poderá, segundo as suas necessidades ter mais de um Subdefensor Público-Geral.

(e) Alternativa correta, visto que o art. 8º, XVII, da LC 80/94 prevê ser atribuição do DPGF "aplicar a pena da remoção compulsória, aprovada pelo voto de dois terços do Conselho Superior da Defensoria Pública da União, assegurada ampla defesa".

Gabarito: E

113. (Técnico em Comunicação Social – Publicidade e Propaganda – DPU – CESPE – 2010). É função da Defensoria Pública

a) promover a ação penal pública.

b) promover, prioritariamente, a solução judicial dos conflitos em favor dos mais necessitados.

c) exercer com exclusividade a curadoria especial.

d) exercer a defesa dos direitos e interesses individuais, difusos, coletivos e individuais homogêneos e dos direitos do consumidor, conforme previsto na CF.

e) defender judicialmente e administrativamente os direitos e interesses das populações indígenas.

► ***Anotações/Comentários***

(a) Errada, pois a promoção da ação penal pública compete ao Ministério Público, sendo que a LC 80/94 prevê ser função da Defensoria Pública patrocinar a ação penal privada e a subsidiária da pública (art. 4º, XV).

(b) Errada, pois o papel da Defensoria é justamente o oposto: promover, prioritariamente, a solução extrajudicial de conflitos, nos termos do inciso II do art. 4º da LC 80/94.

(c) Errada, pois a lei prevê a Defensoria exercendo a curadoria especial (art. 4º, XVI, da LC 80/94), mas não fala em exclusividade.

(d) Correta, pois é justamente o que dispõe o art. 4º, VIII, da LC 80/94, que prevê ser função da Defensoria Pública exercer a defesa dos direitos e interesses individuais, difusos, coletivos e individuais homogêneos e dos direitos do consumidor, na forma do inciso LXXIV do art. 5º da Constituição Federal.

(e) Errada, pois embora possa a Defensoria atuar em prol de populações indígenas, tal função não se encontra explicitamente prevista na LC 80/94.

Gabarito: D

114. (Técnico em Comunicação Social – Publicidade e Propaganda – DPU – CESPE – 2010). A Defensoria Pública

a) é dirigida pelo ministro da Justiça.

b) tem por princípios institucionais a unidade, a indivisibilidade e a independência funcional.

c) tem por função gerenciar os sistemas internacionais de proteção dos direitos humanos.

d) defere aos seus membros, com fulcro na LC 80, a prerrogativa de se manifestar por cota em autos judiciais, não nos administrativos.

e) tem, por primazia, o objetivo de promover o bem de todos, sem preconceitos de origem, raça, sexo, cor, idade ou de quaisquer outras formas de discriminação.

Anotações/comentários

(a) Errada, pois a Defensoria Pública é dirigida pelo(a) Defensor(a) Público(a)-Geral, sendo Instituição autônoma, o que seria incompatível com a direção nas mãos do Ministro da Justiça, que é cargo vinculado e subordinado ao Poder Executivo.

b) Correta, sendo estes os princípios da Instituição, previstos no art. 3º da LC 80/94.

c) Questão errada, pois a função da Defensoria Pública não é gerenciar, mas representar aos sistemas internacionais de proteção dos direitos humanos, postulando perante seus órgãos (LC 80/94, art. 4º, VI).

d) Errada, pois é prerrogativa dos membros das Defensorias Públicas a manifestação em autos administrativos ou judiciais por meio de cota (artigos 44, IX; 89, IX e 128, IX, da LC 80/94).

e) Errada, pois dentre os objetivos da Defensoria Pública está a primazia da dignidade da pessoa humana e a redução das desigualdades sociais, algo não descrito na assertiva. Como se vê, trata-se de questão que pode levar à confusão.

Gabarito: B

115. (Técnico em Comunicação Social – Publicidade e Propaganda – DPU – CESPE – 2010). Os membros da Defensoria Pública da União (DPU)

a) gozam de independência funcional.

b) não podem exercer a advocacia.

c) sujeitam-se, precipuamente, ao regime da Lei n.º 8.112/1990.

d) devem ter idade mínima de 35 anos.

e) podem participar de sociedade comercial, exceto como cotista.

Anotações/comentários

(a) Alternativa correta, que reproduz os exatos termos do art. 43, I, da LC 80/94, que prevê a prerrogativa da independência funcional

(b) Alternativa errada, visto que o art. 46, I, da LC 80/94 dispõe que é vedado ao membro da Defensoria Pública da União exercer a advocacia fora das atribuições institucionais, e não pura e simplesmente "exercer a advocacia". Note o leitor que a letra da lei acaba contrariando o art. 4º, § 6º, da LC 80/94, que prevê que a capacidade postulatória do defensor público decorre exclusivamente de sua nomeação e posse no cargo público, ou seja, independe de inscrição na OAB (consoante entendimento sedimentado no Superior Tribunal de Justiça). Além disso, após a Emenda Constitucional 80/2014, a Defensoria Pública passou a figurar em Seção separada daquela da Advocacia no capítulo das Funções Essenciais à Justiça, evidenciando que a atuação do Defensor não se confunde com advocacia, mesmo no exercício das atribuições institucionais. Entretanto, a impropriedade terminológica permanece, tanto na redação original da LC 80, que é de 1994, como na própria Constituição, em seu art. 134, § 1º.

(c) Alternativa errada, visto que o art. 136 da LC 80/94 prevê que a Lei 8.112/91 terá aplicação subsidiária, sendo que precipuamente os Defensores Públicos Federais estarão sujeitos ao regime da LC 80/94.

(d) Não há previsão de idade mínima para o exercício do cargo de Defensor Público Federal, sendo que as condições se encontram nos artigos 24 a 27 da LC 80/94

(e) Alternativa errada, pois, ao contrário do que traz a alternativa, o art. 46 da LC 80/94 dispõe em seu inciso IV ser vedado o exercício do comércio ou a participação em sociedade comercial, salvo na condição de cotista ou acionista

Gabarito: A

116. (Técnico em Comunicação Social – Publicidade e Propaganda – DPU – CESPE – 2010). As prerrogativas e garantias deferidas aos defensores públicos (DPs) da União incluem

a) o direito de recolhimento a prisão especial ou a sala de Estado Maior, mesmo após sentença condenatória transitada em julgado.

b) a autoridade para requisitar força policial para assegurar a incolumidade física dos membros da DPU, quando estes se encontrarem ameaçados em razão do desempenho de suas atribuições institucionais.

c) o poder para determinar correições extraordinárias.

d) a autoridade para convocar o Conselho Superior da DPU.

e) a inamovibilidade, salvo se apenados com remoção compulsória.

Anotações/comentários

(a) Incorreta, pois, nos termos do art. 44, III, da LC 80/94, a prisão especial ou a sala especial de Estado-Maior é prevista até o trânsito em julgado da sentença condenatória; após isso, o defensor público federal tem o direito a ser recolhido em dependência separada, no estabelecimento em que tiver de ser cumprida a pena.

(b) Alternativa incorreta, pois nos termos do art. 8º, XIX, da LC 80/94, tal poder de requisição se encontra dentre as atribuições do Defensor Público-Geral, e não se estende para os demais defensores públicos, que não possuem tal prerrogativa.

(c) Alternativa incorreta, pois somente o Defensor Público Corregedor-Geral possui o poder de determinar correições extraordinárias (arts. 13, I e 94, II, da LC 80/94)

(d) Alternativa incorreta, pois se trata de atribuição do Defensor Público-Geral Federal (art. 8º, XIV, da LC 80/94)

(e) Alternativa correta, visto que a inamovibilidade cede diante da aplicação de sanção de remoção compulsória, prevista no Art. 34 da LC 80/94: "Os membros da Defensoria Pública da União são inamovíveis, salvo se apenados com remoção compulsória, na forma desta Lei Complementar.

Gabarito: E

117. (Técnico em Comunicação Social – Publicidade e Propaganda – DPU – CESPE – 2010). No que concerne aos DPs da União, assinale a opção correta.

a) DPs da União podem requisitar, de autoridade pública ou privada e de seus agentes, exames, certidões, perícias, vistorias, diligências, processos, documentos, informações, esclarecimentos e providências necessários ao exercício de suas atribuições.

b) Os DPs da União possuem vitaliciedade.

c) É livre o ingresso dos DPs da União em estabelecimentos policiais, prisionais e de internação coletiva, desde que previamente agendado.

d) Aos DPs da União é reservado o mesmo tratamento concedido aos magistrados e demais titulares dos cargos das funções essenciais à justiça.

e) Entre as funções dos DPs da União, inclui-se representar a parte em feito administrativo ou judicial, independentemente de mandato, mesmo nos casos para os quais a lei exija poderes especiais.

Anotações/comentários

(a) Alternativa errada, pois não se prevê o poder de requisição em relação a autoridades privadas, consoante se verifica no art. 44, X, da LC 80/94:

"requisitar de autoridade pública e de seus agentes exames, certidões, perícias, vistorias, diligências, processos, documentos, informações, esclarecimentos e providências necessárias ao exercício de suas atribuições".

(b) Alternativa errada, pois a vitaliciedade não se encontra dentre as garantias dos membros da Defensorias Públicas.

(c) Alternativa errada, pois tal prerrogativa de ingresso em estabelecimentos prisionais, policiais e de internação coletiva independe de prévio agendamento, sendo o que dispõe o art. 44, VII, da LC 80/94: "comunicar-se, pessoal e reservadamente, com seus assistidos, ainda quando esses se acharem presos ou detidos, mesmo incomunicáveis, tendo livre ingresso em estabelecimentos policiais, prisionais e de internação coletiva, independentemente de prévio agendamento".

(d) Alternativa correta, nos termos do art. 44, XIII, da LC 80/94: "Ter o mesmo tratamento reservado aos magistrados e demais titulares dos cargos das funções essenciais à justiça".

(e) Errado, pois, ao contrário da alternativa, o art. 44, XI, da LC 80/94 faz justamente a ressalva quanto à exigência de poderes especiais ("representar a parte, em feito administrativo ou judicial, independentemente de mandato, ressalvados os casos para os quais a lei exija poderes especiais").

Gabarito: D

118. (Defensor Público DPE-AM – 2018 – FCC). Como Defensor Público atuando em um processo eletrônico, o seu prazo para resposta deverá ser contado

a) em dobro e terá início exclusivamente quando do efetivo recebimento da intimação eletrônica pelo defensor, independentemente do prazo de disponibilização no portal.

b) em dobro e terá início quando do recebimento da intimação eletrônica pelo defensor ou, caso não a receba no prazo de dez dias da disponibilização da intimação eletrônica no portal, terá início automaticamente após esta data.

c) em dobro, somente se existirem litisconsortes com patronos diversos, e, em qualquer hipótese, somente terá início depois de dez dias da disponibilização da intimação eletrônica no portal.

d) de forma simples e terá início quando da publicação no Diário Oficial Eletrônico, por não se aplicar o prazo dobrado e a prerrogativa da intimação pessoal em processo eletrônico.

e) em dobro e terá início exclusivamente por meio de intimação pessoal por meio de oficial de justiça.

► *Anotações/Comentários*

A assertiva "b" está correta, o prazo em dobro deve ser observado em todos os processos, inclusive administrativos (art. 44, I; art. 89, I e 128, I, LC nº 80/94), entretanto deve ser contado a partir do momento em que o defensor se deu por intimado no portal ou após os dez dias de sua disponibilização, conforme art. 5º, § 3º, lei nº 11.419/2006 e Art. 183, § 1º c/c art. 186, § 1º.

Gabarito: B

119. (Defensor Público DPE-PE – 2018 – CESPE). Acerca das garantias conferidas aos defensores públicos estaduais, assinale a opção correta de acordo com a Lei Complementar n.º 80/1994 e suas alterações.

a) A garantia da independência funcional não afasta o dever do defensor público de comunicar de forma arrazoada ao defensor público-geral eventual recusa de patrocínio de ação judicial manifestamente incabível.

b) Após dois anos de exercício no cargo, não pode o defensor público perder o cargo senão por sentença judicial transitada em julgado, dado que lhe é garantida a vitaliciedade.

c) A garantia da irredutibilidade de vencimentos dos defensores públicos não alcança a verba salarial relacionada ao recebimento de honorários sucumbenciais a que fazem jus em razão do exercício de suas atribuições.

d) Em nome da independência funcional, o defensor público está desobrigado de observar quaisquer normas administrativas do órgão que se relacionem ao exercício de suas atribuições, ainda que visem à regularidade e ao aperfeiçoamento das atividades.

e) A garantia da inamovibilidade não impede a remoção compulsória do defensor público por interesse público, com base em juízo de conveniência e oportunidade do defensor público-geral.

► *Anotações/Comentários*

A assertiva "a" está correta, conforme art. 44, XII; 89, XII; e 128, XII, LC 80/94.

Gabarito: A

120. (Defensor Público DPE-AL – 2017 – CESPE). No que diz respeito às funções típicas e atípicas da Defensoria Pública, assinale a opção correta.[10]

a) A função de *ombudsman* exercida pela Defensoria Pública brasileira em defesa dos direitos humanos consiste em atribuição típica.

10. ROCHA, Jorge Bheron. Legitimação da Defensoria Pública para ajuizamento de ação civil pública tendo por objeto direitos transindividuais. Florianópolis: Empório Modara Editora, 2018.

b) O rol das funções típicas da Defensoria Pública encontra-se taxativamente descrito nas funções institucionais previstas na lei orgânica de regência.

c) A função exercida pelo ouvidor-geral da Defensoria Pública encontra-se entre as funções típicas da instituição.

d) As funções típicas da Defensoria Pública são exercidas unicamente na esfera judicial em favor das pessoas naturais hipossuficientes, beneficiárias da assistência judiciária gratuita.

e) As funções atípicas da Defensoria Pública prescindem da insuficiência de recursos financeiros e abarcam os organizacionalmente vulneráveis.

▶ ***Anotações/Comentários***

A assertiva "e" está correta, tradicionalmente as funções institucionais são divididas em: típicas, quando ligadas à comprovação de hipossuficiência econômica do beneficiário; e atípica, quando se liga a outra vulnerabilidade (saúde, jurídica, organizacional, circunstancial, etc) ou a outra missão (promoção dos direitos humanos ou expressão e instrumento do regime democrático). Ambas não estão taxativamente previstas na LC nº 80/94.

Gabarito: E

121. (Técnico Judiciário – Área Administrativa DPE-RS – 2017 – FCC). De acordo com a Lei Complementar Federal n° 80/1994 atualizada, no tocante a Defensoria Pública da União, considere:

I. Representar aos sistemas internacionais de proteção dos direitos humanos, postulando perante seus órgãos.

II. Participar, inclusive quando não tiver assento, dos conselhos federais, estaduais e municipais afetos às funções institucionais da Defensoria Pública, independentemente das atribuições de seus ramos.

III. Impetrar *habeas corpus*, mandado de injunção, *habeas data* e mandado de segurança ou qualquer outra ação em defesa das funções institucionais e prerrogativas de seus órgãos de execução.

IV. Patrocinar ação penal privada e a subsidiária da pública.

São funções institucionais da Defensoria Pública, dentre outras, as indicadas APENAS em

a) II e IV.

b) I, II e III.

c) II, III e IV.

d) I e III.

e) I, III e IV.

► ***Anotações/Comentários***

A assertiva "II" está incorreta, conforme expressa disposição no art. 4º, XX, LC nº 80/94, pois deve "respeitar as atribuições de seus ramos".

Gabarito: E

122. (Secretária Executiva DPE-RR – 2015 – FCC). Considere os itens abaixo.

I. Assistência jurídica célere.

II. Assistência jurídica gratuita.

III. Assistência jurídica integral.

Integra a Visão da Defensoria Pública do Estado de Roraima o que consta em

a) I, apenas.

b) I, II e III.

c) II e III, apenas.

d) II, apenas.

e) III, apenas.

► ***Anotações/Comentários***

De acordo com a apresentação[11] da Defensoria Pública de Roraima, a **missão** da instituição é prestar assistência jurídica, judicial e extrajudicial, integral e gratuita aos necessitados, assim considerados na forma da Lei, em todos os graus de jurisdição e instâncias administrativas do Estado, sempre em busca da universalização dos serviços que presta, sendo sua **visão** executar de forma eficaz os objetivos incumbidos à Instituição, sempre observando a legislação vigente, e fazendo com que o público alvo tenha um serviço de **assistência jurídica célere** e de excelência.

Gabarito: A

11. Fonte: http://www.defensoria.rr.def.br/institucional/conheca-a-dpe Acesso em 21/05/2019.

123. (Defensor Público DPE-SP – 2015 – FCC). Com grande frequência, acorrem às portas da Defensoria Pública pessoas pobres buscando ajuda estatal para tratamento de familiares com problemas relacionados ao uso compulsivo de drogas. Em muitos casos, por mais evidente que seja a gravidade dos sintomas, há recusa do dependente em submeter-se ao tratamento indicado. Em determinado município, localizado no interior do Estado, os familiares dos dependentes, já com indicação médica para internação terapêutica, ao procurarem os equipamentos públicos de saúde e relatarem a situação de recusa do dependente em comparecer voluntariamente à rede, para que seja iniciado o tratamento, recebem a informação dos técnicos municipais que, diante da recusa do dependente em buscar a rede, nenhuma medida poderia ser efetivada sem ordem judicial, e que os serviços de saúde só poderiam agir em um cenário de urgência concreta (surtos, overdose etc). Como consequência deste entendimento, providenciam encaminhamento formal dos familiares à Defensoria Pública, para que o órgão de atuação responsável proponha medida judicial visando a internação dos pacientes para início do tratamento.

A orientação fornecida pelos técnicos municipais, no caso hipotético acima narrado,

a) é incorreta, já que seria o caso de internação involuntária, que pode ser efetivada pelo próprio município, a pedido dos familiares, desde que precedida do necessário laudo médico circunstanciado, independente de ordem judicial.

b) é incorreta, já que seria o caso de internação compulsória, considerando que a pessoa não tem domínio sobre a sua condição psicológica e física, podendo ser efetivada pelo próprio município, a pedido dos familiares, desde que precedida do necessário laudo médico circunstanciado, independente de ordem judicial.

c) é correta, uma vez que deve prevalecer o princípio constitucional estampado no art. 5°, inciso II da Constituição Federal, de que ninguém será obrigado a fazer ou deixar de fazer alguma coisa senão em virtude de lei, não sendo possível o tratamento e, ou, a internação do dependente sem ordem judicial.

d) é incorreta, já que seria o caso de internação voluntária, que pode ser efetivada pelo próprio município, a pedido dos familiares, desde que precedida de laudo médico circunstanciado, independente de ordem judicial.

e) é correta, já que seria o caso de internação compulsória, considerando que a pessoa não tem domínio sobre a sua condição física ou psicológica e, ainda, o risco à sua integridade física e de terceiros, somente podendo ser efetivada por ordem judicial.

► ***Anotações/Comentários***

De acordo com o artigo 6º, da Lei 10.2016/2001, a internação psiquiátrica somente será realizada mediante laudo médico circunstanciado que caracterize os seus motivos, sendo considerados os seguintes tipos de internação psiquiátrica: I – internação voluntária: aquela que se dá com o consentimento do usuário; II – internação involuntária: aquela que se dá sem o consentimento do usuário e a pedido de terceiro; e III – internação compulsória: aquela determinada pela Justiça.

Desfia, ainda, o artigo 8º, que a internação voluntária ou involuntária somente será autorizada por médico devidamente registrado no Conselho Regional de Medicina - CRM do Estado onde se localize o estabelecimento.

Assim, a orientação fornecida pelos técnicos municipais, no hipotético caso narrado, está incorreta, pois o caso se encaixa, perfeitamente, dentro do conceito de internação involuntária, que poderia ser efetivada pelo próprio município, sem a necessidade de manejo de ação judicial. Ademais, a alegação de que os serviços de saúde só poderiam agir num cenário de urgência concreta como surtos e overdose não encontra eco na legislação, sendo, portanto, correta a alternativa "a".

Não se cuida de caso de internação compulsória, como afirma a alternativa "b" e "e", pois ela não foi determinada pela justiça, e sim pelo médico responsável.

A alternativa "c" também está equivocada, pois a legislação, como visto, prevê a figura da internação involuntária, que se dá sem o consentimento do usuário e a pedido de terceiro, desde que acompanhada da necessária indicação médica.

A alternativa "d" também está equivocada, pois o caso não cuida de internação voluntária, aquela que se dá com o consentimento do usuário.

Gabarito: A

124. (Defensor Público DPU - 2015 - CESPE). Em relação à assistência jurídica gratuita, à capacidade postulatória do DP federal, à tutela coletiva da DP e à DP na CF, julgue o item subsequente.

A representação processual pela DPU independe da apresentação de procuração geral para o foro e se faz exclusivamente por DP integrante de seu quadro funcional, não havendo a possibilidade de que seus membros sejam recrutados em caráter precário, segundo entendimento mais atualizado do STF.

☐ Certo

☐ Errado

► Anotações/Comentários

A afirmação está certa. Segundo o art. 44, inciso XI, da LC 80/94, é prerrogativa do membro da DPU "representar a parte, em feito administrativo ou judicial, independentemente de mandato, ressalvados os casos para os quais a lei exija poderes especiais".

Além disso, o STF fixou entendimento de que "A Defensoria Pública se revela como instrumento de democratização do acesso às instâncias judiciárias, de modo a efetivar o valor constitucional da universalização da justiça (inciso XXXV do art. 5º da CF/1988). Por desempenhar, com exclusividade, um mister estatal genuíno e essencial à jurisdição, a Defensoria Pública não convive com a possibilidade de que seus agentes sejam recrutados em caráter precário." (ADI 3.700, rel. min. Ayres Britto, j. 15-10-2008, P, *DJE* de 6-3-2009.)

No mesmo sentido: "A representação processual pela Defensoria Pública, *in casu*, Defensoria Pública da União, faz-se por defensor público integrante de seu quadro funcional, independentemente de mandato, ressalvados os casos nos quais a lei exija poderes especiais, consoante dispõe o art. 128, XI, da LC 80/1994." (AI 616.896 AgR, voto do rel. min. Gilmar Mendes, j. 14-6-2011, 2ª T, *DJE* de 29-6-2011.)

Gabarito: Certo.

125. (Defensor Público DPU - 2015 - CESPE). Em relação à assistência jurídica gratuita, à capacidade postulatória do DP federal, à tutela coletiva da DP e à DP na CF, julgue o item subsequente.

Segundo entendimento do STF, a proposta orçamentária da DP poderá ser inserida na do Poder Executivo, juntamente com as das secretarias de estado ou com as dos ministérios, no âmbito federal, não constituindo tal inserção desrespeito à autonomia administrativa da instituição, nem ingerência no estabelecimento de sua programação financeira.

☐ Certo

☐ Errado

► Anotações/Comentários

A Constituição de 1988 assegura às Defensorias Públicas "autonomia funcional e administrativa e a iniciativa de sua proposta orçamentária dentro dos limites estabelecidos na lei de diretrizes orçamentárias e subordinação ao disposto no art. 99, § 2º" (art. 134, § 2 º e 3º).

A par disso, o STF fixou o seguinte entendimento:

Nos termos do art. 134, § 2º, da CF, não é dado ao chefe do Poder Executivo estadual, de forma unilateral, reduzir a proposta orçamentária da defensoria pública quando essa é compatível com a LDO. Caberia ao governador do Estado incorporar ao PLOA a proposta nos exatos termos definidos pela defensoria, podendo, contudo, pleitear à assembleia legislativa a redução pretendida, visto ser o Poder Legislativo a seara adequada para o debate de possíveis alterações no PLOA. A inserção da defensoria pública em capítulo destinado à proposta orçamentária do Poder Executivo, juntamente com as secretarias de Estado, constitui desrespeito à autonomia administrativa da instituição, além de ingerência indevida no estabelecimento de sua programação administrativa e financeira. (ADPF 307 MC-REF, rel. min. Dias Toffoli, j. 19-12-2013, P, DJE de 27-3-2014.).

Logo, a afirmação está errada.

Gabarito: Errado.

126. (Defensor Público DPU – 2015 – CESPE). Em relação à assistência jurídica gratuita, à capacidade postulatória do DP federal, à tutela coletiva da DP e à DP na CF, julgue o item subsequente.

Se uma cidadã brasileira, reconhecidamente pobre na forma da lei, for vítima de estupro, a DP – desde que estruturada e aparelhada –, conforme entendimento do STF, terá legitimidade para oferecer a respectiva denúncia criminal.

☐ Certo

☐ Errado

► *Anotações/Comentários*

Conforme previsto no art. 129, I, da Constituição de 1988, é função institucional do Ministério Público "promover, privativamente, a ação penal pública, na forma da lei".

Já, segundo o art. 4º, XV, da LC nº 80/94, constitui função institucional da Defensoria Pública "patrocinar ação penal privada e a subsidiária da pública".

No caso, o crime de estupro encontra-se previsto no art. 213 do Código Penal e se procede mediante ação penal pública incondicionada, pelo art. 225 do CP.

Dessa maneira, tratando-se de função privativa do Ministério Público, a Defensoria Pública não tem legitimidade para oferecer denúncia criminal.

Portanto, a afirmação está errada.

Gabarito: Errado.

127. (Defensor Público DPU – 2015 – CESPE). Em relação à assistência jurídica gratuita, à capacidade postulatória do DP federal, à tutela coletiva da DP e à DP na CF, julgue o item subsequente.

A assistência jurídica integral e gratuita é garantida aos que comprovarem insuficiência de recursos, sejam eles pessoas naturais ou jurídicas. No caso de pessoas jurídicas de direito privado, é pacífica a jurisprudência do STJ no sentido de que a concessão desse benefício somente será possível quando for efetivamente comprovado seu estado de miserabilidade ou a precariedade de sua situação financeira, não bastando a simples declaração de pobreza.

☐ Certo

☐ Errado

► ***Anotações/Comentários***

A afirmação está certa, pois o STJ tem entendimento consolidado no sentido de que "o deferimento do pedido de assistência judiciária gratuita à pessoa jurídica (com ou sem fins lucrativos) depende da demonstração de sua impossibilidade de arcar com as custas do processo, nos termos da Súmula 481/STJ, não bastando a simples afirmação da carência de meios, devendo ficar demonstrada a hipossuficiência." (AgInt nos EDcl no AREsp 1250343/SP, Rel. Ministro BENEDITO GONÇALVES, PRIMEIRA TURMA, julgado em 26/02/2019, DJe 01/03/2019).

Nesse mesmo sentido, a súmula 481 do STJ diz que "faz jus ao benefício da justiça gratuita a pessoa jurídica com ou sem fins lucrativos que demonstrar sua impossibilidade de arcar com os encargos processuais."

Gabarito: Certo.

128. (Defensor Público DPU – 2015 – CESPE). Em relação à DP, julgue o item subsecutivo.

A orientação jurídica e a defesa judicial e extrajudicial dos direitos individuais e coletivos dos necessitados, função essencial em um Estado democrático de direito, é realizada, no Brasil, pela DP.

☐ Certo

☐ Errado

► ***Anotações/Comentários***

A LC 80/94, no seu art. 4º, estabelece que constituem funções institucionais da Defensoria Pública "prestar orientação jurídica e exercer a defesa dos necessitados, em todos os graus", bem como "promover ação civil pública e todas as espécies de ações capazes de propiciar a adequada tutela dos direitos difusos, coletivos ou individuais homogêneos quando o resultado da demanda puder beneficiar grupo de pessoas hipossuficientes".

Dessa maneira, a afirmação está certa.

Gabarito: Certo.

129. (Procurador PG-DF – 2013 – CESPE). Julgue os itens subsequentes, a respeito das funções essenciais à justiça no DF, com base na disciplina constitucional e legal.

A destituição do defensor público geral do DF depende de deliberação da CLDF.

☐ Certo

☐ Errado

► ***Anotações/Comentários***

Segundo a Lei Orgânica do Distrito Federal, no art. 114, § 2º, "O Defensor Público-Geral do Distrito Federal só pode ser destituído, nos termos da lei, por iniciativa do Governador e prévia deliberação da Câmara Legislativa do Distrito Federal".

Portanto, a afirmação está certa.

Gabarito: Certo.

130. (Técnico de Apoio Especializado – Transporte DPE-RS – 2013 – FCC). Em relação à Corregedoria-Geral da Defensoria Pública do Estado, é correto afirmar que

a) deve encaminhar, à Ouvidoria-Geral da Defensoria Pública, cópia das representações recebidas contra membros e servidores da instituição.

b) o Corregedor-Geral é nomeado pelo Governador do Estado, em razão da independência necessária para desempenhar suas funções de fiscalização e orientação.

c) possui competência para decidir acerca da exoneração de membro ou servidor da Defensoria Pública do Estado.

d) tem a atribuição de rever as decisões dos Defensores Públicos em caso de recusa de atuação, podendo designar outro Defensor para prosseguir no atendimento do assistido.

e) possui a atribuição de baixar normas visando à regularidade e ao aperfeiçoamento das atividades da Defensoria Pública, resguardada a independência funcional de seus membros.

► *Anotações/Comentários*

(a) Errada. Não há tal atribuição entre aquelas elencadas no art. 105 da LC 80/94.

(b) Errada. Art. 104 da LC 80/94: "A Corregedoria-Geral é exercida pelo Corregedor-Geral indicado dentre os integrantes da classe mais elevada da Carreira, em lista tríplice formada pelo Conselho Superior, e nomeado pelo Defensor Público-Geral para mandato de 2 (dois) anos, permitida 1 (uma) recondução".

(c) Errada. As atribuições da Corregedoria estão previstas no art. 105 da LC 80/94, não incluindo a competência para decidir acerca da exoneração de membro ou servidor da Defensoria Pública do Estado.

Note-se que a Corregedoria pode tão-somente "propor a exoneração de membros da Defensoria Pública do Estado que não cumprirem as condições do estágio probatório" (art. 105, VIII, da LC 80/94).

Por sua vez, o art. 25, VIII, da LC estadual 14.130/2012 prevê que compete à Corregedoria-Geral da Defensoria Pública do Estado "propor a exoneração de membro e servidor da Defensoria Pública do Estado que não cumprir as condições do estágio probatório".

Ressalte-se que, conforme o art. 134, § 2º, da LC 80/94, "caberá ao Defensor Público-Geral aplicar as penalidades previstas em lei, exceto no caso de demissão e cassação de aposentadoria, em que será competente para aplicá-las o Governador do Estado".

(d) Errada. Nessas situações, o fato deve ser comunicado ao Defensor Público-Geral. Não há menção à Corregedoria. Com efeito, constitui prerrogativa do membro da DP "deixar de patrocinar ação, quando ela for manifestamente incabível ou inconveniente aos interesses da parte sob seu patrocínio, comunicando o fato ao Defensor Público-Geral, com as razões de seu proceder" (art. 128, XII, da LC 80/94).

(e) Afirmação correta, nos precisos termos do art. 105, IX, da LC 80/94, que prevê a competência da Corregedoria para "baixar normas, no limite de suas atribuições, visando à regularidade e ao aperfeiçoamento das atividades da Defensoria Pública, resguardada a independência funcional de seus membros".

Gabarito: E.

131. (Procurador DPE-DF – 2006 – CESPE). Julgue os itens seguintes, relacionados à Defensoria Pública.

Não é possível à pessoa jurídica desfrutar do benefício da assistência judiciária gratuita realizada por Defensoria Pública, pois esta apenas pode atender pessoas físicas hipossuficientes.

☐ Certo

☐ Errado

► ***Anotações/Comentários***

Assertiva errada, visto que o art. 4º, V, da LC 80/94, afirma ser função institucional da Defensoria Pública "exercer, mediante o recebimento dos autos com vista, a ampla defesa e o contraditório em favor de pessoas naturais **e jurídicas**, em processos administrativos e judiciais, perante todos os órgãos e em todas as instâncias, ordinárias ou extraordinárias, utilizando todas as medidas capazes de propiciar a adequada e efetiva defesa de seus interesses".

Gabarito: Errado.

132. (Procurador DPE-DF – 2006 – CESPE). Julgue os itens seguintes, relacionados à Defensoria Pública.

À Defensoria Pública da União não cabe acompanhar, perante o STJ, o julgamento dos feitos patrocinados pelos defensores públicos estaduais, incluindo-se a intimação das decisões e acórdãos proferidos.

☐ Certo

☐ Errado

► ***Anotações/Comentários***

A assertiva se encontra incorreta. Nos termos do art. 14, § 3º , da LC 80/94, "a prestação de assistência judiciária pelos órgãos próprios da Defensoria Pública da União dar-se-á, preferencialmente, perante o Supremo Tribunal Federal e os Tribunais superiores", ao passo que o art. 22 da mesma lei prevê que os "Defensores Públicos Federais de Categoria Especial atuarão no Superior Tribunal de Justiça, no Tribunal Superior do Trabalho, no Tribunal Superior Eleitoral, no Superior Tribunal Militar e na Turma Nacional de Uniformização dos Juizados Especiais Federais". Entretanto, não se trata de atuação exclusiva, mas sim de atuação preferencial da DPU nestas situações, a qual não afasta a atuação das Defensorias estaduais caso devidamente estruturadas. Segundo o Superior Tribunal de Justiça, "*o art. 22 da Lei Complementar nº 80/1994 prevê a atuação da Defensoria Pública da União perante os Tribunais Superiores, ficando preterida apenas se, mediante lei específica, os Estados organizarem suas Defensorias para atuar continuamente na Capital Federal, inclusive com sede própria. Caso contrário, o acompanhamento dos processos em trâmite nesta corte constitui prerrogativa da Defensoria Pública da União*" (STJ, AgRg no RHC 33.482, rel. Min. Marco Aurélio Bellizze, 5ª Turma, j. 26/02/2013) Como se vê, o acompanhamento dos processos em trâmite perante os Tribunais Superiores, aí incluído o STJ, é prerrogativa da DPU, inclusive em relação aos feitos patrocinados pelas Defensorias dos Estados, o que só não ocorrerá quando estas Instituições estiverem devidamente estruturadas para acompanhamento dos processos nas Instâncias Superiores.

Gabarito: Errado.

Gabarito

01 – E	**02** – E	**03** – B	**04** – A	**05** – E
06 – A	**07** – C	**08** – B	**09** – D	**10** – E
11 – D	**12** – E	**13** – B	**14** – A	**15** – B
16 – C	**17** – E	**18** – D	**19** – D	**20** – CERTO
21 – CERTO	**22** – D	**23** – A	**24** – B	**25** – A
26 – C	**27** – C	**28** – C	**29** – C	**30** – E
31 – B	**32** – D	**33** – E	**34** – D	**35** – D
36 – B	**37** – A	**38** – D	**39** – A	**40** – B
41 – C	**42** – E	**43** – C	**44** – E	**43** – E
44 – E	**45** – C	**46** – E	**47** – B	**48** – D
49 – B	**50** – D	**51** – D	**52** – D	**53** – B
54 – C	**55** – A	**56** – C	**57** – D	**58** – B
59 – E	**60** – D	**61** – B	**62** – E	**63** – E
64 – ERRADO	**65** – C	**66** – CERTO	**67** – ERRADO	**68** – CERTO
69 – CERTO	**70** – C	**71** – D	**72** – B	**73** – D
74 – D	**75** – E	**76** – D	**77** – A	**78** – E
79 – C	**80** – C	**81** – A	**82** – A	**83** – B

84 – D	**85** – D	**86** – A	**87** – D	**88** – B
89 – C	**90** – E	**91** – A	**92** – B	**93** – E
94 – E	**95** – A	**96** – CERTO	**97** – CERTO	**98** – A
99 – D	**100** – C	**101** – E	**102** – C	**103** – B
104 – A	**105** – E	**106** – D	**107** – C	**108** – B
109 – B	**110** – A	**111** – E	**112** – E	**113** – D
114 – B	**115** – A	**116** – E	**117** – D	**118** – B
119 – A	**120** – E	**121** – E	**122**– A	**123** – A
124 – CERTO	**125** – ERRADO	**126** – ERRADO	**127** – CERTO	**128** – CERTO
129 – CERTO	**130** – E	**131** – ERRADO	**132** – ERRADO	

PARTE II

LEGISLAÇÕES ESTADUAIS

2

LEI DA DEFENSORIA PÚBLICA DO AMAZONAS

01. (Defensor Público DPE-AM – 2018 – FCC). O Estado do Amazonas ajuizou ação possessória contra um grande número de pessoas que ocupam área pública, dentre as quais algumas apresentam situação de hipossuficiência econômica. Neste caso, a participação da Defensoria Pública

a) é obrigatória e não se dá por meio de representação, mas pela atuação no nome da própria Instituição, como forma atípica de intervenção em prol de todos os hipossuficientes.

b) é dispensável se os demandados estiverem adequadamente representados em juízo por advogado particular.

c) deve se limitar à representação em juízo de pessoas em situação de vulnerabilidade econômica, havendo vedação expressa em lei quanto à ampliação do conceito de vulnerabilidade.

d) é forma de intervenção de *amicus curiae*, com as limitações recursais impostas pela lei em tal caso.

e) ocorre na forma de legitimada passiva ordinária e, uma vez citada a Defensoria Pública, não há necessidade de intimação pessoal de todos os ocupantes que se encontrarem no local.

► ***Anotações/Comentários***

A assertiva da letra "a" está correta, pois em consonância com o § 1º do Art. 554, CPC/2015. Essa intervenção institucional não ocorre como representante processual ou legitimado extraordinário, uma vez que os titulares do direito podem já figurar em juízo por meio de advogado ou mesmo defensor público. Trata-se de atuação em nome próprio em cumprimento ao interesse institucional primário de promoção dos direitos humanos e atuação em prol de indivíduos e coletividades vulneráveis – *custos vulnerabilis.*

Gabarito: A

02. (Defensor Público DPE-AM – 2018 – FCC). O Fundo Especial da Defensoria Pública (FUNDEP), criado para suprir as necessidades de serviço e patrocinar o desenvolvimento cultural dos membros da Defensoria

Pública do Estado do Amazonas, conforme expressamente previsto na Lei Complementar Estadual nº 01/1990, é administrado

a) pelo Defensor Público-Geral, com despesas autorizadas pelo Conselho Superior da Defensoria Pública e sob a fiscalização do Corregedor-Geral.

b) em conjunto pelo Defensor Público-Geral e pelo Subdefensor Público-Geral, com despesas autorizadas pelo Corregedor-Geral e sob a fiscalização do Conselho Superior da Defensoria Pública.

c) em conjunto pelo Corregedor-Geral e pelos Subcorregedores Gerais, com despesas autorizadas pelo Defensor Público Geral e sob a fiscalização do Conselho Superior da Defensoria Pública.

d) pelo Corregedor-Geral, com despesas autorizadas pelo Conselho Superior da Defensoria Pública e sob fiscalização do Defensor Público-Geral.

e) em conjunto pelo Corregedor-Geral e pelo Defensor-Geral, com despesas autorizadas pelo Conselho Superior da Defensoria Pública e sob fiscalização do Tribunal de Contas do Estado.

► ***Anotações/Comentários***

A assertiva da letra "c" está correta, pois em consonância com o § 2º, do art. 6º da Lei Complementar Estadual nº 01/1990

Gabarito: C

03. (Defensor Público DPE-AM – 2018 – FCC). As deliberações do Conselho Superior da Defensoria Pública do Estado do Amazonas serão tomadas por maioria simples de votos, presente a maioria absoluta de seus membros, cabendo também ao presidente o voto de desempate. Há, contudo, uma exceção prevista na Lei Complementar Estadual nº 01/1990, cuja aprovação exigirá 2/3 dos votos. Este é o caso da votação que envolve

a) processo administrativo disciplinar.

b) estágio probatório de membro da carreira.

c) lotação de cargos em unidades.

d) promoção por merecimento.

e) criação de Unidades Descentralizadas.

► ***Anotações/Comentários***

A assertiva "d" está correta, conforme art. 15., Lei Complementar nº 01, De 30 De Março De 1990.

Gabarito: D

04. (Assistente Técnico – Administrativa DPE-AM – 2018 – FCC). Nos termos estabelecidos pela Lei n° 4.077/2014, o servidor que não concordar com o resultado de seu enquadramento ou de sua promoção poderá requerer recurso

a) ordinário ao Conselho Superior, com efeito suspensivo.

b) de revisão ao Conselho Superior, sem efeito suspensivo.

c) de revisão aos Órgãos de Administração Superior, com efeito suspensivo

d) ordinário aos Órgãos de Administração Superior, sem efeito suspensivo.

e) de revisão ao Conselho Superior, com efeito suspensivo.

► ***Anotações/Comentários***

A assertiva "e" está correta, conforme o art. 17, *caput* e § 2º, da Lei n° 4.077/2014.

Gabarito: E

05. (Assistente Técnico – Administrativa DPE-AM – 2018 – FCC). Consoante a Lei Complementar n° 1/1990, o Conselho Superior é órgão

a) colegiado, presidido pelo Defensor Público-Geral.

b) colegiado, presidido pelo Corregedor-Geral.

c) de Administração Superior, presidido pelo Subdefensor Público-Geral.

d) de Administração Superior, presidido pelo Corregedor-Geral.

e) de Execução, presidido pelo Defensor Público-Geral.

► ***Anotações/Comentários***

A assertiva "a" está correta, conforme o art. 7º, I, "a" e art. 9º, II, ambos da Lei Complementar n° 1/1990.

Gabarito: A

06. (Assistente Técnico – Administrativa DPE-AM – 2018 – FCC). A Lei Complementar n° 1/1990 estabelece que aos membros da Defensoria Pública é assegurada a garantia da inamovibilidade. Sua remoção, de um órgão para outro, da mesma classe, poderá ocorrer a pedido, por ato do Defensor Público Geral, ou compulsoriamente, no interesse da Administração, ouvido

a) o Defensor Público-Geral.

b) o Subdefensor Público-Geral.

c) o Corregedor-Geral.

d) o Conselho Superior.

e) a Curadoria da Defensoria Pública.

► ***Anotações/Comentários***

A assertiva "d" está correta, conforme o art. 33, da Lei Complementar nº 1/1990.

Gabarito: D

07. (Titular de Serviços de Notas e de Registros TJ-AM - 2018 - IESES). Constituem receitas do Fundo Especial da Defensoria Pública do Estado do Amazonas – FUNDPAM:

I. Auxílios, subvenções, doações e contribuições de entidades públicas ou privadas, pessoas físicas, nacionais ou estrangeiras, destinadas a atender as finalidades previstas na própria lei.

II. Dotações orçamentárias próprias; recursos provenientes da transferência de outros fundos; 5% (cinco) oriundo das receitas incidentes sobre recolhimento de custas e emolumentos extrajudiciais.

III. Recursos provenientes do produto da alienação de equipamentos, veículos, outros materiais permanentes ou material inservível ou dispensável; eventuais recursos que lhe forem expressamente atribuídos.

IV. Recursos provenientes de aluguéis ou permissões de uso de espaços livres para terceiros onde funcionem os órgãos da Defensoria Pública.

A sequência correta é:

a) Apenas as assertivas II e IV estão corretas.

b) Apenas a assertiva IV está incorreta.

c) Apenas as assertivas II e III estão incorretas.

d) As assertivas I, II, III e IV estão corretas.

► ***Anotações/Comentários***

A assertiva "d" está correta, conforme o art. 3º, da Lei nº 3257/2008, do Estado do Amazonas, que cria o Fundo Especial da Defensoria Pública do Estado do Amazonas – FUNDPAM.

Gabarito: D

08. (Defensor Público DPE-AM – 2018 – FCC). Segundo a Lei Complementar Estadual nº 01/1990, que dispõe sobre a organização da Defensoria Pública do Estado do Amazonas,

a) a curadoria da Defensoria Pública é considerada um órgão colegiado dentro da instituição.

b) o membro do Conselho Superior perderá seu mandato caso se afaste de suas funções ou fique à disposição em outros órgãos durante o exercício desse mandato.

c) somente Defensores Públicos de mesma classe se substituem no caso de ausência dos titulares.

d) para fins de promoção na carreira, o merecimento é apurado na classe, enquanto a antiguidade é apurada em lista geral considerando-se todos os níveis, independente daquele ao qual se concorre.

e) não é permitida a disponibilidade do membro da carreira.

► ***Anotações/Comentários***

A assertiva "b" está correta, conforme art. 14 c/c art. 13, II da Lei Complementar Estadual nº 01/1990.

Gabarito: B

09. (Assistente Técnico – Administrativa DPE-AM – 2018 – FCC). A Lei Complementar nº 1/90 trata da organização da Defensoria Pública do Estado do Amazonas. Consoante essa norma, a Defensoria

a) tem como incumbência a prestação gratuita de assistência extrajudicial.

b) vincula-se diretamente aos Chefes de Poder do Estado do Amazonas.

c) tem por função institucional a autonomia funcional, administrativa e financeira.

d) tem por princípio representar o Ministério Público em caso de maus tratos à pessoa do defendido.

e) poderá, por seus membros, representar a parte, desde que mediante instrumento procuratório.

► ***Anotações/Comentários***

A assertiva "a" está correta, conforme art. 1º, *caput;* art. 3º, II; e art. 25, XVIII, da Lei Complementar nº 1/90

Gabarito: A

10. (Assistente Técnico - Administrativa DPE-AM - 2018 - FCC). Considere as seguintes atribuições:

I. Acompanhar o estágio probatório dos membros da Defensoria Pública.

II. Supervisionar, coordenar e controlar as atividades administrativas da Defensoria Pública.

III. Baixar instruções, no limite de suas atribuições, visando à regularidade e ao aperfeiçoamento das atividades da Defensoria Pública, sem prejuízo da autonomia funcional de seus membros.

IV. Dirimir conflitos de atribuições entre membros da Defensoria Pública, com recurso para o Conselho Superior.

V. Manter atualizados os registros estatísticos de produção dos membros da Defensoria Pública, inclusive para efeito de aferição de merecimento.

Conforme dispõe a Lei Complementar n° 1/90, essas atribuições são de competência, respectivamente, do

a) Defensor Público Geral, Defensor Público Geral, Corregedoria Geral, Subdefensor Público Geral e Subdefensor Público Geral.

b) Subdefensor Público Geral, Defensor Público Geral, Defensor Público Geral, Subdefensor Público Geral e Corregedoria Geral.

c) Corregedoria Geral, Subdefensor Público Geral, Corregedoria Geral, Defensor Público Geral e Corregedoria Geral.

d) Defensor Público Geral, Subdefensor Público Geral, Defensor Público Geral, Defensor Público Geral e Corregedoria Geral.

e) Corregedoria Geral, Defensor Público Geral, Corregedoria Geral, Defensor Público Geral e Subdefensor Público Geral.

► ***Anotações/Comentários***

A assertiva "c" está correta, conforme a Lei Complementar n° 1/90, é atribuição da Corregedoria Geral os itens "I", "III" e "V" (conforme art. 20, VI, X e XI); do Subdefensor Público Geral o item "II" (art. 10, II) e do Defensor Público Geral o item "IV" (art. 9º, VI).

Gabarito: C

11. (Assistente Técnico – Administrativa DPE-AM – 2018 – FCC). Conforme dispõe a Lei Complementar n° 1/90, se um membro da Defensoria houver opinado contrariamente a pretensão da mesma parte, ele será dado por

a) impedido.

b) suspeito.

c) incompatível.
d) indisponível.
e) preterido.

► ***Anotações/Comentários***

A assertiva "b" está correta, conforme art 38, I, Lei Complementar n° 1/90.

Gabarito: B

12. (Analista – Ciências Jurídicas DPE-AM – 2018 – FCC). Considere:

I. membro indicado pela OAB/AM.

II. Defensor Público mais antigo, considerando a data da posse.

III. Corregedor Geral.

IV. Subdefensor Público Geral.

V. Defensor Público Geral.

A Lei Complementar n° 1/90 estabelece que são membros natos do Conselho Superior da Defensoria Pública os indicados em

a) II, III e IV, apenas.
b) I, II e V, apenas.
c) I, II, III, IV e V.
d) III, IV e V, apenas.
e) I, III, IV e V, apenas.

► ***Anotações/Comentários***

A assertiva "d" está correta, conforme art. 11, § 1º, Lei Complementar n° 1/90.

Gabarito: D

13. (Analista – Análise de Sistemas DPE-AM – 2018 – FCC). Considere os seguintes itens:

I. promover a ação penal privada e a subsidiária da ação pública.

II. promover a ação cível em todos os atos até o final.

III. exercer a defesa do menor.

Conforme estabelece a Lei Complementar n° 1/90, os itens referem-se à

a) princípios institucionais atribuídos à Defensoria Pública do Estado do Amazonas.

b) funções institucionais atribuídas à Defensoria Pública do Estado do Amazonas.

c) metas institucionais atribuídas à Defensoria Pública do Estado do Amazonas.

d) missões institucionais atribuídas à Defensoria Pública do Estado do Amazonas.

e) objetivos institucionais atribuídos à Defensoria Pública do Estado do Amazonas.

► ***Anotações/Comentários***

A assertiva "b" está correta, conforme art. 3º, Lei Complementar nº 1/90.

Gabarito: B

14. (Analista – Análise de Sistemas DPE-AM – 2018 – FCC). Consoante estabelece a Lei Complementar nº 1/90, é prerrogativa dos membros da Defensoria Pública do Estado

a) receber o mesmo tratamento reservado aos Magistrados.

b) a inamovibilidade.

c) a independência funcional no desempenho de suas funções.

d) a irredutibilidade de vencimentos.

e) a estabilidade.

► ***Anotações/Comentários***

A assertiva "a" está correta, as demais se referem às garantias.

Gabarito: A

15. (Analista – Administrador DPE-AM – 2018 – FCC). Considere os seguintes sujeitos.

I. Aquele cuja insuficiência de recursos não lhe permite pagar as custas processuais e os honorários advocatícios, sem prejuízo do sustento próprio e de sua família.

II. Aquele que percebe até 3 salários mínimos mensais.

III. Aquele que possui mais de 5 dependentes financeiramente.

IV. Aquele que possui doença congênita.

Conforme estabelece a Lei Complementar nº 1/90, o conceito de necessitado está inserido na definição contida nos itens

a) I, III e IV, apenas.

b) I, II, III e IV.

c) II e III, apenas.

d) I, II e III, apenas.

e) I e II, apenas.

► ***Anotações/Comentários***

A assertiva "e" está correta, conforme art. 4º, *caput e* § 1º, Lei Complementar nº 1/90.

Gabarito: E

16. (Analista – Administrador DPE-AM – 2018 – FCC). Quanto à competência dos Defensores Públicos do Estado do Amazonas, a Lei Complementar nº 1/90 estabelece que

a) a tentativa de composição amigável das partes antes da promoção da ação cabível deve ser feita obrigatoriamente.

b) o Defensor não tem competência para ajuizar e acompanhar as reclamações trabalhistas.

c) o Defensor deve atuar nos estabelecimentos policiais e penitenciários para assegurar direitos e garantias individuais.

d) o Defensor não tem competência para exercer a defesa dos praças da Polícia Militar.

e) a prestação de assistência jurídica aos consumidores lesados cabe apenas ao Defensor de Primeira Entrância.

► ***Anotações/Comentários***

A assertiva "c" está correta, conforme art. 3º, XV, Lei Complementar nº 1/90.

Gabarito: C

17. (Defensor Público DPE-AM – 2011 – INSTITUTO CIDADES). São garantias dos membros da Defensoria Pública, salvo:

a) estabilidade

b) inamovibilidade.

c) irredutibilidade de vencimentos.

d) vitaliciedade.

e) independência funcional no desempenho de suas atribuições.

► ***Anotações/Comentários***

Conforme art. 127 da LC 80/94: São garantias dos membros da Defensoria Pública do Estado, sem prejuízo de outras que a lei estadual estabelecer: I – a independência funcional no desempenho de suas atribuições; II – a inamovibilidade; III – a irredutibilidade de vencimentos; IV – a estabilidade".

Assim, verifica-se que a vitaliciedade não constitui garantia do Defensor Público, de modo que a alternativa (d) está incorreta.

Gabarito: D.

18. (Defensor Público DPE-AM – 2011 – INSTITUTO CIDADES). Nos termos do artigo 10, da Lei Orgânica da Defensoria Pública do Estado do Amazonas (Lei Complementar Estadual n.º 01, de 30 de março de 1990), coordenar e controlar o serviço da Defensoria Pública no Interior do Estado é competência:

a) do Corregedor Geral.

b) do Defensor Público Geral

c) do Subdefensor Público Geral.

d) do Ouvidor Geral.

e) do Conselho Superior

► ***Anotações/Comentários***

Nos termos do art. 10, III, da Lei Orgânica da Defensoria Pública do Estado do Amazonas, compete ao Subdefensor Público-Geral " – coordenar e controlar os serviços da Defensoria Pública no Interior do Estado, dando ciência ao Defensor Público Geral".

Logo a alternativa (c) é a correta.

Gabarito: C.

19. (Defensor Público DPE-AM – 2011 – INSTITUTO CIDADES). São prerrogativas dos membros da Defensoria Pública do Estado do Amazonas, exceto:

a) manifestar-se em autos administrativos ou judiciais por meio de cota.

b) receber intimação pessoal em qualquer processo e grau de jurisdição, contando-se-lhe, todavia, os prazos de forma simples.

c) recusar-se a depor e a ser ouvido como testemunha, em processo no qual funcionou ou deva funcionar, ou sobre fato relacionado com pessoa cujo direito esteja a defender, ou haja defendido, ainda que por ela autorizado.

d) ser processado e julgado, originalmente, pelo Tribunal de Justiça nos crimes comuns e nos de responsabilidade, salvo as exceções constitucionais.

e) utlizar-se dos meios de comunicação do estado e do município, no interesse do serviço.

► ***Anotações/Comentários***

(a) Afirmação correta. Art. 34, X, da Lei Orgânica da Defensoria Pública do Estado do Amazonas: "São prerrogativas dos membros da Defensoria Pública do Estado: X – manifestar-se em autos administrativos ou judiciais por meio de cota".

(b) Afirmação incorreta, pois os prazos contam-se em dobro, conforme previsto no art. 34, I, da Lei Orgânica da Defensoria Pública do Estado do Amazonas: "São prerrogativas dos membros da Defensoria Pública do Estado: I – receber, inclusive quando necessário, mediante entrega dos autos com vista, intimação pessoal em qualquer processo e grau de jurisdição ou instância administrativa, contando-se-lhes em dobro todos os prazos".

(c) Afirmação correta. Art. 34, XX, da Lei Orgânica da Defensoria Pública do Estado do Amazonas: "São prerrogativas dos membros da Defensoria Pública do Estado: XX – recusar-se a depor e a ser ouvido como testemunha, em processo no qual funcionou ou deva funcionar, ou sobre fato relacionado com pessoa cujo direito esteja a defender, ou haja defendido, ainda que por ela autorizado".

(d) Afirmação correta. Art. 34, XXIV, da Lei Orgânica da Defensoria Pública do Estado do Amazonas: "São prerrogativas dos membros da Defensoria Pública do Estado: XXIV – ser processado e julgado, originariamente, pelo Tribunal de Justiça nos crimes comuns e nos de responsabilidade, salvo as exceções constitucionais".

(e) Afirmação correta. Art. 34, XXV, da Lei Orgânica da Defensoria Pública do Estado do Amazonas: "São prerrogativas dos membros da Defensoria Pública do Estado: XXV – utilizar-se dos meios de comunicação do estado e do município, no interesse do serviço".

Gabarito: B.

20. (Defensor Público DPE-AM – 2011 – INSTITUTO CIDADES). Sobre os vencimentos e vantagens dos Defensores Públicos do Estado do Amazonas, é incorreto afirmar:

a) seus vencimentos serão fixados com diferença nunca superior a cinco por cento entre os de uma classe e outra.

b) fazem jus à percepção de adicional por tempo de serviço, à razão de cinco por cento por quinquênio, até o máximo de sete.

c) quando convocados para substituir outro de classe superior terão direito à diferença de vencimentos, vedada a percepção de diárias e ajuda de custo.

d) poderão receber auxílio-moradia, nas comarcas em que não haja residência oficial para o Defensor Público, arbitrado pelo Defensor Público Geral, ouvido o Conselho, não excedente a vinte por cento de seus vencimentos.

e) terão ajuda de custo para despesas de transporte e mudança, no valor não excedente a um mês de remuneração, arbitrada pelo Defensor Público Geral, ouvido o Conselho Superior.

► *Anotações/Comentários*

(a) Afirmação incorreta. Art. 70 da Lei Orgânica da Defensoria Pública do Estado do Amazonas: "Os vencimentos dos membros da Defensoria Pública serão fixados com diferença nunca superior a dez por cento entre os de uma classe e outra".

(b) Correta. Art. 72 da Lei Orgânica da Defensoria Pública do Estado do Amazonas: "Os membros da Defensoria Pública terão as seguintes vantagens pecuniárias: I – adicional por tempo de serviço público, à razão de 5% (cinco por cento) por quinquênio, até o máximo de sete".

(c) Correta. Art. 71 da Lei Orgânica da Defensoria Pública do Estado do Amazonas: "O membro da Defensoria Pública convocado para substituir outro de classe superior terá direito à diferença de vencimentos, vedada a percepção de diárias e ajuda de custo".

(d) Correta. Art. 72 da Lei Orgânica da Defensoria Pública do Estado do Amazonas: "Os membros da Defensoria Pública terão as seguintes vantagens pecuniárias: VIII – auxílio-moradia, nas comarcas em que não haja residência oficial para o Defensor Público, arbitrada pelo Defensor Público Geral, ouvido o Conselho, não excedente a vinte por cento de seus vencimentos".

(e) Correta. Art. 72 da Lei Orgânica da Defensoria Pública do Estado do Amazonas: "Os membros da Defensoria Pública terão as seguintes vantagens pecuniárias: IV – ajuda de custo para despesas de transporte e mudança, no valor não excedente a um mês de remuneração, arbitrada pelo Defensor Público Geral, ouvido o Conselho Superior".

Gabarito: A.

21. (Defensor Público DPE-AM – 2013 – FCC). De acordo com a Lei Orgânica da Defensoria Pública do Estado do Amazonas (Lei Complementar Estadual nº01/90), para a caracterização da condição de necessitado exige-se

a) a declaração de isento do Imposto de Renda emitida pela Receita Federal.

b) a comprovação em carteira de trabalho de rendimento inferior a 3 (três) salários mínimos.

c) apenas a afirmação pelo interessado de sua condição de juridicamente necessitado.

d) a comprovação de ausência de bens imóveis ou de aplicações financeiras em nome do interessado.

e) a apresentação pelo interessado de comprovante de inclusão em programa de distribuição de renda do governo federal.

► ***Anotações/Comentários***

Segundo o art. 4.º da Lei Orgânica da Defensoria Pública do Estado do Amazonas, considera-se necessitado "aquele cuja insuficiência de recursos não lhe permita pagar as custas processuais e os honorários advocatícios, sem prejuízo do sustento próprio e de sua família", bem como "aquele que percebe até três salários mínimos mensais" (§ 1º).

No entanto, "para fazer jus à assistência da Defensoria Pública, é suficiente a afirmação do juridicamente necessitado, nos termos das Leis 1.060/50 e 7.510/86" (§ 2º).

Portanto, a alternativa (c) está correta.

Gabarito: C.

22. (Defensor Público DPE-AM – 2013 – FCC). Dentre as atribuições funcionais expressamente previstas na Lei Complementar Estadual no 01/90 aos Defensores Públicos do Estado do Amazonas de 1ª Instância (1ª e 2ª Entrâncias), NÃO se encontra inserida a

a) defesa dos necessitados contra pessoas jurídicas de direito público.

b) defesa, nos processos criminais, de réus que não tenham defensor constituído, inclusive os revéis.

c) promoção de ação civil pública em favor de associações que incluam entre suas finalidades institucionais a proteção ao meio ambiente.

d) prestação de assistência jurídica aos consumidores lesados.

e) prestação de assistência jurídica aos servidores públicos, independentemente de sua condição de necessitado.

▶ ***Anotações/Comentários***

(a) Correta. Art. 25, XVII, da Lei Orgânica da Defensoria Pública do Estado do Amazonas: aos Defensores Públicos de 1ª Instância compete defender os juridicamente necessitados contra as pessoas de direito público.

(b) Correta. Art. 25, XVI, da Lei Orgânica da Defensoria Pública do Estado do Amazonas: aos Defensores Públicos de 1ª Instância compete defender, nos processos criminais, os réus que não só tenham defensor constituído, inclusive os revéis.

(c) Correta. Art. 25, XXVIII, da Lei Orgânica da Defensoria Pública do Estado do Amazonas: aos Defensores Públicos de 1ª Instância compete promover ação civil pública em favor das associações que incluam entre suas finalidades institucionais a proteção ao meio ambiente ou de outros interesses difusos e coletivos, bem assim nos casos definidos em lei.

(d) Correta. Art. 25, XXI, da Lei Orgânica da Defensoria Pública do Estado do Amazonas: aos Defensores Públicos de 1ª Instância compete XXI - prestar assistência jurídica aos consumidores lesados.

(e) Afirmação incorreta, pois, segundo o art. 25, XIII, da Lei Orgânica da Defensoria Pública do Estado do Amazonas, aos Defensores Públicos de 1ª Instância compete prestar assistência jurídica aos servidores públicos necessitados. Portanto, o deferimento da assistência jurídica está condicionada à condição de necessidade do servidor público.

Assim, deve-se assinar a alternativa (e).

Gabarito: E.

23. (Defensor Público DPE-AM – 2013 – FCC). Os conflitos de atribuições entre membros da Defensoria Pública do Estado do Amazonas, nos termos da Lei Complementar Estadual nº 01/90, são dirimidos

a) pelo Conselho Superior, em única instância.

b) pelo Defensor Público Geral, com recurso ao Conselho Superior.

c) pela prevalência da manifestação do membro da carreira com maior antiguidade.

d) pelo Corregedor Geral, com recurso ao Defensor Público Geral.

e) pelo Corregedor Geral, em única instância.

▶ ***Anotações/Comentários***

É de competência do Defensor Público-Geral, segundo o art. 9º, VI, da Lei Orgânica da Defensoria Pública do Estado do Amazonas, "dirimir conflitos de atribuições entre membros da Defensoria Pública, com recurso para o Conselho Superior".

Portanto, a alternativa (b) está correta.

Gabarito: B.

Gabarito

01 – A	**02** – C	**03** – D	**04** – E	**05** – A	**06** – D
07 – D	**08** – B	**09** – A	**10** – C	**11** – B	**12** – D
13 – B	**14** – A	**15** – E	**16** – C	**17** – D	**18** – C
19 – B	**20** – A	**21** – C	**22** – E	**23** – B	

3

LEI DA DEFENSORIA PÚBLICA DO RIO GRANDE DO SUL

01. (Defensor Público DPE-RS – 2018 – FCC). A Lei Complementar Estadual n° 14.130/12, que dispõe sobre a organização da Defensoria Pública do Estado do Rio Grande do Sul, estabelece que são direitos dos assistidos:

I. o patrocínio de seus direitos e interesses por defensor natural, salvo nas causas patrocinadas diretamente por Núcleo Especializado da Defensoria Pública do Estado do Rio Grande do Sul.

II. a informação sobre a tramitação dos processos e dos procedimentos para a realização de exames, perícias e outras providências necessárias à defesa de seus interesses.

III. a atuação de defensores públicos distintos quando verificada a existência de interesses antagônicos ou colidentes entre destinatários de suas funções.

IV. a qualidade e eficiência do atendimento e da execução das funções institucionais da Defensoria Pública.

V. o atendimento não presencial na hipótese de residir em comarca diversa daquela onde tramita o processo no qual o assistido figura como parte.

Está correto o que consta de:

a) II, III e IV, apenas.

b) III e IV, apenas.

c) II, III e V, apenas.

d) I, II e V, apenas.

e) I, II, III, IV e V.

► ***Anotações/Comentários***

A assertiva da letra "I" está incorreta, pois nas "causas patrocinadas diretamente por Núcleo Especializado da Defensoria Pública do Estado terão como defensor natural os integrantes do respectivo Núcleo Especializado." segundo dicção do art. 5°, § 1°, da Lei Complementar Estadual n° 14.130/12

A assertiva da letra "V" está incorreta, pois não há qualquer referência à "atendimento não presencial" dentre os direitos dos assistidos, Lei Complementar Estadual n° 14.130/12.

Gabarito: A

02. (Defensor Público DPE-RS - 2018 - FCC). Consoante o artigo 15 da Lei Complementar Estadual n° 14.130/12, o Conselho Superior da Defensoria Pública do Estado será composto pelo Defensor Público-Geral, Subdefensor Público-Geral para Assuntos Institucionais, Corregedor-Geral, Ouvidor-Geral como membros natos

a) e 04 representantes estáveis da carreira designados pelo Defensor Público-Geral.

b) e 04 representantes estáveis da carreira, eleitos pelo voto direto.

c) e 04 representantes estáveis da carreira, eleitos pelo voto direto e representando cada uma das classes.

d) além do Presidente da entidade de classe dos membros da Defensoria Pública também como membro nato e 06 representantes estáveis da carreira, eleitos pelo voto direto.

e) e 06 representantes estáveis da carreira, eleitos pelo voto direto.

► ***Anotações/Comentários***

A assertiva da letra "e" está correta, segundo dicção do art. 15, da Lei Complementar Estadual n° 14.130/12

A assertiva da letra "V" está incorreta, pois não há qualquer referência à " atendimento não presencial" dentre os direitos dos assistidos, Lei Complementar Estadual n° 14.130/12.

Gabarito: E

03. (Defensor Público DPE-RS - 2018 - FCC). Quanto às normas disciplinares no âmbito da Defensoria Pública do Estado do Rio Grande do Sul, considere as seguintes afirmações:

I. O curso da prescrição começa a fluir da data em que for cometida a falta e interrompe-se pela instauração do processo administrativo disciplinar.

II. A pena de advertência será aplicada verbalmente, de forma reservada, nos casos de violação dos deveres e vedações funcionais, quando o fato não justificar imposição de pena mais grave.

III. Quando a infração constituir também crime contra a administração pública, a prescrição regular-se-á pelas disposições da lei penal.

IV. A suspensão acarretará a perda dos direitos e vantagens decorrentes, podendo ter início durante o período de férias ou de licenças.

Está correto o que consta APENAS de:

a) II e IV.

b) II e III.

c) I e IV.

d) I e III.

e) I, II e IV.

► ***Anotações/Comentários***

A assertiva "I" está correta, pois corresponde à hipótese prevista no art. 113, da lei complementar nº 11.795/2002.

A assertiva "II" está incorreta, pois a advertência será aplicada por escrito, segundo o art. 105, *caput*, da lei complementar nº 11.795/2002.

A assertiva "III" está correta, pois corresponde à hipótese prevista no art. 112, parágrafo único, da lei complementar nº 11.795/2002.

A assertiva "IV" está incorreta, pois a suspensão não poderá ter início durante o período de férias ou de licenças, segundo o art. 106, § 2º, da lei complementar nº 11.795/2002.

Gabarito: D

04. (Defensor Público DPE-RS – 2018 – FCC). No que se refere às funções institucionais da Defensoria Pública do Estado do Rio Grande do Sul, estabelecidas na Lei Complementar Estadual n° 14.130/2012, considere os itens a seguir:

I. A promoção prioritária da solução extrajudicial dos litígios, por meio de mediação, conciliação, arbitragem, sendo o instrumento resultante da composição válido como título executivo extrajudicial, salvo se celebrado com pessoa jurídica de direito público.

II. Impetrar *habeas corpus*, mandado de injunção, *habeas data* e mandado de segurança ou qualquer outra ação em defesa das funções institucionais e prerrogativas de seus órgãos de execução.

III. Propor ao Poder Legislativo a criação e a extinção de seus cargos, bem como a fixação e o reajuste dos subsídios de seus membros.

IV. Representar aos sistemas internacionais de proteção dos direitos humanos, postulando perante seus órgãos.

V. Executar e receber as verbas sucumbenciais decorrentes de sua atuação, inclusive quando devidas por quaisquer entes públicos, destinando-as a fundos geridos pela Defensoria Pública e destinados ao aparelhamento da Defensoria Pública e à capacitação profissional de seus membros e servidores.

Está correto o que consta APENAS de:

a) III, IV e V.

b) I, II e IV.

c) I, III e IV.

d) II, IV e V.

e) I, II e V.

▶ *Anotações/Comentários*

A assertiva "I" está incorreta, pois o instrumento resultante da composição é válido como título executivo extrajudicial, também quando celebrado com pessoa jurídica de direito público, conforme o art. 4º, § 2º, da Campo DDE Lei Complementar Estadual nº 14.130/2012.

A assertiva "III" está incorreta, pois não se trata de função institucional.

Gabarito: D

05. (Defensor Público DPE-RS - 2018 - FCC). O Defensor Público que é intimado pessoalmente de sentença improcedente e, no caso concreto, entender incabível a interposição de recurso, deverá

a) comunicar ao Defensor Público-Geral do Estado.

b) encaminhar justificativa à Corregedoria-Geral.

c) dar ciência à parte assistida e comunicar ao Defensor Público-Geral do Estado.

d) comunicar ao Subdefensor Público-Geral para Assuntos Jurídicos.

e) comunicar ao Defensor Público-Geral do Estado e à Corregedoria-Geral.

▶ *Anotações/Comentários*

A assertiva "b" está correta, conforme o art. 3º, parágrafo único, IV, da Lei Complementar Estadual nº 11.795/2002.

Gabarito: B

06. (Analista - Administrador DPE-RS - 2017 - FCC). De acordo com a Lei Complementar Estadual nº 11.795/2002, no tocante à remoção, é correto afirmar que

a) a remoção a pedido far-se-á mediante requerimento ao Defensor Público-Geral do Estado, no prazo de quinze dias, contados da data em que for publicado na Imprensa Oficial o ato declaratório da vacância.

b) na remoção a pedido, o prazo mínimo de permanência poderá ser reduzido em função da conveniência do serviço, ouvido apenas o Defensor Público – Geral do Estado.

c) na remoção a pedido, somente poderá ser deferida a quem já tenha completado dois anos de exercício na Comarca de atuação, excetuando-se os casos de remoção dentro da mesma Comarca.

d) na remoção a pedido, o prazo mínimo de permanência não poderá ser reduzido em função da conveniência do serviço, por vedação legal expressa.

e) a remoção precederá o preenchimento da vaga por antiguidade.

► ***Anotações/Comentários***

A assertiva "a" está correta, conforme expressa disposição no art. 29, § 2º, Lei Complementar Estadual nº 11.795/2002.

Gabarito: A

07. (Técnico Judiciário – Área Administrativa DPE-RS – 2017 – FCC). A Lei Estadual nº 13.821/2011, que cria o Quadro de Pessoal dos Serviços Auxiliares da Defensoria Pública do Estado, estabeleceu que a estrutura dos cargos de Analista e de Técnico é composta por

a) dois padrões de vencimentos que representam os estágios na carreira, atingidos por meio de promoção.

b) três classes, A, B e C, que representam os estágios na carreira, atingidos por meio de progressão.

c) três padrões de vencimentos que representam as progressões atingidas por meio de avaliação de desempenho feita bimestralmente.

d) três classes, A, B e C, que representam os estágios na carreira, atingidos por meio de promoção.

e) três padrões de vencimentos que representam os estágios na carreira, atingidos por meio de promoção anual.

► ***Anotações/Comentários***

A assertiva "d" está correta, conforme expressa disposição no art. 13, § 1º, Lei Estadual nº 13.821/2011.

Gabarito: D

08. (Técnico Judiciário - Área Administrativa DPE-RS - 2017 - FCC). Segundo a Lei Estadual n° 13.536/2010, o Ouvidor-Geral

a) terá mandato de dois anos, permitida uma recondução.

b) será escolhido pelo Defensor-Geral da Defensoria Pública do Estado de forma isolada.

c) será nomeado pelo Conselho Superior da Defensoria Pública do Estado na função de órgão colegiado.

d) julgará representação contra membros e servidores da Defensoria Pública do Estado.

e) não terá direito ao pagamento de diárias indenizatórias por expressa vedação legal.

► ***Anotações/Comentários***

A assertiva "a" está correta, conforme expressa disposição no art. 105-B, LC nº 80/94.

Gabarito: A

09. (Analista - Processual DPE-RS - 2017 - FCC). De acordo com a Lei Complementar Estadual n° 11.795/2002, no tocante às sanções disciplinares, enquanto não resolvida em outro processo de qualquer natureza questão de que dependa o reconhecimento da infração, o curso da prescrição

a) não suspende e nem interrompe, sendo este contínuo por expressa determinação legal.

b) suspende-se, iniciando novo prazo após o término da suspensão.

c) interrompe-se, até no máximo 12 meses, continuando a correr pelo prazo restante, após a cessação da interrupção.

d) interrompe-se, iniciando novo prazo após o término da interrupção.

e) suspende-se, continuando a correr no prazo restante.

► ***Anotações/Comentários***

A assertiva "a" está correta, conforme expressa disposição no art. 113, parágrafo único, Lei Complementar Estadual n° 11.795/2002.

Gabarito: A

10. (Analista - Processual DPE-RS - 2017 - FCC). De acordo com a Lei Complementar Estadual n° 11.795/2002:

"Ao Defensor Público-Geral do Estado, entendendo suficientemente esclarecidos os fatos, caberá então a adoção de uma das seguintes medidas:

I. determinar o arquivamento da Sindicância na Corregedoria-Geral, se julgar improcedente a imputação feita ao sindicado; II. aplicar a sanção pertinente, caso entenda caracterizada infração; III. determinar a instauração de processo administrativo disciplinar, nas hipóteses de infração disciplinar que cuja apuração o exigirem".

Em face da decisão proferida pelo Defensor Público-Geral

a) caberá recurso ao Conselho Superior da Defensoria Pública, no prazo de dez dias, por uma única vez.

b) caberá recurso ao Conselho Superior da Defensoria Pública, no prazo de quinze dias, por uma única vez.

c) caberá recurso ao Conselho Superior da Defensoria Pública, no prazo de dez dias, por quantas vezes forem necessárias.

d) não caberá recurso, iniciando-se o processo administrativo disciplinar no qual será assegurada o exercício do contraditório e da ampla defesa.

e) caberá recurso apenas ao Corregedor-Geral, no prazo de cinco dias.

► *Anotações/Comentários*

A assertiva "a" está correta, conforme expressa disposição no art. 121, Lei Complementar Estadual n° 11.795/2002.

Gabarito: A

11. (Analista – Processual DPE-RS – 2017 – FCC). Margarida pretende participar do concurso público para o Cargo de Analista Judiciário da Defensoria Pública do Estado do Rio Grande do Sul. Estudando a Lei Estadual n° 13.821/2011, que cria o Quadro de Pessoal dos Serviços Auxiliares da Defensoria Pública do Estado, altera seu Quadro de Cargos em Comissão e Funções Gratificadas e dá outras providências, aprendeu que

a) para efeito de concessão dos adicionais, não será computado o tempo de serviço público federal, estadual ou municipal prestado à autarquias e fundações de direito público.

b) o servidor, ao completar quinze e vinte e cinco anos de serviço público, passará a perceber, respectivamente, o adicional de 20% ou 30%, calculados sobre o vencimento básico.

c) por triênio de efetivo serviço público, será concedido automaticamente um acréscimo de 3%, denominado avanço, calculado sobre o vencimento básico percebido.

d) o servidor, ao completar quinze e vinte e cinco anos de serviço público, passará a perceber, respectivamente, o adicional de 25% ou 35%, calculados sobre o vencimento básico.

e) por biênio de efetivo serviço público, será concedido automaticamente um acréscimo de 5%, denominado avanço, calculado sobre o vencimento já com os acréscimos legais.

► ***Anotações/Comentários***

A assertiva "c" está correta, conforme expressa disposição no art. 21, Lei Estadual n° 13.821/2011.

Gabarito: C

12. (Técnico Judiciário – Área Administrativa DPE-RS – 2017 – FCC). De acordo com a Lei Complementar Estadual n° 9.230/1991, elaborar lista tríplice destinada à promoção por merecimento é competência, dentro outras,

a) privativa do Defensor-Geral da Defensoria Pública do Estado.

b) privativa do Corregedor Geral da Defensoria Pública do Estado.

c) do Conselho Superior da Defensoria Pública do Estado.

d) privativa do Subdefensor-Geral da Defensoria Pública do Estado.

e) do Defensor Público, representante da classe perante o segundo grau de jurisdição.

► ***Anotações/Comentários***

A assertiva "c" está correta, ficando a questão implícita ao art. 14, Lei Complementar Estadual n° 9.230/1991. Discorda-se do gabarito, em razão de o citado artigo se referir a "editar regimento", expedir instruções", representar ao Procurador-Geral" e "opinar".

Gabarito: C

13. (Técnico Judiciário – Área Administrativa DPE-RS – 2017 – FCC). Com relação ao exercício e ao estágio probatório, de acordo com a Lei Complementar Estadual n°11.795/2002, é correto afirmar que

a) ao entrar em exercício, o Defensor Público do Estado iniciará o estágio probatório e poderá, em sua fase preliminar, ser colocado à disposição do Defensor Público-Geral, a critério do Conselho Superior da Defensoria Pública do Estado.

b) na apuração da antiguidade dos Defensores Públicos que iniciarem o exercício na mesma data, será observada como critério de desempate o Defensor com a maior idade na data da aprovação no concurso, respeitando o limite de 70 anos.

c) o exercício no cargo de Defensor Público do Estado, na classe inicial da carreira, dar-se-á no prazo de até 30 dias, contados da data da posse, sendo que será tornada sem efeito a nomeação do Defensor Público do Estado que não entrar em exercício neste prazo.

d) após o término do estágio probatório, quando o competente relatório concluir pela exoneração, dele terá conhecimento o Defensor Público, que poderá oferecer alegações no prazo preclusivo de 15 dias.

e) após o término do estágio probatório, se o Conselho Superior da Defensoria Pública do Estado decidir pela exoneração, ele encaminhará cópia integral do processo para o Defensor Público-Geral do Estado para decisão confirmando ou afastando a exoneração, no prazo preclusivo de 5 dias.

► ***Anotações/Comentários***

A assertiva "c" está correta, conforme expressa disposição no art. 13, *caput e* parágrafo único, Lei Complementar Estadual n° 11.795/2002.

Gabarito: C

14. (Técnico Judiciário – Área Administrativa DPE-RS – 2017 – FCC). De acordo com a Lei Complementar Estadual n° 11.795/2002, no que tange à promoção, a antiguidade será apurada na classe e determinada pelo tempo de efetivo exercício na mesma. Em caso de empate na classificação por antiguidade dentro da mesma classe, será considerado mais antigo o Defensor Público que contar com maior tempo de serviço na carreira de Defensor Público e, se necessário, sucessivamente, contar com

a) maior idade, melhor classificação no concurso para ingresso na Defensoria Pública do Estado, maior tempo de serviço público no Estado e maior tempo de serviço público em geral.

b) maior tempo de serviço público no Estado, maior tempo de serviço público em geral, maior idade e melhor classificação no concurso para ingresso na Defensoria Pública do Estado.

c) melhor classificação no concurso para ingresso na Defensoria Pública do Estado, maior tempo de serviço público no Estado, maior idade e maior tempo de serviço público em geral.

d) melhor classificação no concurso para ingresso na Defensoria Pública do Estado, maior tempo de serviço público no Estado, maior tempo de serviço público em geral e maior idade.

e) maior tempo de serviço público no Estado, maior tempo de serviço público em geral, melhor classificação no concurso para ingresso na Defensoria Pública do Estado e maior idade.

► ***Anotações/Comentários***

A assertiva "b" está correta, conforme expressa disposição no art. 20, § 1º, Lei Complementar Estadual nº 11.795/2002.

Gabarito: B

15. (Técnico Judiciário – Área Administrativa DPE-RS – 2017 – FCC). De acordo com a Lei Complementar Estadual nº 13.484/2010, o Defensor Público Conselheiro eleito

a) perderá o mandato quando, durante o seu mandato faltar, injustificadamente, a dez sessões alternadas, independente da natureza da reunião.

b) terá mandato de 2 anos, vedada a reeleição.

c) não perderá o mandato por ausência em sessões, justificada ou não, uma vez que exercerá cumulativamente a função de Conselheiro e Defensor Público.

d) perderá o mandato quando, durante o seu mandato faltar, injustificadamente, a três sessões consecutivas ou a cinco alternadas, independente da natureza da reunião.

e) terá mandato de 3 anos, vedada a reeleição.

► ***Anotações/Comentários***

A assertiva "d" está correta, conforme expressa disposição no art. 6º, I, Lei Complementar Estadual nº 13.484/2010.

Gabarito: D

16. (Analista – Processual DPE-RS – 2017 – FCC). De acordo com a Lei Complementar Estadual nº 13.484/2010, no tocante ao Conselho Superior da Defensoria Pública do Estado do Rio Grande do Sul é correto afirmar que

a) são elegíveis ao Conselho os membros ativos e estáveis da Defensoria Pública que estejam ou não afastados da carreira.

b) é presidido pelo Corregedor-Geral e na sua ausência pelo Defensor Público-Geral.

c) é presidido pelo Defensor Público-Geral, que não terá voto de qualidade, exceto em matéria disciplinar.

d) o Ouvidor-Geral participará do Conselho Superior exclusivamente com direito à voz.

e) é presidido pelo Defensor Público-Geral, que terá voto de qualidade, inclusive em matéria disciplinar.

► ***Anotações/Comentários***

A assertiva "d" está correta, conforme expressa disposição no art. 105-C, IV, LC nº 80/94.

Gabarito: D

17. (Defensor Público DPE-RS – 2014 – FCC). A Lei Complementar Federal nº 80/94, bem como a Lei Complementar Estadual nº 11.795/02, com suas alterações posteriores, estabelecem deveres, proibições e impedimentos relativos ao exercício do cargo de Defensor Público. No que se refere a tais regramentos pode-se afirmar que o membro da Defensoria Pública

a) poderá receber honorários advocatícios fixados em processo cível desde que tenha transitado em julgado a sentença.

b) está proibido de exercer a advocacia fora das atribuições institucionais.

c) não poderá atuar em processos em que já tenha se manifestado na condição de representante, exclusivamente, de seus ascendentes e descendentes.

d) deverá residir na comarca onde exerce suas funções, não comportando tal obrigação nenhuma exceção.

e) deverá representar ao Conselho Superior da Defensoria Pública sobre as irregularidades de que tiver ciência em razão do cargo.

► ***Anotações/Comentários***

(a) Errada. Os honorários são destinados à Instituição e não ao membro da Defensoria Pública, que não pode recebê-los pessoalmente. Nesse sentido, estabelece o inciso XXI do art. 4º da LC 80/94 que constitui função essencial da DP "executar e receber as verbas sucumbenciais decorrentes de sua atuação, inclusive quando devidas por quaisquer entes públicos, destinando-as a fundos geridos pela Defensoria Pública e destinados, exclusivamente, ao aparelhamento da Defensoria Pública e à capacitação profissional de seus membros e servidores". Além disso, é vedado ao membro da

DP "receber, a qualquer título e sob qualquer pretexto, honorários, percentagens ou custas processuais, em razão de suas atribuições", nos termos do art. 130, III, da LC 80/94.

(b) Afirmação correta. Estabelece expressamente o art. 130, I, da LC 80/94 que é proibido ao membro da DP dos Estados "exercer a advocacia fora das atribuições institucionais"

(c) Errada. Na seção "dos impedimentos", consta que é defeso ao membro da DP exercer suas funções em processo "em que haja atuado como representante da parte, perito, Juiz, membro do Ministério Público, Autoridade Policial, Escrivão de Polícia, Auxiliar de Justiça ou prestado depoimento como testemunha", nos termos do art. 131, II, da LC 80/94.

(d) Errada. Pelo art. 129, I, da LC 80, há o dever do membro da Defensoria Pública dos Estados de "residir na localidade onde exercem suas funções, na forma do que dispuser a lei estadual". No entanto, a LC estadual nº 11.795/02 prevê exceção a esse dever, como se nota do inciso I do art. 95, nos seguintes termos: "residir na localidade onde exercem suas funções, ou excepcionalmente, em outra Comarca, por autorização do Defensor Público-Geral do Estado, ouvindo o Conselho Superior da Defensoria Pública".

(e) Errada. De acordo com o art. 95, III, da LC estadual 11.795/02 cabe ao membro da DP "representar ao Defensor Público-Geral sobre as irregularidades de que tiver ciência, em razão do cargo".

Gabarito: B.

18. (Defensor Público DPE-RS - 2014 - FCC). Acerca dos Núcleos Especializados da Defensoria Pública do Estado do Rio Grande do Sul é correto afirmar que

a) poderão propor medidas judiciais individuais e coletivas no âmbito de sua atuação, acompanhando-as na condição de Defensor Natural.

b) terão sua criação e extinção proposta pelo Defensor Público-Geral do Estado, de acordo com a conveniência e necessidade da administração.

c) serão criados e extintos pela Corregedoria-Geral da Defensoria Pública do Estado, de acordo com a conveniência e necessidade da administração.

d) poderão editar súmulas, com caráter normativo e vinculante, com o objetivo de melhorar o serviço da Defensoria Pública.

e) a escolha de seus membros recairá entre integrantes da carreira apenas da Classe Especial, com reconhecida atuação na área e titulação acadêmica específica.

► ***Anotações/Comentários***

(a) Afirmação correta. Art. 33, II, LC estadual 14.130/2012: "promover a solução extrajudicial dos litígios e propor medidas judiciais individuais e coletivas no âmbito de sua atuação, acompanhando-as na condição de Defensor Natural, sem prejuízo da eventual atuação conjunta com os órgãos de execução da Defensoria Pública, mediante designação específica do Defensor Público-Geral".

(b) Errada, pois, conforme prevê o art. 32 da LC estadual 14.130/2012, "A Defensoria Pública do Estado poderá atuar por intermédio de Núcleos Especializados, criados e extintos por Resolução do Conselho Superior, de acordo com a conveniência e necessidade da administração".

(c) Errada. Art. 32 da LC estadual 14.130/2012: "A Defensoria Pública do Estado poderá atuar por intermédio de Núcleos Especializados, criados e extintos por Resolução do Conselho Superior, de acordo com a conveniência e necessidade da administração".

(d) Errada. Art. 33, III, da LC estadual 14.130/2012: "editar súmulas, sem caráter normativo ou vinculante, tendentes à melhoria dos serviços prestados pela Defensoria Pública".

(e) Errada. Art. 32, parágrafo único da LC estadual 14.130/2012: "Os Dirigentes e membros dos Núcleos Especializados serão designados pelo Defensor Público-Geral, recaindo a escolha entre integrantes da carreira com reconhecida atuação na área e, preferencialmente, com titulação acadêmica específica."

Gabarito: A.

19. (Técnico de Apoio Especializado DPE-RS – 2013 – FCC). O estágio probatório do servidor da Defensoria Pública do Estado do Rio Grande do Sul, nos termos da Lei Complementar Estadual nº 13.821/11, tem como característica

a) a duração pelo período de dois anos, durante o qual o servidor será submetido à avaliação psicológica e psiquiátrica.

b) a não suspensão da contagem do período de estágio durante as licenças e afastamentos não previstos constitucionalmente.

c) a submissão do servidor à avaliação especial de desempenho, como condição obrigatória para aquisição da estabilidade.

d) a duração pelo período de três anos e a exigência, como condição para aquisição da estabilidade, apenas do não cometimento de falta funcional grave.

e) a sua previsão tanto para os cargos de provimento efetivo, quanto para os cargos comissionados.

► ***Anotações/Comentários***

De acordo com o art. 6º da LC estadual 13.821/11, "Ao entrar em exercício, o servidor nomeado para cargo de provimento efetivo ficará sujeito a estágio probatório pelo período de três anos, durante o qual sua aptidão e capacidade serão objeto de avaliação, inclusive psicológica e psiquiátrica, servindo como referência para a efetivação ou não no cargo".

Além disso, segundo os §§ 1º e 2º do mesmo art. 6º, "Como condição para a aquisição da estabilidade, é obrigatória a avaliação especial de desempenho por comissão instituída para essa finalidade", sendo que "o estágio probatório ficará suspenso durante os períodos de licenças e demais afastamentos, exceto quanto aos previstos constitucionalmente".

Logo, a alternativa (c) está correta.

Gabarito: C.

Gabarito

01 – A	**02** – E	**03** – D	**04** – D	**05** – B
06 – A	**07** – D	**08** – A	**09** – A	**10** – A
11 – C	**12** – C	**13** – C	**14** – B	**15** – D
16 – D	**17** – B	**18** – A	**19** – C	

4

LEI DA DEFENSORIA PÚBLICA DE SANTA CATARINA

01. (Técnico Administrativo DPE-SC - 2018 – FUNDATEC). Sobre a gestão de convênios, contratos e licitações da Defensoria Pública de Santa Catarina, assinale a alternativa INCORRETA.

a) A gestão de convênios deve obedecer, no que couber, à Lei nº 8.666/1993.

b) Gestão e fiscalização constituem atividades análogas e podem ser exercidas pelo mesmo setor e servidores.

c) Compete à Gerência de Convênios, Contratos e Licitações a análise dos termos de referência e projetos básicos encaminhados pelas unidades demandantes.

d) Compete ao gestor do contrato requisitar ao Defensor Público-Geral o parecer sobre situação jurídica incidente na execução ou fiscalização do contrato.

e) Nos casos em que é facultativa e for dispensada a celebração de instrumento de contrato, o acompanhamento e a fiscalização, incluindo o recebimento do objeto, caberá à autoridade ou órgão que solicitou o bem ou serviço, independentemente da designação de gestor ou fiscal.

► ***Anotações/Comentários***

A assertiva "b" está incorreta, conforme art. 40 e art. 43 do Regimento Interno da Defensoria Pública do Estado de Santa Catarina.

Gabarito: B

02. (Técnico Administrativo DPE-SC - 2018 – FUNDATEC). São direitos dos assistidos da Defensoria Pública, EXCETO:

a) Qualidade e eficiência do atendimento.

b) Uso do nome social à pessoa transexual, transgênero e travesti.

c) Direito de revisão de sua pretensão quando recusada pelo Defensor Público.

d) A tramitação dos processos e procedimentos apenas para a realização de exames e perícias.

e) Informação sobre localização e horário de funcionamento dos serviços.

► ***Anotações/Comentários***

A assertiva "d" está incorreta, pois a assistência jurídica se dá em todos os graus e de forma integral, art. 134, CRFB.

Gabarito: D

03. (Defensor Público DPE-SC – 2017 – FCC). A respeito do processo administrativo disciplinar, no âmbito da Corregedoria-Geral da Defensoria Pública do Estado de Santa Catarina,

a) não será instaurado procedimento disciplinar com base unicamente em denúncia anônima.

b) o expediente de averiguação preliminar, instaurado pelo Corregedor-Geral para casos de pouca ou média gravidade, terá caráter meramente informativo, visando apurar melhor a denúncia com a oitiva pormenorizada do denunciante.

c) compete ao Corregedor-Geral instaurar sindicâncias e processo administrativo disciplinar contra membros e servidores da Defensoria Pública do Estado.

d) a sindicância e o processo administrativo disciplinar são públicos, salvo se alegada, de forma fundamentada, a preservação à imagem do sindicado ou processado.

e) ao Corregedor-Geral cabe o arquivamento do expediente de averiguação, da sindicância e do processo administrativo disciplinar, caso não constatada a falta disciplinar.

► ***Anotações/Comentários***

A assertiva "a" está correta, conforme disposto no art. 41, parágrafo único, Regimento Interno da Corregedoria-Geral da Defensoria Pública do Estado de Santa Catarina.

Gabarito: A

04. (Defensor Público DPE-SC – 2017 – FCC). A lei orgânica da Defensoria Pública do Estado de Santa Catarina prevê a pena de remoção compulsória do Defensor Público, expressamente,

a) quando a falta praticada, apurada em processo disciplinar, verse sobre fato que coloque em risco a integridade física do membro ou a credibilidade da instituição.

b) caso a falta praticada tenha acarretado dano irreparável ao usuário da instituição.

c) quando reconhecida sua culpa em processo disciplinar que envolva falta de urbanidade com juiz de direito ou promotor de justiça da Comarca em que atua.

d) caso a falta praticada, por sua gravidade e repercussão, tornar incompatível sua permanência no órgão de atuação de sua lotação.

e) quando haja manifesto interesse público na efetivação da remoção, com indispensável parecer a ser emitido pelo Conselho Superior.

► ***Anotações/Comentários***

A assertiva "d" está correta, conforme disposto no art. 52, § 1º, Lei Complementar nº 575/2012.

Gabarito: D

05. (Defensor Público DPE-SC – 2017 – FCC). De acordo com a Resolução do Conselho Superior da Defensoria Pública de Santa Catarina n° 61/2016, que dispõe sobre seu Regimento Interno,

a) o pedido de vista de autos de processo que tramite pelo Conselho Superior pode ser realizado por qualquer Conselheiro, tendo este que devolver os autos após duas sessões regulares.

b) o Conselheiro poderá abster-se de votar por até três vezes sem qualquer fundamento, não computados os casos de impedimento ou suspeição.

c) a distribuição dos expedientes aos Conselheiros relatores será realizada pelo Presidente do Conselho Superior.

d) ao decano do Conselho Superior compete instituir comissões temáticas no âmbito do órgão colegiado, compostas por Defensores e servidores da Defensoria Pública.

e) ao Conselho Superior cabe aprovar a proposta orçamentária anual da Defensoria Pública do Estado.

► ***Anotações/Comentários***

A assertiva "e" está correta, conforme disposto no art. 11, XV, Regimento Interno do Conselho Superior da Defensoria Pública do Estado de Santa Catarina.

Gabarito: E

06. (Defensor Público DPE-SC – 2017 – FCC). Segundo a Lei Complementar Estadual n° 575/2012, do Estado de Santa Catarina, são órgãos da administração superior da Defensoria Pública:

a) os Núcleos Especializados, a Corregedoria-Geral e a Ouvidoria-Geral.

b) a Defensoria Pública-Geral, o Conselho Superior e a Subdefensoria Pública-Geral.

c) o Conselho Superior, a Defensoria Pública-Geral e os Núcleos Especializados.

d) a Defensoria Pública-Geral, a Ouvidoria-Geral e a Corregedoria-Geral.

e) o Conselho Superior, os Núcleos Especializados e os Núcleos Regionais.

► ***Anotações/Comentários***

A assertiva "b" está correta, conforme disposto no art. 8º, I, "a", "b" e "d", Lei Complementar nº 575/2012.

Gabarito: B

07. (Defensor Público DPE-SC - 2017 - FCC). São considerados princípios institucionais pela Lei Orgânica da Defensoria Pública do Estado de Santa Catarina:

a) a inamovibilidade, a estabilidade e a concessão do prazo em dobro.

b) a estabilidade, a unicidade e a independência funcional.

c) a indivisibilidade, a inamovibilidade e a unidade.

d) a unidade, a indivisibilidade e a independência funcional.

e) a independência funcional, a estabilidade e a indivisibilidade.

► ***Anotações/Comentários***

A assertiva "d" está correta, conforme disposto no art. 3º, Lei Complementar nº 575/2012.

Gabarito: D

08. (Analista Técnico DPE-SC – 2013 – FEPESE). Assinale a alternativa correta de acordo com a Lei Complementar nº 575/12 que cria a Defensoria Pública do Estado de Santa Catarina, dispõe sobre sua organização e funcionamento e estabelece outras providências.

a) A Defensoria Pública poderá ter em sua sede o percentual máximo de 30% (trinta por cento) do quantitativo dos cargos de analista técnico e técnico administrativo em atividade.

b) As funções institucionais da Defensoria Pública não poderão ser exercidas contra as pessoas jurídicas de direito público.

c) Os servidores de apoio e assessoramento devem ter exercício no órgão de atuação em que forem inicialmente lotados pelo período mínimo de três anos, ressalvadas as hipóteses de remoção de ofício ou por concurso.

d) O quantitativo lotacional dos Núcleos Regionais será determinado mediante ato do Subdefensor Público-Geral.

e) O afastamento para estudo ou missão no interesse da Defensoria Pública será autorizado pela Corregedoria-Geral da Defensoria Pública.

► ***Anotações/Comentários***

(a) Afirmação estava correta, diante da redação original do parágrafo 3º do art. 23 da LC estadual 575/12, que assim previa: "A Defensoria Pública poderá ter em sua sede o percentual máximo de 30% (trinta por cento) do quantitativo dos cargos de analista técnico e técnico administrativo em atividade". No entanto, o dispositivo foi revogado pela LC 717/2018.

(b) Errada. Art. 4º, § 1º, da LC estadual 575/12: "As funções institucionais da Defensoria Pública serão exercidas inclusive contra as pessoas jurídicas de direito público."

(c) Errada. A redação original do parágrafo 4º do art. 23 da LC estadual 575/12 previa que os servidores de apoio e assessoramento "devem ter exercício no órgão de atuação em que inicialmente lotado pelo período mínimo de 2 (dois) anos, ressalvadas as hipóteses de remoção de ofício ou por concurso" No entanto, o dispositivo foi revogado pela LC 717/2018.

(d) Errada. Art. 20, § 1º, da LC estadual 575/12: "A área de competência e o quantitativo lotacional dos Núcleos Regionais serão determinados por ato do Defensor Público-Geral".

(e) Errada. Art. 10, VI, da LC estadual 575/12: é atribuição do Defensor Público-Geral "autorizar os afastamentos dos membros da Defensoria Pública".

Gabarito: A.

Gabarito

01 – B	**02** – D	**03** – A	**04** – D
05 – E	**06** – B	**07** – D	**08** – A

5

LEI DA DEFENSORIA PÚBLICA DE RONDÔNIA

01. **(Defensor Público DPE-RO – 2017 – VUNESP).** Suponha-se que a Lei Orgânica da Defensoria Pública do Estado de Rondônia seja alterada para contemplar, no rol de suas funções institucionais, a defesa judicial de servidores públicos estaduais processados civil ou criminalmente em razão do regular exercício do cargo. Essa modificação deve ser considerada

a) inconstitucional, porque extrapola o modelo delineado pela Constituição Federal, que prevê que a Defensoria Pública prestará assistência jurídica integral e gratuita aos que comprovarem insuficiência de recursos.

b) constitucional, porque a defesa judicial de servidores públicos estaduais se amolda ao perfil constitucional da Defensoria Pública que prevê atribuições de assistência jurídica ao Estado e seus agentes públicos.

c) inconstitucional, porque a assistência jurídica deve ser integral, assim, a previsão legal deveria abranger não só a defesa judicial dos servidores públicos estaduais como também a defesa destes em processos administrativos.

d) constitucional, porque a defesa judicial de servidores públicos estaduais é compatível com a missão constitucional da Defensoria Pública de representar o Estado judicial e extrajudicialmente e prestar-lhe atividades de consultoria e assessoramento jurídico.

e) inconstitucional, porque extrapola o modelo definido pela Constituição Federal, pois os servidores públicos estaduais não se enquadram na categoria de pessoas cujos recursos são insuficientes para promover sua defesa.

► ***Anotações/Comentários***

A assertiva "a" está correta, conforme decisão tomada em controle concentrado de constitucionalidade na ADI 3.022.

Gabarito: A

02. (Técnico em Audiovisual DPE-RO – 2015 – FGV). Cabe ao Defensor Público-Geral do Estado dirigir a Defensoria Pública, superintender e coordenar suas atividades e orientar sua atuação. Nesse contexto, de acordo com a Lei Orgânica da Defensoria Pública do Estado de Rondônia (Lei Complementar Estadual nº 117/94), compete ao Defensor Público-Geral:

a) organizar e realizar concursos públicos, elaborar listas de antiguidade, aprovar o funcionamento de estágio probatório, aprovar ou impugnar procedimentos relativos ao estágio probatório e homologar resultados dos concursos de ingresso;

b) avocar, fundamentadamente, atribuições específicas de qualquer membro da Defensoria Pública *ad referendum* do Conselho Superior, e delegar, no interesse do serviço, atribuições de sua competência;

c) apreciar e julgar, em última instância, os recursos interpostos dos resultados de concurso de ingresso, as reclamações manifestadas pelos candidatos, bem como as referentes às questões de tempo de serviço e de promoção;

d) aprovar os Regulamentos e Regimentos Internos necessários ao funcionamento dos órgãos da Defensoria Pública, e obstar mediante exposição de motivos, a promoção por antiguidade;

e) promover os registros estatísticos da produção dos membros da Defensoria Pública e de pastas de assentamentos e prontuários referentes a cada um, para os devidos fins, inclusive para efeito de aferição de merecimento.

► *Anotações/Comentários*

(a) Alternativa falsa. De acordo com o artigo 16, inciso IV, da Lei Complementar Estadual nº 117/1994, organizar e realizar concursos públicos, elaborar listas de antigüidade, aprovar o funcionamento de estágio probatório, aprovar ou impugnar procedimentos relativos ao estágio probatório e homologar resultados dos concursos de ingresso constitui atribuição do Conselho Superior da Defensoria Pública.

(b) Alternativa verdadeira. A assertiva está correta e de acordo com o artigo 8º, incisos XXIII e XXIV, da Lei Complementar Estadual nº 117/1994.

(c) Alternativa falsa. De acordo com o artigo 16, inciso XI, da Lei Complementar Estadual nº 117/1994, referida atribuição compete ao Conselho Superior da Defensoria Pública.

(d) Alternativa falsa. De acordo com o artigo 16, inciso XVIII, da Lei Complementar Estadual nº 117/1994, referida atribuição compete ao Conselho Superior da Defensoria Pública.

(e) Alternativa falsa. De acordo com o artigo 18, inciso IV, da Lei Complementar Estadual nº 117/1994, referida atribuição compete à Corregedoria-Geral da Defensoria Pública.

Gabarito: B

03. (Técnico em Audiovisual DPE-RO – 2015 – FGV). Em tema de regime jurídico das férias dos Defensores Públicos Estaduais de Rondônia, consoante estabelece a Lei Complementar Estadual nº 117/94:

a) os membros da Defensoria Pública terão direito a férias anuais de 60 (sessenta) dias, individuais ou coletivas, de acordo com a escala aprovada pelo Defensor Público-Geral;

b) os membros da Defensoria Pública terão direito a férias anuais de 30 (trinta) dias, que poderão ser gozadas de forma fracionada em 2 (dois) períodos de 15 (quinze) dias;

c) as férias não gozadas dos membros da Defensoria Pública, por conveniência do serviço, não poderão ser usufruídas cumulativamente nos meses seguintes, e deverão ser obrigatoriamente indenizadas em pecúnia;

d) as férias dos membros da Defensoria Pública somente poderão acumular-se por imperiosa necessidade de serviço e, no máximo, por até 6 (seis) períodos, devendo ser gozadas de forma integral na primeira oportunidade;

e) os membros da Defensoria Pública que forem condenados à sanção disciplinar de suspensão por mais de 30 (trinta) dias perderão o direito a férias anuais, que são de 30 (trinta) dias, do exercício seguinte.

► *Anotações/Comentários*

(a) Alternativa verdadeira. A assertiva está correta e de acordo com o artigo 53 da Lei Complementar Estadual nº 117/1994.

(b) Alternativa errada. De acordo com o artigo 53, § 2º, da Lei Complementar Estadual nº 117/1994, os membros da Defensoria Pública terão direito a férias anuais de 60 (sessenta) dias, individuais ou coletivas, de acordo com a escala aprovada pelo Defensor Público-Geral.

(c) Alternativa errada. De acordo com o artigo 53, § 2º, da Lei Complementar Estadual nº 117/1994, as férias não gozadas, por conveniências do serviço, poderão sê-lo, cumulativamente ou não nos meses seguintes.

(d) Alternativa errada. De acordo com o artigo 53, § 1º, da Lei Complementar Estadual nº 117/1994, as férias dos membros da Defensoria

Pública somente poderão acumular-se, por imperiosa necessidade de serviço, e, no máximo, por até 02 (dois) períodos.

(e) Alternativa falsa. Referida alternativa não encontra respaldo na Lei Complementar Estadual nº 117/1994.

Gabarito: A

04. (Analista Jurídico DPE-RO – 2015 – FGV). O Conselho Superior da Defensoria Pública do Estado é órgão normativo, consultivo e deliberativo, incumbido de superintender a atuação da Defensoria Pública, bem como zelar pela observância dos princípios institucionais do órgão. Nesse contexto, de acordo com a Lei Orgânica da Defensoria Pública do Estado de Rondônia (Lei Complementar Estadual nº 117/94), compete ao Conselho Superior da Defensoria Pública:

a) organizar e realizar concursos públicos, elaborar listas de antiguidade, aprovar o funcionamento de estágio probatório, aprovar ou impugnar procedimentos relativos ao estágio probatório e homologar resultados dos concursos de ingresso;

b) promover os registros estatísticos da produção dos membros da Defensoria Pública e de pastas de assentamentos e prontuários referentes a cada um, para os devidos fins, inclusive para efeito de aferição de merecimento;

c) estabelecer o horário de funcionamento, a lotação e a distribuição dos membros e dos servidores da Defensoria Pública e autorizar os afastamentos dos membros da Defensoria Pública do Estado;

d) designar membro da Defensoria Pública do Estado para exercício de suas atribuições em órgão de atuação diverso de sua lotação ou, em caráter excepcional, perante Juízos, Tribunais ou ofícios diferentes dos estabelecidos para cada categoria;

e) elaborar, anualmente, a lista de antiguidade dos membros da Defensoria Pública, fazendo-a publicar no Diário Oficial e encaminhar ao Poder Executivo os expedientes, atos e estudos do interesse da Defensoria Pública.

► *Anotações/Comentários*

(a) Alternativa verdadeira. A assertiva está correta e de acordo com o artigo 16, IV, da Lei Complementar Estadual nº 117/1994.

(b) Alternativa errada. De acordo com o artigo 18, inciso IV, da Lei Complementar Estadual nº 117/1994, tal atribuição compete ao Corregedor-Geral da Defensoria Pública.

(c) Alternativa errada. De acordo com o artigo 8º, inciso VII, a Lei Complementar Estadual nº 117/1994, esta é uma atribuição que cabe ao Defensor Público-Geral do Estado.

(d) Alternativa errada. De acordo com o artigo 8º, inciso XV, a Lei Complementar Estadual nº 117/1994, esta é uma atribuição que cabe ao Defensor Público-Geral do Estado.

(e) Alternativa errada. De acordo com o artigo 8º, inciso XXVIII, a Lei Complementar Estadual nº 117/1994, esta é uma atribuição que cabe ao Defensor Público-Geral do Estado.

Gabarito: A

05. (Técnico de Contabilidade DPE-RO – 2015 – FGV). Cabe ao Defensor Público-Geral do Estado dirigir a Defensoria Pública, superintender e coordenar suas atividades e orientar sua atuação. Nesse contexto, de acordo com a Lei Orgânica da Defensoria Pública do Estado de Rondônia (Lei Complementar Estadual nº 117/94), compete ao Defensor Público-Geral:

a) organizar e realizar concursos públicos, elaborar listas de antiguidade, aprovar o funcionamento de estágio probatório, aprovar ou impugnar procedimentos relativos ao estágio probatório e homologar resultados dos concursos de ingresso;

b) avocar, fundamentadamente, atribuições específicas de qualquer membro da Defensoria Pública *ad referendum* do Conselho Superior, e delegar, no interesse do serviço, atribuições de sua competência;

c) apreciar e julgar, em última instância, os recursos interpostos dos resultados de concurso de ingresso, as reclamações manifestadas pelos candidatos, bem como as referentes às questões de tempo de serviço e de promoção;

d) aprovar os Regulamentos e Regimentos Internos necessários ao funcionamento dos órgãos da Defensoria Pública, e obstar mediante exposição de motivos, a promoção por antiguidade;

e) promover os registros estatísticos da produção dos membros da Defensoria Pública e de pastas de assentamentos e prontuários referentes a cada um, para os devidos fins, inclusive para efeito de aferição de merecimento.

► *Anotações/Comentários*

(a) Alternativa errada. De acordo com o artigo 16, inciso IV, da Lei Complementar Estadual nº 117/1994, tal atribuição compete ao Conselho Superior da Defensoria Pública do Estado.

(b) Alternativa verdadeira. A assertiva está correta e de acordo com o artigo 8º, XXIV, da Lei Complementar Estadual nº 117/1994.

(c) Alternativa errada. De acordo com o artigo 16, inciso XI, a Lei Complementar Estadual nº 117/1994, esta é uma atribuição que cabe ao Conselho Superior da Defensoria Pública do Estado.

(d) Alternativa errada. De acordo com o artigo 16, inciso XVIII, a Lei Complementar Estadual nº 117/1994, esta é uma atribuição que cabe ao Conselho Superior da Defensoria Pública do Estado.

(e) Alternativa errada. De acordo com o artigo 18, inciso IV, da Lei Complementar Estadual nº 117/1994, tal atribuição compete ao Corregedor-Geral da Defensoria Pública.

Gabarito: B

06. (Analista Jurídico DPE-RO – 2015 – FGV). Em matéria criminal, consoante dispõe a Lei Complementar Estadual de Rondônia nº 117/94, compete aos Defensores Públicos:

a) defender, nos processos criminais, os réus que não tenham defensor constituído, inclusive os revéis, independentemente da declaração de hipossuficiência econômica;

b) exercer a defesa, nos processos criminais, dos réus com hipossuficiência econômica, exceto os policiais militares junto à Auditoria Militar;

c) defender, nos processos criminais, todos os réus com hipossuficiência econômica, e exercer o controle externo da atividade policial;

d) requerer a transferência de presos para local adequado e propor ação penal pública condicionada à representação, nos casos em que a parte for juridicamente necessitada;

e) atuar junto aos estabelecimentos policiais e penitenciários, e propor ação penal pública incondicionada, nos casos em que a parte for juridicamente necessitada.

► *Anotações/Comentários*

A assertiva constante da letra "a" está correta e de acordo com o artigo 21, inciso VIII, da Lei Complementar Estadual nº 117/1994. Na esfera criminal, acaso comprovado que o usuário não é pessoa pobre na acepção jurídica do termo, o Defensor Pública atuará e, ao final, promoverá requerimento de fixação de honorários advocatícios.

A assertiva constante da letra "b" está incorreta, pois cabe aos Defensores Públicos, como dita o artigo 21, inciso XI, da Lei Complementar Estadual nº 117/1994, exercer a defesa dos policiais militares junto à Auditoria Militar.

A assertiva constante da letra "c" está incorreta, afinal, o controle externo da atividade policial configura atribuição do Ministério Público.

As assertivas constantes nas letras "d" e "e" estão incorretas pois a propositura de ação penal pública, condicionada à representação e incondicionada, competem ao Ministério Público, nos termos do que dispõe o artigo 129, inciso I, da Constituição Federal.

Gabarito: A

07. (Analista Jurídico DPE-RO – 2015 – FGV). Edson, Defensor Público Estadual de Rondônia, foi condenado em processo criminal transitado em julgado, a seis anos de reclusão pela prática de peculato. Considerando que se trata de crime contra a administração pública, de acordo com a Lei Complementar Estadual nº 117/94, tal fato:

a) não constitui causa para sua demissão, nem que haja processo próprio para tal, pela independência das instâncias civil, penal e administrativa;

b) não constitui causa para sua demissão, para evitar o *bis in idem*, ou seja, para impedir que o réu seja punido mais de uma vez pelos mesmos fatos;

c) constitui causa para sua demissão, cuja pretensão punitiva disciplinar prescreve juntamente com a ação penal, na forma da lei;

d) constitui causa para sua demissão, cuja pretensão punitiva disciplinar prescreve no prazo de 03 (três) anos, na forma da lei;

e) constitui causa para sua suspensão durante o período de cumprimento da pena, sem direito à remuneração, na forma da lei.

► *Anotações/Comentários*

A alternativa correta é aquela prevista na letra "b". Com efeito, prescreve o artigo 77, § 6º, inciso I, da Lei Complementar Estadual nº 117/94, que pena de demissão será aplicada ao membro da Defensoria Pública do Estado, após decisão judicial transitada em julgado, que tiver sido punido prática de crime incompatível com o exercício do cargo. O artigo. 77-A, por seu turno, pontua que se consideram incompatíveis com o exercício do cargo, dentre outros, os crimes contra a administração pública em geral (o que é o caso do crime de peculato), e a fé pública, e os que importem lesão aos cofres públicos, dilapidação do patrimônio público ou de bens confiados a sua guarda. Por fim, o artigo 77-C, § 1º, dispõe que a falta, também definida como crime, prescreverá juntamente com a ação penal.

Gabarito: C

08. (Técnico de Contabilidade DPE-RO – 2015 – FGV). À Defensoria Pública do Estado é assegurada autonomia funcional, administrativa, financeira e iniciativa de sua proposta orçamentária, nos termos da lei. Nesse sentido, de acordo com a Lei Orgânica da Defensoria Pública do Estado de Rondônia, cabe-lhe especialmente:

a) encaminhar, de forma vinculante, ao Governador do Estado lista com relação dos aprovados em concurso público para provimento dos cargos iniciais da carreira e dos serviços auxiliares;

b) encaminhar, de forma vinculante, ao Secretário de Estado de Administração suas folhas de pagamento para depósitos e expedição dos competentes demonstrativos;

c) editar atos de aposentadoria, exoneração e outros que importem à vacância ou não de cargos de carreira e dos serviços auxiliares;

d) fixar e reajustar os vencimentos de seus servidores auxiliares, por meio de resolução editada pelo Defensor Público-Geral e previamente aprovada pelo Conselho Superior;

e) criar e extinguir, por meio de resolução do Defensor Público – Geral, após aprovação pelo Conselho Superior, seus cargos da carreira de Defensor Público do Estado e de seus servidores auxiliares.

► *Anotações/Comentários*

A assertiva constante da letra "a" está incorreta. De acordo com o artigo 8, inciso XXI, da Lei Complementar Estadual nº 117/1994, compete ao Defensor Público-Geral dar provimento aos cargos da Defensoria Pública e dos serviços auxiliares, praticando os atos relativos a pessoal, inclusive os concernentes a concessão de vantagens, indenizações, férias, licenças, dispensas de serviços e aplicação de sanções. Se tais atribuições ficassem a cargo do Governador do Estado, sem dúvidas, restaria abalada a autonomia administrativa da instituição.

A assertiva constante da letra "b" está incorreta, pois cabe à Defensoria Pública, nos termos do artigo 4º, inciso III, da Lei Complementar Estadual nº 117/1994, elaborar suas folhas de pagamentos e expedir os competentes demonstrativos.

A assertiva constante da letra "c" está correta, nos termos do que dispõe o artigo 4º, inciso VII, da Lei Complementar Estadual nº 117/1994.

As assertivas constantes nas letras "d" e "e" estão incorretas pois, em homenagem ao princípio da legalidade, cabe privativamente à Defensoria Pública propor ao Poder Legislativo a criação e a extinção de seus cargos da carreira de Defensor Público do Estado e de seus servidores auxiliares, bem como a fixação e o reajuste dos vencimentos dos mesmos. Assim, se tais questões fossem fixadas por resolução, no âmbito da própria instituição, restaria ferido de morte o postulado da legalidade.

Gabarito: C

09. (Técnico de Contabilidade DPE-RO – 2015 – FGV). Em tema de regime jurídico das férias dos Defensores Públicos Estaduais de Rondônia, consoante estabelece a Lei Complementar Estadual nº 117/94:

a) os membros da Defensoria Pública terão direito a férias anuais de 60 (sessenta) dias, individuais ou coletivas, de acordo com a escala aprovada pelo Defensor Público-Geral;

b) os membros da Defensoria Pública terão direito a férias anuais de 30 (trinta) dias, que poderão ser gozadas de forma fracionada em 2 (dois) períodos de 15 (quinze) dias;

c) as férias não gozadas dos membros da Defensoria Pública, por conveniência do serviço, não poderão ser usufruídas cumulativamente nos meses seguintes, e deverão ser obrigatoriamente indenizadas em pecúnia;

d) as férias dos membros da Defensoria Pública somente poderão acumular-se por imperiosa necessidade de serviço e, no máximo, por até 6 (seis) períodos, devendo ser gozadas de forma integral na primeira oportunidade;

e) os membros da Defensoria Pública que forem condenados à sanção disciplinar de suspensão por mais de 30 (trinta) dias perderão o direito a férias anuais, que são de 30 (trinta) dias, do exercício seguinte.

► *Anotações/Comentários*

(a) Alternativa verdadeira. A assertiva está correta e de acordo com o artigo 53 da Lei Complementar Estadual nº 117/1994.

(b) Alternativa errada. De acordo com o artigo 53, § 2º, da Lei Complementar Estadual nº 117/1994, os membros da Defensoria Pública terão direito a férias anuais de 60 (sessenta) dias, individuais ou coletivas, de acordo com a escala aprovada pelo Defensor Público-Geral.

(c) Alternativa errada. De acordo com o artigo 53, § 2º, da Lei Complementar Estadual nº 117/1994, as férias não gozadas, por conveniências do serviço, poderão sê-lo, cumulativamente ou não nos meses seguintes.

(d) Alternativa errada. De acordo com o artigo 53, § 1º, da Lei Complementar Estadual nº 117/1994, as férias dos membros da Defensoria

Pública somente poderão acumular-se, por imperiosa necessidade de serviço, e, no máximo, por até 02 (dois) períodos.

(e) Alternativa falsa. Referida alternativa não encontra respaldo na Lei Complementar Estadual nº 117/1994.

Gabarito: A

Gabarito

01 – A	02 – B	03 – A
04 – A	05 – B	06 – A
07 – C	08 – C	09 – A

6

LEI DA DEFENSORIA PÚBLICA DA BAHIA

01. **(Defensor Público DPE-BA – 2016 – FCC).** A Lei Complementar nº 26/06 do Estado da Bahia, sobre a Lei Orgânica e o Estatuto da Defensoria Pública do Estado, dispõe que

a) o Conselho Superior somente poderá apresentar proposta de destituição do Defensor Púbico-Geral à Assembleia Legislativa do Estado, por deliberação da maioria absoluta de seus membros, em sessão presidida pelo Defensor Público mais antigo na carreira, entre os Conselheiros.

b) a Defensoria Pública será dirigida pelo Defensor Público-Geral, nomeado pelo Governador do Estado, dentre quaisquer integrantes do quadro de carreira maiores de 35 (trinta e cinco) anos, indicados em lista tríplice para mandato de 02 (dois) anos.

c) a eleição da lista tríplice far-se-á mediante voto unipessoal e plurinominal, obrigatório e secreto, dos Defensores Públicos em atividade, sendo vedados os votos postal e por procuração.

d) é obrigatória a desincompatibilização, mediante afastamento, de pelo menos 45 (quarenta e cinco) dias da data fixada para a eleição, para os que ocupam cargo na administração superior da Defensoria Pública.

e) o Conselho Superior baixará normas regulamentadoras do processo eleitoral, em até 06 (seis) meses antes do término do mandato do Defensor Púbico-Geral.

► ***Anotações/Comentários***

Assertiva falsa. Com efeito, dita o artigo 21, da Lei Complementar em análise, que o Conselho Superior somente poderá apresentar proposta de destituição à Assembleia Legislativa do Estado, por deliberação de, no mínimo, 2/3 (dois terços) dos seus membros, em sessão presidida pelo Defensor Público mais antigo na carreira, entre os Conselheiros.

Assertiva falsa. O artigo 14, da Lei Complementar em estudo, dita que Defensoria Pública será dirigida pelo Defensor Público-Geral, nomeado pelo Governador do Estado, dentre os integrantes do quadro de carreira da ativa, e das 02 (duas) últimas classes, maiores de 35 (trinta e cinco) anos, indicados em lista tríplice, elaborada na forma desta Lei, para mandato de 02 (dois) anos, permitida uma recondução, observado o mesmo procedimento.

Alternativa correta. Dita o artigo 14, parágrafo único, da Lei em análise, que a eleição da lista tríplice far-se-á mediante voto unipessoal e plurinominal, obrigatório e secreto, dos Defensores Públicos em atividade, sendo vedados os votos postal e por procuração.

Assertiva falsa. O artigo 16, § 1º, da Lei Complementar baiana prescreve que é obrigatória a desincompatibilização, mediante afastamento, de pelo menos 30 (trinta) dias da data fixada para a eleição.

Afirmativa falsa. O artigo 16, da Lei Complementar em apreço, diz que o Conselho Superior baixará normas regulamentadoras do processo eleitoral, até 03 (três) meses antes do término do mandato do Defensor Púbico-Geral.

Gabarito: C

02. (Defensor Público DPE-BA – 2016 – FCC). A Lei Complementar nº 26/06 do Estado da Bahia, que dispõe sobre a Lei Orgânica e o Estatuto da Defensoria Pública do Estado, afirma que a Ouvidoria da Defensoria Pública:

I. tem por finalidade receber, encaminhar e acompanhar as denúncias, reclamações e sugestões dos usuários, relacionados com os serviços prestados pelas Defensorias Públicas.

II. deve ser dirigida por um titular, não integrante do quadro de Defensor Público, para mandato de 02 (dois) anos, sendo vedada a recondução.

III. deve receber e julgar as reclamações e denúncias feitas por qualquer pessoa, inclusive pelos próprios membros e servidores da Defensoria Pública, de entidades ou órgãos públicos, relacionadas à qualidade dos serviços prestados pela Instituição.

IV. deve prestar esclarecimentos à população sobre os serviços e os deveres dos Defensores Públicos.

Está correto o que se afirma APENAS em

a) I e IV.

b) I e II.

c) II e III.

d) III e IV.

e) II e IV.

► ***Anotações/Comentários***

A assertiva constante do item I é verdadeira e está acordo com o artigo 73 da Lei Complementar em estudo.

A assertiva prescrita no item II é falsa, afinal, prescreve o artigo 77 da Lei Complementar baiana que a Ouvidoria da Defensoria Pública será dirigida por um titular, não integrante do quadro de Defensor Público, para mandato de 02 (dois) anos, permitida uma única recondução.

A afirmativa abarcada pelo item III é falsa. Compete à Ouvidoria, de acordo com o artigo 79, inciso I, da Lei Complementar em apreço, receber e encaminhar as reclamações e denúncias feitas por qualquer pessoa, inclusive pelos próprios membros e servidores da Defensoria Pública, de entidades ou órgãos públicos, relacionadas à qualidade dos serviços prestados pela Instituição. Não existe, assim, atribuição de julgamento das reclamações.

A assertiva trazida pelo item IV é correta e está em consonância com o artigo 79, inciso VI, da Lei Complementar nº 26/06 do Estado da Bahia.

Assim, a alternativa correta é aquela prevista na letra "a".

Gabarito: A

03. (Defensor Público DPE-BA – 2016 – FCC). Deve fazer parte do conselho deliberativo do Fundo de Assistência Judiciária da Defensoria Pública do Estado da Bahia:

a) o Corregedor Geral da Defensoria Pública; um Defensor Público escolhido pela categoria; um Defensor Público escolhido pelo Corregedor Geral da Defensoria Pública.

b) o Defensor Público-Geral; o Diretor da Escola Superior da Defensoria Pública; um Defensor Público escolhido pela categoria.

c) o Corregedor Geral da Defensoria Pública; o Diretor da Escola Superior da Defensoria Pública; um Defensor Público escolhido pelo Corregedor Geral da Defensoria Pública.

d) um Defensor Público escolhido pela categoria; um Defensor Público escolhido pelo Defensor Público-Geral; um servidor da Defensoria Pública.

e) um servidor da Defensoria Pública; o Diretor da Escola Superior da Defensoria Pública; um Defensor Público escolhido pelo Corregedor Geral da Defensoria Pública.

▶ *Anotações/Comentários*

O Fundo de Assistência[12] é composto de um Conselho Deliberativo que tem por finalidade administrá-lo, incluindo a aprovação do plano de aplicação

12. Fonte: http://defensoria.ba.def.br/portal/index.php?site=2&modulo=eva_conteudo&co_cod=12202. acesso em 30/05/2019.

dos recursos, bem como a apreciação e sugestão de alterações, tendo a seguinte composição: 1) defensor público geral, que o presidirá; 2) corregedor geral; 3) diretor da escolar superior; 4) 1(um) defensor público escolhido pela categoria (titular e suplente); 5) 1(um) servidor da instituição (titular e suplente).

Assim, a alternativa correta é aquela prevista na letra "b".

Gabarito: B

04. (Defensor Público DPE-BA – 2016 – FCC). A Lei Complementar nº 26/06 do Estado da Bahia, sobre a Lei Orgânica e o Estatuto da Defensoria Pública do Estado, dispõe que são Órgãos de Execução da Defensoria Pública do Estado da Bahia, EXCETO:

a) Defensorias Públicas Regionais.

b) Coordenadoria das Defensorias Públicas Especializadas.

c) Coordenadoria das Defensorias Públicas Regionais.

d) Defensorias Públicas Especializadas.

e) Conselho de Gestão das Defensorias Públicas.

► ***Anotações/Comentários***

De acordo com o artigo 12, da Lei Complementar baiana, são órgãos de Execução da Defensoria Pública: **I** - a Coordenadoria das Defensorias Públicas Especializadas; **II** - a Coordenadoria das Defensorias Públicas Regionais; **III** - as Defensorias Públicas Especializadas; **IV** - as Defensorias Públicas Regionais; **V** - os Defensores Públicos.

Assim, por exclusão, é o Conselho de Gestão das Defensorias Públicas que não constitui Órgãos de Execução da Defensoria Pública do Estado da Bahia

Portanto, a alternativa falsa é aquela prevista na letra "e".

Gabarito: E

05. (Defensor Público DPE-BA - 2014 - UNEB). Consoante a Lei Complementar Estadual n° 26/2006, que dispõe sobre a Lei Orgânica e o Estatuto da Defensoria Pública do Estado da Bahia, marque com V as afirmativas verdadeiras e com F, as falsas.

( ) A Defensoria Pública manterá quadro de estagiários, designados por ato do Defensor Público-Geral e coordenados pelos respectivos Coordenadores Executivos de Defensoria das Coordenadorias das Defensorias Públicas Especializadas e Regionais, para exercício de suas funções, pelo prazo de 01 (um) ano, renovável por igual período.

( ) O estágio não confere vínculo empregatício, sendo conferido ao estagiário direitos ou vantagens assegurados aos servidores públicos em geral.

( ) É permitido ao estagiário afastar-se de suas atividades nos dias de seus exames, mediante prévia comunicação ao membro da Defensoria Pública junto ao qual servir, ficando, todavia, obrigado a comprovar a prestação dos respectivos exames.

( ) Preenchidas todas as vagas remuneradas do estágio, através do processo de seleção, é permitido estágio voluntário, sem as garantias dos demais estagiários, para atender à necessidade do Defensor Público, com a concordância do candidato.

A alternativa que indica a sequência correta, de cima para baixo, é a

a) V V F F

b) V F F V

c) V F V F

d) F F V V

e) V V V V

► ***Anotações/Comentários***

(V) Art. 81 da LC 26/2006: "A Defensoria Pública manterá quadro de estagiários, designados por ato do Defensor Público-Geral e coordenados pelos respectivos Coordenadores Executivos de Defensoria das Coordenadorias das Defensorias Públicas Especializadas e Regionais, para exercício de suas funções, pelo prazo de 01 (um) ano, renovável por igual período."

(F) Art. 81 da LC 26/2006, parágrafo único: "O estágio não confere vínculo empregatício, sendo vedado estender ao estagiário direitos ou vantagens assegurados aos servidores públicos".

(V) Art. 82, § 6º, da LC 26/2006: "É permitido ao estagiário afastar-se de suas atividades nos dias de seus exames, mediante prévia comunicação ao membro da Defensoria Pública junto ao qual servir, ficando, todavia, obrigado a comprovar a prestação dos respectivos exames."

(F) Art. 83 da LC 26/2006: "Preenchidas todas as vagas remuneradas do estágio, através do processo de seleção, é permitido estágio voluntário, para atender a necessidade do serviço, com a concordância do candidato. Parágrafo único – O estagiário voluntário estará submetido a todas as previsões legais cometidas aos estagiários remunerados, salvo a remuneração".

Gabarito: C.

06. (Defensor Público DPE-BA - 2010 - CESPE). São órgãos de execução da Defensoria Pública do Estado da Bahia a Coordenadoria das Defensorias Públicas Especializadas, a Coordenadoria das Defensorias Públicas Regionais, as DPs especializadas e as DPs regionais.

☐ Certo

☐ Errado

► ***Anotações/Comentários***

De acordo com o art. 12 da LC do Estado da Bahia 26/2006, "São Órgãos de Execução da Defensoria Pública: I - a Coordenadoria das Defensorias Públicas Especializadas; II - a Coordenadoria das Defensorias Públicas Regionais; III - as Defensorias Públicas Especializadas; IV - as Defensorias Públicas Regionais; V - os Defensores Públicos".

Portanto, a afirmação está certa.

Gabarito: Certo.

07. (Defensor Público DPE-BA – 2010 – CESPE). É atribuição da Defensoria Pública do Estado da Bahia, e não, da Procuradoria Geral do Estado, a execução de verbas de sucumbência das causas em que atuarem os seus membros.

☐ Certo

☐ Errado

► ***Anotações/Comentários***

Diz o art. 4º, inciso XXI, que constitui função institucional da Defensoria Pública "executar e receber as verbas sucumbenciais decorrentes de sua atuação, inclusive quando devidas por quaisquer entes públicos, destinando-as a fundos geridos pela Defensoria Pública e destinados, exclusivamente, ao aparelhamento da Defensoria Pública e à capacitação profissional de seus membros e servidores".

Portanto, a afirmação está certa.

Gabarito: Certo.

08. (Defensor Público DPE-BA – 2010 – CESPE). O estágio probatório dos membros da Defensoria Pública do Estado da Bahia compreende o período de dois anos, a contar da data da posse, durante o qual o defensor público será avaliado por meio de relatórios individualizados, elaborados pela Corregedoria Geral, e enviados, semestralmente, para a apuração do atendimento, ou não, dos requisitos necessários à confirmação de sua vitaliciedade no cargo.

☐ Certo

☐ Errado

► ***Anotações/Comentários***

De acordo com o art. 100 da LC estadual 26/2006, "A contar da data da posse, durante o período de 03 (três) anos, o Defensor Público será avaliado por meio de relatórios individualizados, elaborados pela Corregedoria Geral e enviados semestralmente, para a apuração do atendimento ou não dos requisitos necessários à confirmação de sua estabilidade no cargo".

Portanto, a afirmação está errada.

Gabarito: Errado.

Gabarito

01 – C	**02** – A	**03** – B	**04** – E
05 – C	**06** – CERTO	**07** – CERTO	**08** – ERRADO.

7

LEI DA DEFENSORIA PÚBLICA DE MATO GROSSO

01. (Defensor Público DPE-MT – 2016 – UFMT). Sobre a Lei Complementar Estadual nº 146/2003, assinale a afirmativa correta.

a) A substituição do Defensor Público-Geral, nas suas faltas, impedimentos, licenças e férias, será feita, sucessivamente, pelo 1º Subdefensor-Geral e pelo Corregedor-Geral.

b) O Conselho Superior da Defensoria Pública tem por atribuição, dentre outras, opinar sobre as representações oferecidas pelo Defensor Público-Geral e pelo Corregedor-Geral, quando solicitado seu pronunciamento pelo Defensor Público-Geral.

c) A Corregedoria-Geral da Defensoria Pública é exercida pelo Corregedor-Geral, indicado pelo Defensor-Geral, dentre os Defensores Públicos estáveis de uma lista tríplice formada pelo Conselho Superior.

d) A Ouvidoria-Geral é órgão superior da Defensoria Pública do Estado, de promoção da qualidade dos serviços prestados pela instituição, cuja estrutura será definida pelo Conselho Superior após proposta do Ouvidor-Geral.

e) Aos Defensores Públicos de Segunda Instância compete realizar sustentação oral ou apresentar memorial, se necessário ao Tribunal de Justiça e Tribunais Superiores, nos recursos interpostos pelos Defensores Públicos, não alcançando a atuação perante Turmas recursais dos Juizados Especiais.

► ***Anotações/Comentários***

(a) Alternativa incorreta. O Defensor Público-Geral é substituído em suas faltas, impedimentos, licenças e férias pelo Subdefensor Público-Geral do Estado e, **na falta deste**, pelo Corregedor-Geral. Assim, o Subdefensor Público-Geral do estado e o Corregedor-Geral não se alternam, de forma sucessiva, na substituição do Defensor Público-Geral.

(b) A assertiva abarcada pela letra “b” está correta e em consonância com artigo 21, inciso IV, da Lei Complementar mato-grossense.

(c) A assertiva está incorreta. Dita o artigo 25 da Lei Complementar em análise que a Corregedoria-Geral da Defensoria Pública é exercida pelo Corregedor-Geral indicado dentre os Procuradores da Defensoria Pública, em lista sêxtupla formada pelo Conselho Superior e nomeado pelo Governador do Estado, para mandato de 02 (dois) anos, permitida uma recondução.

(d) A assertiva é falsa. Prescreve o artigo 6º da Lei Complementar em estudo que a Defensoria Pública é composta pelos seguintes órgãos: I – Órgãos de Administração Superior: a) Defensoria Pública-Geral do Estado; b) Subdefensoria Pública-Geral do Estado; c) Conselho Superior da Defensoria Pública do Estado; d) Corregedoria-Geral da Defensoria Pública do Estado. Assim, a Ouvidoria-Geral não integra a administração superior.

(e) Alternativa errada. Desfia o artigo, inciso I, da Lei Complementar em análise que é aos Procuradores da Defensoria Pública que compete arrazoar, quando necessário, recursos interpostos por membros da Defensoria Pública, contra-arrazoar recursos das partes adversas, se necessário, e realizar sustentação oral ou apresentar memorial nos recursos interpostos pelos Defensores Públicos.

Gabarito: B

02. (Defensor Público DPE-MT – 2016 – UFMT). Sobre as prerrogativas do Defensor Público, assinale a afirmativa correta.

a) É do lançamento da ciência pessoal do Defensor, com vista pessoal dos autos, que se inicia a contagem de prazo a partir do dia útil seguinte.

b) É necessário o pedido de intimação pessoal e prazo em dobro que, deferidos, serão observados no rito processual.

c) A contagem em dobro dos prazos processuais, omissa na Lei Complementar Federal nº 80/1994, tem por base a Lei nº 1.060/1950.

d) É obrigatória intimação pessoal para o Defensor Público para todos os atos do processo, em qualquer grau de jurisdição ou instância administrativa.

e) É vedada a prisão do Defensor Público, senão por ordem judicial escrita, salvo em flagrante de crime inafiançável, caso em que a autoridade fará imediata comunicação para a Corregedoria-Geral da Defensoria Pública.

► *Anotações/Comentários*

(a) Alternativa incorreta. É da entrega dos autos com vista que se inicia, a partir do primeiro dia útil seguinte, a contagem do prazo para os membros da Defensoria Pública.

(b) Alternativa incorreta. Constitui prerrogativa dos membros da Defensoria Pública, nos termos da LC nº 80/1994, receber, inclusive quando necessário, mediante entrega dos autos com vista, intimação pessoal em qualquer processo e grau de jurisdição ou instância administrativa, contando-se-lhes em dobro todos os prazos. Assim, não há necessidade de se fazer requerimento neste sentido.

(c) A assertiva está incorreta. A contagem em dobro dos prazos para os membros das Defensorias Públicas dos Estados tem por base o artigo 128, inciso I, da LC nº 80/1994.

(d) A assertiva é correta. Prescreve o artigo 128, inciso I, da LC nº 80/1994 que constitui prerrogativa dos membros da Defensoria Pública nos termos da LC nº 80/1994 receber, inclusive quando necessário, mediante entrega dos autos com vista, intimação pessoal em qualquer processo e grau de jurisdição ou instância administrativa, contando-se-lhes em dobro todos os prazos. Assim, não há necessidade de se fazer requerimento neste sentido.

(e) Alternativa errada. Dita o artigo 128, inciso II, da LC nº 801994 que constitui prerrogativa dos membros das Defensorias Públicas dos Estados não ser presos, senão por ordem judicial escrita, salvo em flagrante, caso em que a autoridade fará imediata comunicação ao Defensor Público-Geral.

Gabarito: D

03. (Defensor Público DPE-MT - 2016 - UFMT). De acordo com a Constituição Estadual de Mato Grosso, em relação à Defensoria Pública estadual, analise as afirmativas.

I – Tem assento nos órgãos colegiados estaduais cujas atividades guardem relação direta com os direitos individuais e sociais.

II – Não cabe em hipótese alguma ao Defensor Público a recusa à propositura de ações judiciais que estejam na esfera de sua competência.

III – Está em suas competências assistir, judiciariamente, os menores em situação irregular ou de risco, sem prejuízo das atribuições próprias do Ministério Público.

IV – É de sua competência assistir, judiciariamente, os sindicatos profissionais sem recursos suficientes para a defesa de seus interesses.

Estão corretas as afirmativas

a) I, II, III e IV.

b) I, III e IV, apenas.

c) III e IV, apenas.

d) I, II e IV, apenas.

e) II e III, apenas.

► ***Anotações/Comentários***

A assertiva constante do item I é verdadeira e está acordo com o artigo 118, inciso V, da Constituição mato-grossense.

A assertiva prescrita no item II é falsa, afinal, tal disposição não consta da Constituição Estadual.

A afirmativa abarcada pelo item III é verdadeira e está acordo com o artigo 118, inciso IV, da Constituição mato-grossense.

A assertiva trazida pelo item IV é correta e está em consonância com o artigo 118, inciso VI, da Constituição mato-grossense.

Assim, a alternativa correta é aquela prevista na letra "b".

Gabarito: B

04. (Analista – Contabilidade DPE-MT – 2015 – FGV). O Ouvidor Geral da Defensoria Pública do Estado de Mato Grosso recebeu representação contra membro da Defensoria Pública do seu Estado.

Assinale a opção que indica o procedimento a ser adotado pelo Ouvidor Geral.

a) Receber e processar a representação, encaminhando-a, com parecer, ao Conselho Superior, assegurada a defesa preliminar.

b) Receber e processar a representação e propor a instauração de processo disciplinar ao Defensor Público Geral.

c) Receber e encaminhar a representação ao Corregedor Geral, assegurada a defesa preliminar.

d) Receber e processar a representação, sugerindo ao Defensor Público Geral o afastamento do membro da Defensoria Pública, quando cabível.

e) Receber e encaminhar a representação ao Conselho Superior, propondo fundamentadamente a suspensão do estágio probatório, caso se trate de Defensor Público Substituto

► ***Anotações/Comentários***

Dita o artigo 105-C, da LC nº 80/1994: 'À Ouvidoria-Geral compete: I – receber e encaminhar ao Corregedor-Geral representação contra membros e servidores da Defensoria Pública do Estado, assegurada a defesa preliminar". De se frisar, assim, que a Ouvidoria-Geral não detém atribuição e competência correcional.

Gabarito: C

05. (Analista – Contabilidade DPE-MT – 2015 – FGV). Em recente decisão do Supremo Tribunal Federal, foi reafirmada a autonomia das Defensorias Públicas Estaduais.

I. Cabe à Defensoria Pública do estado de Mato Grosso abrir concurso público e prover os cargos de suas carreiras e dos serviços auxiliares.

II. Cabe à Defensoria Pública do estado de Mato Grosso compor seus órgãos de Administração Superior e de atuação.

III. Cabe à Defensoria Pública do estado de Mato Grosso elaborar suas folhas de pagamento e expedir os competentes demonstrativos.

Assinale:

a) se somente a afirmativa I estiver correta.

b) se somente a afirmativa II estiver correta

c) se somente a afirmativa III estiver correta.

d) se somente as afirmativas I e II estiverem corretas.

e) se todas as afirmativas estiverem corretas.

► ***Anotações/Comentários***

Todas as alternativas estão corretas. Com efeito, abrir concursos públicos para provimento de cargo na carreira de Defensor Público, de servidores e de estagiários da instituição, compor órgãos da Administração Superior e de atuação, elaborar suas folhas de pagamento e expedir os competentes demonstrativos, são, de fato, atividades de gestão decorrentes da autonomia funcional e administrativa da Defensoria Pública, como bem prevê o artigo 97-A, e seus incisos, da LC nº 80/1994.

Gabarito: E

06. (Analista – Contabilidade DPE-MT – 2015 – FGV). O Código de Ética dos membros da Defensoria Pública do Estado de Mato Grosso, instituído pela Resolução nº 63/2014 do Conselho Superior da Defensoria Pública do Estado, é aplicável exclusivamente

a) aos membros da Defensoria Pública.

b) aos servidores, Ouvidores Gerais e demais órgãos auxiliares da Defensoria Pública.

c) aos membros dos órgãos de Administração Superior da Defensoria Pública e, extensivamente, aos Defensores Públicos de Entrância Especial.

d) aos membros da Defensoria Pública e, extensivamente, aos seus servidores, Ouvidores Gerais e demais órgãos auxiliares.

e) aos membros do Conselho Superior da Defensoria Pública.

▶ ***Anotações/Comentários***

Dita seu artigo 1º que o Código de Ética dos membros das Defensorias Públicas dos Estados, do Distrito Federal e da União é instrumento de realização dos princípios e normas de conduta da Defensoria Pública e será aplicado extensivamente aos seus servidores, Ouvidores-Gerais das Defensorias Públicas e demais órgãos auxiliares, assim, a alternativa correta é aquela constante da letra “d”.

Gabarito: D

07. (Analista - Contabilidade DPE-MT - 2015 - FGV). O Código de Ética dos Membros da Defensoria Pública do Estado de Mato Grosso estabelece que um dos deveres fundamentais do membro da Defensoria Pública é "*promover o acesso dos hipossuficientes e dos vulneráveis à Justiça*".

Assinale a opção que identifica o princípio assegurado ao cidadão pelo cumprimento desse dever

a) Imputabilidade.

b) Tolerância

c) Equidade.

d) Autoridade.

e) Privacidade.

▶ ***Anotações/Comentários***

Um dos deveres fundamentais dos membros da Defensoria Pública, de acordo com seu Código de Ética, é promover o acesso dos hipossuficientes e dos vulneráveis à Justiça, com o que se pretende conferir aplicabilidade ao princípio da igualdade e ao postulado da equidade, conferindo a todos os cidadãos, independentemente de sua condição financeira, o direito a ter e fazer valer seus direitos.

Gabarito: C

08. (Analista - Contabilidade DPE-MT - 2015 - FGV). De acordo com a Lei Complementar nº 146/2003, a nomeação para a classe inicial da carreira de Defensor Público no Estado de Mato Grosso será feita

a) pelo Governador do Estado de Mato Grosso.

b) pelo Defensor Público Geral do Estado de Mato Grosso.

c) pelo Conselho Superior da Defensoria Pública do Estado de Mato Grosso.

d) pelo Corregedor da Defensoria Pública do Estado de Mato Grosso.

e) pela Assembleia Legislativa do Estado de Mato Grosso.

► ***Anotações/Comentários***

(a) Errada. Conforme preceitua o art. 41 da LC estadual 146/2003, com a nova redação dada pela LC 398/2010, "A nomeação para a classe inicial da carreira de Defensor Público será feita pelo Defensor Público-Geral, observada a ordem de classificação no concurso".

(b) Afirmação correta. Art. 41 da LC estadual 146/2003.

(c) Errada. Art. 41 da LC estadual 146/2003. A nomeação não é de competência do Conselho Superior da Defensoria Pública do Estado de Mato Grosso.

(d) Errada. Art. 41 da LC estadual 146/2003. A nomeação não é de competência do Corregedor da Defensoria Pública do Estado de Mato Grosso.

(e) Errada. Art. 41 da LC estadual 146/2003. A nomeação não é de competência da Assembleia Legislativa do Estado de Mato Grosso.

Gabarito: B.

09. (Analista - Contabilidade DPE-MT - 2015 - FGV). Pedro e Cristina são casados e possuem dois filhos menores, Tadeu e Joaquim. O casal procurou a Defensoria Pública do Estado de Mato Grosso do Sul para ingressar com ação para obtenção de medicamentos para Joaquim, em face do Estado, que se recusa a fornecê-los. Ambos trabalham com carteira assinada, auferindo mensalmente, cada um, o valor líquido de dois salários mínimos.

Com base na Resolução nº 46/2011 do Conselho Superior da Defensoria Pública e na Lei Complementar nº 146/2003, assinale a afirmativa correta.

a) Pedro e Cristina terão que requerer a assistência jurídica gratuita ao Defensor Público Geral do Estado, tendo em vista que a renda familiar mensal ultrapassa a quantia de três salários mínimos.

b) Pedro e Cristina serão considerados presumidamente hipossuficientes de recursos para fins de assistência jurídica pela Defensoria Pública, tendo em vista que a renda familiar é de até cinco salários mínimos.

c) Nesse caso, não serão consideradas as necessidades econômicas dos beneficiários, por se tratar de exercício de curadoria especial.

d) Pedro e Cristina serão considerados presumidamente hipossuficientes de recursos para fins de assistência jurídica pela Defensoria Pública eis que somente serão levados em consideração os rendimentos de Pedro, sendo estes inferiores a três salários mínimos.

e) Pedro e Cristina seriam considerados presumidamente hipossuficientes de recursos para fins de assistência jurídica pela Defensoria Pública, ainda que possuíssem patrimônio vultoso.

► ***Anotações/Comentários***

(a) Errada, pois, segundo o art. 1º da Resolução CSDP 46/2011, em regra, será presumido hipossuficiente de recursos aquele que comprovar renda mensal familiar líquida de até três salários mínimos. No entanto, havendo mais de uma pessoa que contribua para a renda familiar, o parâmetro será de cinco salários mínimos (§ 2º). Logo, a família se enquadra nos parâmetros de atuação da DP, não necessitando de apresentar recurso ao Defensor Público-Geral do Estado, como permite o art. 3º da Resolução 46/2011.

(b) Alternativa correta, porque, na hipótese, existe mais de uma pessoa que contribui com a renda mensal familiar, de maneira que o limite para atendimento da Defensoria Pública é de cinco salários mínimos.

(c) Errada. No caso, não se trata de hipótese de curadoria, pois Pedro e Cristina efetivamente demandaram os serviços da Defensoria Pública. Assim, devem se submeter aos critérios estabelecidos para atuação da Instituição. Apenas a título de lembrança, ressalte-se que, pelo art. 5º da Resolução, o exercício da curadoria especial e da defesa dativa criminal não depende de considerações sobre a necessidade econômica do seu beneficiário.

(d) Errada. A assistência jurídica prestada pela Defensoria Pública depende da análise da renda mensal familiar, de modo que deve ser considerada também a renda de Cristina.

(e) Errada. Consoante o art. 4º da Resolução 46/2011, "Independente da renda mensal, não se presume necessitado aquele que tem patrimônio vultoso, ficando a análise do caso a ser realizada nos termos do artigo anterior".

Gabarito: B.

10. (Analista - Contabilidade DPE-MT - 2015 - FGV). Procópio, Defensor Público Geral do estado de Mato Grosso, foi destituído de seu cargo por conduta incompatível e grave omissão aos deveres do cargo.

Nesse caso, a chefia da Defensoria Pública do estado de Mato Grosso deve ser assumida pelo

a) Governador do Estado, que nomeará o segundo colocado da lista tríplice para o cargo de Defensor Público Geral.

b) Corregedor da Defensoria Pública, que exercerá o restante do mandato de dois anos.

c) primeiro Subdefensor Público Geral, que, na qualidade de Presidente do Conselho Superior, convocará novas eleições.

d) segundo Subdefensor Público Geral, que exercerá o restante do mandato de dois anos.

e) segundo colocado na lista tríplice, que exercerá mandato de dois anos da data em que assumir o cargo.

► ***Anotações/Comentários***

(a) Errada. Art. 8º, parágrafo único, da LC estadual 146/2003: "Na hipótese de vacância do cargo do Defensor Público-Geral, assumirá a Chefia da Defensoria Pública o Primeiro Subdefensor Público-Geral que, na qualidade de Presidente do Conselho Superior, no prazo de 10 (dez) dias, convocará novas eleições que deverão se realizar dentro de 30 (trinta) dias da publicação do edital"

(b) Errada. As atribuições do Corregedor estão enumeradas no art. 26 da LC estadual 146/2003, dentre as quais não se inclui o exercício da chefia da Instituição, em caso de destituição do DPG.

(c) Alternativa correta. Art. 8º, parágrafo único, da LC estadual 146/2003.

(d) Errada. Art. 8º, parágrafo único, da LC estadual 146/2003. As atribuições do Segundo Subdefensor Público-Geral estão elencadas no art. 14 da LC estadual 146/2003.

(e) Errada. Art. 8º, parágrafo único, da LC estadual 146/2003.

Gabarito: C.

11. (Analista – Contabilidade DPE-MT – 2015 – FGV). Quanto à organização da Defensoria Pública do Estado do Mato Grosso, assinale a afirmativa correta.

a) O Colégio de Defensores Públicos de 2ª Instância é órgão de atuação.

b) A Corregedoria Geral da Defensoria Pública do Estado é órgão de execução.

c) O Defensor Público de Entrância Especial é órgão de Administração Superior.

d) A Subcorregedoria Geral é órgão auxiliar.

e) Os Núcleos da Defensoria Pública do Estado são órgãos de atuação.

► ***Anotações/Comentários***

(a) Errada. Segundo a LC estadual 146/2003, são órgãos de atuação as Defensorias Públicas do Estado e os Núcleos da Defensoria Pública do Estado (art. 6º). Ressalte-se que, pela redação original do art. 6º, o Colégio de Defensores Públicos de 2° Instância era órgão da Administração Superior, mas tal dispositivo foi revogado pela LC estadual 608/2018.

(b) Errada. Pela LC estadual 146/2003, a Corregedoria-Geral da Defensoria Pública do Estado é órgão da Administração Superior (art. 6º).

(c) Errada. O Defensor Público de Entrância Especial é órgão de execução (art. 6º da LC estadual 146/2003). Ressalte-se que a LC estadual 398/2010 deu nova redação ao dispositivo, atribuindo nova designação ao cargo, que passou a ser "Defensores Públicos de Classe Especial".

(d) Errada. Pela nova redação do art. 6º da LC 398/2010, as "Subcorregedorias-Gerais da Defensoria Pública do Estado" são órgãos da Administração Superior".

(e) Alternativa correta. Art. 6º, II, b, da LC estadual 146/2003.

Gabarito: E.

Gabarito

01 – B	02 – D	03 – B	04 – C
05 – E	06 – D	07 – C	08 – B
09 – B	10 – C	11 – E	

8

LEI DA DEFENSORIA PÚBLICA DE RORAIMA

01. (Administrador DPE-RR – 2015 – FCC). Considere:

I. O mais antigo na carreira.

II. O mais antigo na categoria.

III. O mais idoso.

IV. A melhor classificação no concurso.

V. O maior tempo de serviço público.

Nos termos do Regimento Interno da Defensoria Pública do Estado de Roraima, caso haja empate na promoção por merecimento, dentro de cada categoria, os critérios de desempate devem ser examinados na seguinte ordem:

a) I, II, III, IV e V.

b) II, I, IV, V e III.

c) V, I, II, IV e III.

d) III, I, II, IV e V.

e) IV, V, III, II e I.

► ***Anotações/Comentários***

A alternativa correta é a letra "b", pois é a que melhor se compatibiliza com o artigo 90 da Lei Complementar Estadual 164/2010, que assim desfia: A remoção a pedido far-se-á mediante requerimento ao Defensor Público-Geral, nos quinze dias seguintes à publicação, no Diário Oficial do Estado, do aviso de existência de vaga. Parágrafo único: Findo o prazo fixado neste artigo e, havendo mais de um candidato em igualdade de condição para a remoção, serão observados os seguintes critérios de desempate: I – o mais antigo na categoria; II – o mais antigo na carreira; III – o maior tempo de serviço público; IV – a melhor classificação no concurso; e V – o mais idoso.

Gabarito: B

Gabarito

01 – B

9

LEI DA DEFENSORIA PÚBLICA DE SÃO PAULO

01. (Oficial de Defensoria Pública DPE-SP - 2015 - FCC). As atribuições básicas da classe de Oficial de Defensoria Pública do Estado de São Paulo, prevista no Anexo I da Lei Complementar Estadual n° 1.050/2008, consistem em *desempenhar atividades de apoio administrativo e técnico nas diversas áreas da Defensoria Pública do Estado*. O detalhamento de tais atribuições cabe

a) à Ouvidoria-Geral da Defensoria Pública do Estado.

b) ao Conselho Superior da Defensoria Pública do Estado.

c) ao Governador do Estado.

d) à Corregedoria-Geral da Defensoria Pública do Estado.

e) à Primeira Subdefensoria Pública-Geral.

► ***Anotações/Comentários***

De acordo com o artigo 2° da Lei Complementar 1.050/2008, as atribuições básicas das classes previstas no artigo 1° da lei (Oficial de Defensoria Pública do Estado de São Paulo) são as fixadas nos Anexos I e II da própria lei, cabendo seu detalhamento ao Conselho Superior da Defensoria Pública do Estado.

Tal atribuição, a toda evidência, não poderia ficar a cargo da Ouvidoria-Geral, da Corregedoria-Geral ou da Primeira Subdefensoria Pública-Geral, cujas atribuições se encontram respectivamente nos artigos 42, 34 e 21, todos da Lei Complementar 988/2006.

Do mesmo modo, referida atribuição, acaso dependesse do Governador do Estado, acabaria por ferir de morte a independência e autonomia da instituição.

Gabarito: B

02. (Oficial de Defensoria Pública DPE-SP - 2015 - FCC). Atenção: A questão deve ser respondida com base na Lei Complementar Estadual n°988/2006.

Considere as seguintes atribuições:

I. Atuar nos estabelecimentos policiais, penais e de internação, inclusive de adolescentes, visando a assegurar à pessoa, sob quaisquer circunstâncias, o exercício dos direitos e garantias individuais.

II. Atuar como Curador Especial nos casos previstos em lei.

III. Integrar conselhos federais, estaduais e municipais cujas finalidades lhe sejam afetas, nos termos da lei.

IV. Promover a tutela do meio ambiente, no âmbito de suas finalidades institucionais.

São atribuições institucionais da Defensoria Pública do Estado de São Paulo o que consta em

a) I, II, III e IV.

b) II e IV, apenas.

c) I e II, apenas.

d) III, apenas.

e) IV, apenas.

► ***Anotações/Comentários***

Todas as assertivas são verdadeiras e se encontram previstas no artigo 5º, incisos VII, VIII, XI e VI, "e", todos da Lei Complementar Estadual 988/2006.

Gabarito: A

03. (Oficial de Defensoria Pública DPE-SP – 2015 – FCC). Atenção: A questão deve ser respondida com base na Lei Complementar Estadual n°988/2006.

Considere a seguinte situação hipotética: Fúlvio foi nomeado Defensor Público-Geral do Estado de São Paulo pelo Governador do Estado, que procedeu à nomeação dentro dos quinze dias posteriores ao recebimento da lista tríplice. Nos termos da Lei Complementar Estadual n° 988/2006, a posse no cargo de Defensor Público-Geral do Estado de São Paulo e o respectivo exercício ocorrerão no seguinte prazo, contado de sua nomeação:

a) 20 (vinte) dias.

b) 10 (dez) dias.

c) 15 (quinze) dias.

d) 5 (cinco) dias.

e) 30 (trinta) dias.

► ***Anotações/Comentários***

Dispõe o artigo 18, da Lei Complementar 988/2006, que a posse no cargo de Defensor Público-Geral do Estado e o respectivo exercício ocorrerão no prazo de 5 (cinco) dias contados de sua nomeação ou do exaurimento do prazo previsto no artigo 16, § 2º, da Lei Complementar, devendo o Defensor Público-Geral do Estado, na ocasião, fazer declaração pública de seus bens, a ser renovada quando do término do mandato, assim, a alternativa correta é a constante da letra "d".

Gabarito: D

04. (Oficial de Defensoria Pública DPE-SP – 2015 – FCC). Atenção: A questão deve ser respondida com base na Lei Complementar Estadual nº 988/2006.

No que concerne ao Conselho Superior da Defensoria Pública do Estado, é correto afirmar:

a) Nas sessões de julgamento de processo administrativo disciplinar, será franqueada a palavra apenas ao Defensor Público interessado e a seu advogado legalmente constituído.

b) As deliberações do Conselho Superior serão tomadas por maioria de votos, presente a maioria simples de seus membros

c) O Conselho Superior reunir-se-á ordinariamente uma vez por semana, em dia previamente estabelecido, e, extraordinariamente, quando convocado pelo seu Presidente ou por proposta de ao menos 6 (seis) de seus membros.

d) As decisões do Conselho Superior serão sempre motivadas e publicadas por extrato, inclusive nas hipóteses legais de sigilo.

e) Nas sessões públicas, será franqueada a palavra apenas ao membro ou servidor da Defensoria Pública, nos termos do regimento interno do Conselho Superior.

► ***Anotações/Comentários***

(a) A alternativa está correta e de acordo com a Lei Complementar 988/2006. Confira-se, a propósito, o que desfia o artigo 28, § 5º: Nas sessões de julgamento de processo administrativo disciplinar, será franqueada a palavra apenas ao Defensor Público interessado e a seu advogado legalmente constituído. Assim, referida alternativa é a certa.

(b) A alternativa está equivocada e em descompasso com o disposto na Lei Complementar 988/2006. O artigo 29, § 1º, dispõe que as deliberações do

Conselho Superior serão tomadas por maioria simples (mais da metade dos presentes) de votos, presente a maioria absoluta de seus membros (maioria absoluta pode ser definida como o número inteiro superior à metade dos membros, consoante lista constante do artigo 26 da Lei Complementar Estadual). Assim, as Deliberações do Conselho Superior serão tomadas desde que presente maioria absoluta dos membros, e não a maioria simples, como constou da resposta.

(c) Alternativa errada. O artigo 29 da Lei Complementar Estadual dispõe que o Conselho Superior reunir-se-á ordinariamente uma vez por semana, em dia previamente estabelecido, e, extraordinariamente, quando convocado pelo seu Presidente ou por proposta de ao menos 5 (cinco) de seus membros, e não 6 (seis) de seus membros, como constou da alternativa.

(d) Alternativa errada. As decisões do Conselho Superior serão sempre motivadas e publicadas por extrato, salvo nas hipóteses legais de sigilo como pontua o artigo 29, § 2º, da Lei Complementar Estadual.

(e) Alternativa errada. Nas sessões públicas será franqueada a palavra a qualquer pessoa ou membro ou servidor da Defensoria Pública, nos termos do regimento interno do Conselho Superior. Cuida-se do "momento aberto", em que qualquer pessoa pode se dirigir ao Conselho Superior e seus membros e que, de fato, é um diferencial da carreira paulista em termos de abertura e democratização do espaço aos cidadãos e aos destinatários de seus serviços.

Gabarito: A

05. (Agente de Defensoria – Assistente Social DPE-SP – 2015 – FCC). Os Centros de Atendimento Multidisciplinar – CAM, conforme previsão pela Lei Complementar Estadual nº 988 de 2006, destinam-se a garantir um atendimento integral aos cidadãos que procuram a Defensoria Pública. São majoritariamente compostos por profissionais de Psicologia e Serviço Social, que fornecem assessoria aos Defensores, auxiliando na realização de conciliações, elaborando laudos e encaminhando casos à rede de serviços públicos, entre outras atividades. Considerando o Artigo 31, inciso III, da Lei complementar nº 988, de 09 de janeiro de 2006 e a Deliberação CSDP nº 187, de 12 de agosto de 2010, é princípio que informa os serviços dos Centros de Atendimento Multidisciplinar:

a) substitutividade da rede de serviços das políticas públicas.

b) obrigatoriedade da submissão do usuário ao atendimento multidisciplinar como condição à assistência jurídica.

c) presteza no atendimento das solicitações.

d) adoção da perspectiva sistêmica, transdisciplinar e transformadora da sociedade.

e) fundamentação do trabalho no respeito e na promoção humana.

► ***Anotações/Comentários***

(a) A alternativa está incorreta. De acordo com os princípios que informam os serviços dos Centros de Atendimento Multidisciplinar está a não substitutividade da rede de serviços das políticas públicas (artigo 1º, III, da Deliberação CSDP nº 187, de 12 de agosto de 2010).

(b) A alternativa está incorreta. De acordo com os princípios que informam os serviços dos Centros de Atendimento Multidisciplinar está a não obrigatoriedade da submissão do usuário ao atendimento multidisciplinar como condição à assistência jurídica (artigo 1º, XII, da Deliberação CSDP nº 187, de 12 de agosto de 2010).

(c) Alternativa correta. De acordo com os princípios que informam os serviços dos Centros de Atendimento Multidisciplinar está a presteza no atendimento das solicitações (artigo 1º, XV, da Deliberação CSDP nº 187, de 12 de agosto de 2010).

(d) A alternativa está incorreta. De acordo com os princípios que informam os serviços dos Centros de Atendimento Multidisciplinar está a adoção da perspectiva preventiva, socioeducativa e emancipatória da cidadania (artigo 1º, XVI, da Deliberação CSDP nº 187, de 12 de agosto de 2010).

(e) Alternativa errada e incompleta. De acordo com os princípios que informam os serviços dos Centros de Atendimento Multidisciplinar está a fundamentação do trabalho no respeito e na promoção da liberdade, da dignidade, da igualdade e da integridade do ser humano (artigo 1º, VII, da Deliberação CSDP nº 187, de 12 de agosto de 2010).

Gabarito: C

06. (Agente de Defensoria – Assistente Social DPE-SP – 2015 – FCC). Compete aos Centros de Atendimento Multidisciplinar – CAM assessorar os Defensores Públicos nas áreas relacionadas às suas atribuições. Os Centros de Atendimento Multidisciplinar serão coordenados por

a) Defensores Públicos designados pelo Defensor Público-Geral do Estado.

b) Agentes da Defensoria designados pelo Defensor Público-Geral do Estado.

c) profissionais do Serviço Social ou da Psicologia, designados pelo Conselho Superior da Defensoria Pública do Estado.

d) Defensores Públicos integrantes dos Núcleos Especializados designados pelo Defensor Público-Geral do Estado.

e) Agentes da Defensoria designados pela Coordenadoria Geral de Administração.

▶ *Anotações/Comentários*

Pontua o artigo 71 da Lei Complementar 988/2006 que os Centros de Atendimento Multidisciplinar serão coordenados por Defensores Públicos designados pelo Defensor Público-Geral do Estado.

Gabarito: A

07. (Agente de Defensoria – Assistente Social DPE-SP – 2015 – FCC). Na Lei Complementar Estadual nº 988, de 09 de janeiro de 2006, artigo 5º, estão postas as atribuições institucionais da Defensoria Pública do Estado. Uma dessas atribuições é: promover trabalho de orientação jurídica e informação sobre direitos humanos e cidadania em prol das pessoas e comunidades carentes, de forma integrada e multidisciplinar. Frente ao exposto, analise as assertivas abaixo quanto à concepção do termo multidisciplinar.

I. Significa a interdependência, interação e comunicação entre campos do saber, ou disciplinas, o que possibilita a integração do conhecimento em áreas significativas.

II. É a coordenação do conhecimento em um sistema lógico, que permite o livre trânsito de um campo de saber para outro, ultrapassando a concepção de disciplina e enfatizando o desenvolvimento de todas as nuances e aspectos do comportamento humano.

III. Ocorre quando a solução de um problema requer a obtenção de informações de uma ou mais ciências ou setores do conhecimento, sem que as disciplinas que são convocadas por aqueles que as utilizam sejam alteradas ou enriquecidas por isso.

Está correto o que se afirma em:

a) I, II e III.

b) I, apenas.

c) II, apenas.

d) III, apenas.

e) I e III, apenas.

▶ *Anotações/Comentários*

Interdisciplinariedade, conceito abarcado pelo Item I, consiste[13] no "intercâmbio mútuo e interação de diversos conhecimentos de forma recíproca

13. Fonte das considerações:http://www.adventista.edu.br/_imagens/asped/files/Abordagens%20did%C3%A1tico-pedag%C3%B3gicas.pdf Acesso em 22/05/2019.

e coordenada; perspectiva metodológica comum a todos; integrar os resultados; permanecem os interesses próprios de cada disciplina, porém, buscam soluções dos seus próprios problemas através da articulação com as outras disciplinas".

Já transdisciplinaridade, conceito abrangido pelo item II, é, segundo Luiza Portela e Maria Atta[14], a "coordenação do conhecimento em um sistema lógico que permite o livre trânsito de um campo de saber para outro ultrapassando a concepção de disciplina e enfatizando o desenvolvimento de todas as nuances e aspectos do comportamento humano".

Por fim, é na multidisciplinaridade, consideração envolvida pelo item III, que um elemento pode ser estudado por disciplinas diferentes ao mesmo tempo, contudo, não ocorrerá uma sobreposição dos seus saberes no estudo do elemento analisado. Segundo Almeida Filho[15]: "a ideia mais correta para esta visão seria a da justaposição das disciplinas cada uma cooperando dentro do seu saber para o estudo do elemento em questão. Nesta, cada professor cooperará com o estudo dentro da sua própria ótica; um estudo sob diversos ângulos, mas sem existir um rompimento entre as fronteiras das disciplinas". Por esta razão, o item correto, relacionado ao termo multidisciplinar, é apenas este.

Gabarito: D

08. (Agente de Defensoria - Assistente Social DPE-SP - 2015 - FCC). Considerando que a Lei Complementar Estadual nº 988, de 09 de janeiro de 2006, preceitua como atribuição institucional da Defensoria Pública a tutela individual e coletiva das pessoas necessitadas, vítimas de discriminação em razão de deficiência física, imunológica, sensorial ou mental ou em razão de qualquer outra particularidade ou condição; e, a necessidade de definição de rotina administrativa para delinear a atuação dos Defensores Públicos no atendimento das pessoas em sofrimento ou com transtorno mental, institui-se que:

a) o Agente de Defensoria prosseguirá no atendimento do usuário, após ter sido convocado, independente de qualquer ligação com o Defensor Público.

14. PORTELA, Adélia Luiza; ATTA, Dilza Maria Andrade. A Dimensão Pedagógica da Gestão da Educação. In: RODRIGUES, Maristela; BRAGA, Ana Catarina (Org.). Guia de Consulta para o Programa de Apoio aos Secretários Municipais de Educação PRASEM II. Brasília: FUNDESCOLA/MEC, 1999, p. 77-114. Fonte: http://www.adventista.edu.br/_imagens/asped/files/Abordagens%20did%C3%A1tico-pedag%C3%B3gicas.pdf Acesso em 22/05/2019.
15. ALMEIDA FILHO, N. Transdisciplinaridade e Saúde Coletiva. Ciência & Saúde Coletiva. II (1-2), 1997. Fonte:http://www.adventista.edu.br/_imagens/asped/files/Abordagens%20did%C3%A1tico-pedag%C3%B3gicas.pdf Acesso em 22/05/2019.

b) onde não houver Agente de Defensoria, poderá o Defensor Público acionar a rede de saúde pública, garantindo o atendimento em conjunto.

c) o Agente de Defensoria que participou do primeiro atendimento acionará a rede de saúde pública, repassando para esta as responsabilidades frente ao usuário e sua solicitação.

d) onde não houver Agente de Defensoria, deverá o Defensor Público encaminhar o usuário para outra unidade.

e) o responsável pelo atendimento, ou que esteja supervisionando a atividade, poderá acionar a intervenção imediata de Agente de Defensoria que integre o CAM da Unidade.

► ***Anotações/Comentários***

(a) Alternativa falsa. Com efeito, dispõe o artigo 1º, § 1º, da Deliberação CSDP 219/2011 que o Agente de Defensoria prosseguirá no atendimento do Usuário em conjunto com o Defensor Público Coordenador do Atendimento, ou com o Defensor por este indicado, ou com o Servidor da Ouvidoria-Geral.

(b) Alternativa falsa. Preconiza o artigo 1º, § 3º, da Deliberação CSDP 219/2011 que onde não houver Agente de Defensoria diariamente em razão de rodízio entre Unidades, poderá o Defensor Público agendar retorno para data próxima, garantindo o atendimento conjunto.

(c) Alternativa falsa. Dispõe o artigo 3º, da Deliberação CSDP 219/2011 que caberá ao Agente de Defensoria que participou do primeiro atendimento dar início a procedimento administrativo em que conste como interessado o Usuário, vinculado ao Centro de Atendimento Multidisciplinar da Unidade e que ficará sob sua responsabilidade.

(d) Alternativa falsa. Novamente, giza ortigo 1º, § 3º, da Deliberação CSDP 219/2011, que onde não houver Agente de Defensoria diariamente em razão de rodízio entre Unidades, poderá o Defensor Público agendar retorno para data próxima, garantindo o atendimento conjunto.

(e) Alternativa correta. Com efeito, dispõe o artigo 1º, da Deliberação CSDP 219/2011, que durante o atendimento, sempre que o Usuário apresentar dificuldade de comunicação decorrente de aparente sofrimento ou confusão mental, o Defensor ou Servidor da Ouvidoria-Geral, responsável pelo atendimento ou que esteja supervisionando a atividade, poderá acionar a intervenção imediata de Agente de Defensoria que integre o Centro de Atendimento Multidisciplinar da Unidade.

Gabarito: E

09. (Agente de Defensoria – Assistente Social DPE-SP – 2015 – FCC). Segundo o que dispõe a Deliberação CSDP nº 187, de 12 de agosto de 2010 e a Deliberação CSDP nº 288, de 10 de janeiro de 2014, que disciplinam a estrutura e funcionamento dos Centros de Atendimento Multidisciplinar – CAM, no Artigo 5º, da Seção II, definem-se as atribuições gerais dos Agentes de Defensoria Assistentes Sociais e Psicólogos. Analise as assertivas abaixo.

I. É atribuição específica dos Agentes de Defensoria Assistentes Sociais realizar manifestações técnicas, estudo social, formulação e resposta de quesitos, interpretação de documentos técnicos, discussão de casos e demais intervenções profissionais na área do serviço social a partir da estratégia apresentada pelo Defensor Público, assegurada a eleição do procedimento técnico mais adequado ao caso.

II. Fazer a gestão local dos convênios, projetos e parcerias afetos à atuação do Centro de Atendimento Multidisciplinar, com a participação do Agente de Defensoria da área correspondente e dos núcleos especializados, quando for o caso.

III. Manter registro atualizado da rede de serviços acessível a todos os Defensores Públicos, Servidores e Estagiários, encaminhando-o à Assessoria Técnico-Psicossocial.

Está correto o que se afirma APENAS em

a) I.

b) II.

c) III.

d) I e III.

e) II e III.

► ***Anotações/Comentários***

O item I está correto e de acordo com a Deliberação CSDP nº 187/2010 alterada pela Deliberação CSDP nº 288/ 2014, que preconizam em seu artigo 5º-A serem atribuições específicas dos Agentes de Defensoria Assistentes Sociais e Psicólogos dos Centros de Atendimento Multidisciplinar: I – os Agentes de Defensoria Assistentes Sociais devem realizar manifestações técnicas, estudo social, formulação e resposta de quesitos, interpretação de documentos técnicos, discussão de casos e demais intervenções profissionais na área do serviço social a partir da estratégia apresentada pelo Defensor Público, assegurada a eleição do procedimento técnico mais adequado ao caso.

O item II está é falso. Nesse contexto, a atribuição de fazer a gestão local dos convênios, projetos e parcerias afetos à atuação do Centro de

Atendimento Multidisciplinar, com a participação do Agente de Defensoria da área correspondente e dos núcleos especializados, quando for o caso, é Coordenador do Centro de Atendimento Multidisciplinar, como prevê o artigo 4º, inciso III, da Deliberação CSDP nº 187/2010 alterada pela Deliberação CSDP nº 288/2014.

O item III está correto e de acordo com a Deliberação CSDP nº 187/2010 alterada pela Deliberação CSDP nº 288/2014, que preconizam em seu artigo 5º serem atribuições gerais dos Agentes de Defensoria dos Centros de Atendimento Multidisciplinar, respeitada a respectiva área do conhecimento: XVII – manter registro atualizado de atendimentos, conciliações e mediações em sistema indicado pela Assessoria Técnica Psicossocial e arquivos seguros, bem como preservar o sigilo das informações contidas nos arquivos físicos próprios do Centro de Atendimento Multidisciplinar.

Gabarito: D

10. (Psicólogo DPE-SP – 2015 – FCC). De acordo com a Lei Complementar nº 988, de 9 de janeiro de 2006, a Defensoria Pública do Estado de São Paulo deve ter uma equipe multiprofissional, com atuação interdisciplinar e em rede. A esse respeito, na atuação interdisciplinar,

a) os diferentes posicionamentos teóricos e práticos são bem demarcados a partir do saber de cada profissão.

b) acontece quando são bem demarcados os diferentes posicionamentos teóricos e práticos nas intervenções realizadas junto aos usuários, a partir do saber de cada profissão.

c) as intervenções são marcadas pelas leituras e compreensões especializadas em que cada saber profissional intervém quando necessário, de forma hierarquizada.

d) o encaminhamento do usuário para outros setores se dá com o propósito de melhorar o fluxo das demandas e dos atendimentos de cada serviço, visando ao trabalho em rede.

e) há composição de uma equipe com profissionais de diferentes áreas de formação para garantir o atendimento ao grande número de demandas.

► ***Anotações/Comentários***

(a) Alternativa verdadeira. Com efeito, os diferentes posicionamentos teóricos e práticos são bem demarcados a partir do saber de cada profissão, o que é um dos pilares da atuação interdisciplinar.

(b) Alternativa falsa. A atuação interdisciplinar não necessariamente terá diferentes posicionamentos teóricos e, muito menos, práticos nas intervenções realizadas junto aos cidadãos.

(c) Alternativa falsa. Não há hierarquia, e sim, quando possível, complementaridade, entre os entendimentos de cada saber profissional.

(d) Alternativa falsa. O encaminhamento do usuário para outros setores não se dá com o propósito de melhorar o fluxo das demandas, e, sim, busca promover o melhor interesse do cidadão no que se refere às suas necessidades, sejam elas jurídicas, sociais ou relacionadas à sua saúde física e mental.

(e) Alternativa falsa. As equipes primam pela qualidade do serviço, e não pela quantidade ou volume de atendimento, especialmente em decorrência das múltiplas complexidades dos casos em estudo, inexistindo, ainda, composição entre os profissionais de diferentes áreas.

Gabarito: A

11. (Psicólogo DPE-SP – 2015 – FCC). A Defensoria Pública do Estado de São Paulo realiza diversas ações junto a famílias e comunidades, em articulação com o Plano Nacional de Assistência Social (PNAS), o Conselho Nacional de Assistência Social (CNAS) e o Sistema Único de Assistência Social (SUAS). A esse respeito, é correto afirmar:

a) Idosos que se encontram em situação de negligência e violência familiar podem ser encaminhados ao CRAS com fins de ajuda para o restabelecimento dos vínculos familiares.

b) São diversos os serviços oferecidos no CRAS e dentre eles estão: o Programa de Atenção Integral às Famílias, Centros de informação e de educação para o trabalho, Plantão Social e Serviço de Habilitação e Reabilitação na comunidade das pessoas com deficiência.

c) Pessoas com deficiência podem ser encaminhadas ao CRAS, quando for constatada violação de direitos, para atendimento no Serviço de Proteção Social Especial para Pessoas com Deficiência, conforme previsto na Tipificação Nacional de Serviços Socioassistenciais (2009).

d) Dentre os serviços a serem ofertados nos CREAS, de acordo com a Tipificação Nacional de Serviços Socioassistenciais (2009), estão: Serviço de Proteção e Atendimento Especializado a Famílias e Indivíduos (PAEFI), Serviço de Proteção Social a Adolescentes em Cumprimento de Medida Socioeducativa de Liberdade Assistida (LA) e de Prestação de Serviços à Comunidade (PSC).

e) A atuação do psicólogo no SUAS é caracterizada pelas especificidades de sua formação teórico-prático para intervenções em psicoterapia individual, psicoterapia grupal, psicoterapia de casal e psicoterapia familiar.

► ***Anotações/Comentários***

A alternativa correta é aquela prevista na letra "d", por estar de acordo com a Resolução nº 109/2009 do Conselho Nacional de Assistência Social (CNAS), que houve por bem, em seu artigo 1º, aprovar a Tipificação Nacional de Serviços Socioassistenciais, organizados por níveis de complexidade do SUAS: Proteção Social Básica e Proteção Social Especial de Média e Alta Complexidade, de acordo com a disposição abaixo: I - Serviços de Proteção Social Básica: a) Serviço de Proteção e Atendimento Integral à Família (PAIF); b) Serviço de Convivência e Fortalecimento de Vínculos; c) Serviço de Proteção Social Básica no domicílio para pessoas com deficiência e idosas. II - Serviços de Proteção Social Especial de Média Complexidade: **a) Serviço de Proteção e Atendimento Especializado a Famílias e Indivíduos (PAEFI)**; b) Serviço Especializado em Abordagem Social; **c) Serviço de Proteção Social a Adolescentes em Cumprimento de Medida Socioeducativa de Liberdade Assistida (LA), e de Prestação de Serviços à Comunidade (PSC)**; d) Serviço de Proteção Social Especial para Pessoas com Deficiência, Idosas e suas Famílias; e) Serviço Especializado para Pessoas em Situação de Rua. III - Serviços de Proteção Social Especial de Alta Complexidade: a) Serviço de Acolhimento Institucional, nas seguintes modalidades: - abrigo institucional; - Casa-Lar; - Casa de Passagem; - Residência Inclusiva. b) Serviço de Acolhimento em República; c) Serviço de Acolhimento em Família Acolhedora; d) Serviço de Proteção em Situações de Calamidades Públicas e de Emergências.

Gabarito: D

12. (Psicólogo DPE-SP - 2015 - FCC). A respeito das áreas de atuação da Defensoria Pública do Estado de São Paulo e das populações que recebem assistência jurídica integral e gratuita, é correto asseverar:

a) Pessoas em situação de imigração, refugiadas no Brasil, que necessitam de regularização de documentação e de situação migratória, não estão inclusas nas áreas e populações assistidas pela Defensoria Pública.

b) Pessoas que apresentem problemas referentes à perda de moradia em função de desastres ambientais devem ser orientadas a procurar a Defesa Civil, por não corresponderem à populações e áreas assistidas pela Defensoria Pública.

c) Pessoas que querem fazer mudança de nome social e de gênero podem ser acompanhadas pelo Núcleo Especializado de Combate à Discriminação, Racismo e Preconceito da Defensoria Pública do Estado de São Paulo, para solicitação de ação judicial.

d) No CAM, em casos de violência sexual contra pessoas adultas, os profissionais de psicologia prestam assistência psicológica somente à pessoa considerada vítima, não podendo prestar assistência psicológica à pessoa agressora.

e) Pessoas discriminadas por diagnóstico de HIV positivo devem ser encaminhadas aos setores da Saúde, por não se tratar do tipo de discriminação para a assessoria jurídica oferecida pela Defensoria Pública e para atendimento pela equipe do CAM.

► *Anotações/Comentários*

(a) Alternativa falsa. Pessoas em situação de imigração, refugiadas no Brasil, que necessitam de regularização de documentação e de situação migratória, estão, sim, inclusas nas áreas e populações assistidas pela Defensoria Pública, especialmente a da União.

(b) Alternativa falsa. Cidadãos que apresentem problemas referentes à perda de moradia em função de desastres ambientais devem ser orientadas a procurar a Defensoria Pública, afinal, cuidando-se de um direito social, sua proteção e tutela pode se dar por intermédio da instituição.

(c) Alternativa correta. Pessoas que queira fazer a mudança de nome social e de gênero podem, de fato, buscar auxílio da Defensoria Pública e, também, do Núcleo Especializado de Defesa da Diversidade e da Igualdade Racial - novo nome do Núcleo Especializado de Combate à Discriminação, Racismo e Preconceito - sendo certo que o artigo 2º, inciso XVIII, de seu Regimento Interno aponta ser de sua competência propor medidas judiciais e extrajudiciais para a tutela de interesses difusos, coletivos e individuais homogêneos, ou, interesses individuais socialmente relevantes relativos à temática do combate à discriminação, racismo e preconceito.

(d) Alternativa falsa. A parte agressora, assim como a parte vítima, pode, também, receber assistência psicológica dos profissionais da psicologia do Centro de Atendimento Multidisciplinar. Inexiste, assim, por parte da instituição e de seus órgãos, qualquer tipo de restrição deste porte.

(e) Alternativa falsa. A Defensoria Pública não faz distinção entre o tipo de discriminação sofrida pelo usuário para definir quem será ou não atendido. Ao contrário, vítimas de qualquer sorte de discriminação, racismo ou preconceito podem ser atendidas e defendidas pela instituição.

Gabarito: C

13. (Analista de Sistemas DPE-SP – 2015 – FCC). O Ato Normativo DPG nº 55 de 2011 dispõe sobre diversas competências e direitos aos usuários dos recursos da Tecnologia da Informação e Comunicação disponibilizados pela Defensoria Pública do Estado de São Paulo, EXCETO:

a) Informar à Coordenadoria de Tecnologia de Informação sobre eventuais necessidades de intervenções técnicas, para reparos ou configurações, visando à boa gestão dos recursos

b) Garantir o uso adequado de recursos de TIC sob sua guarda, observando as regras e procedimentos previamente definidos.

c) Zelar pela integridade dos recursos de TIC sob sua responsabilidade, resguardado o auxílio e acesso a orientações pela Coordenadoria de Tecnologia de Informação.

d) Zelar para que a senha e o certificado digital, que são de uso coletivo de todos os funcionários de cada setor, não sejam transferidos a funcionários de outros setores.

e) Acessar os serviços de *e-mail* podendo solicitá-los à Coordenadoria de Tecnologia de Informação através do suporte ao usuário.

▶ *Anotações/Comentários*

(a) Alternativa verdadeira. O artigo 3º, inciso III, do Ato Normativo DPG nº 55 de 2011 assevera que compete aos Defensores Públicos, Servidores, Estagiários, prestadores de serviços, fornecedores ou qualquer pessoa, física ou jurídica, com vínculo oficial com a Defensoria Pública do Estado informar à Coordenadoria de Tecnologia de Informação sobre eventuais necessidades de intervenções técnicas, para reparos ou configurações, visando à boa gestão dos recursos.

(b) Alternativa verdadeira. O artigo 3º, inciso I, do Ato Normativo DPG nº 55 de 2011 promana que compete aos Defensores Públicos, Servidores, Estagiários, prestadores de serviços, fornecedores ou qualquer pessoa, física ou jurídica, com vínculo oficial com a Defensoria Pública do Estado garantir o uso adequado de recursos de TIC sob sua guarda, observando as regras e procedimentos previamente definidos.

(c) Alternativa verdadeira. O artigo 3º, inciso II, do Ato Normativo DPG nº 55 de 2011 promana que compete aos Defensores Públicos, Servidores, Estagiários, prestadores de serviços, fornecedores ou qualquer pessoa, física ou jurídica, com vínculo oficial com a Defensoria Pública do Estado zelar pela integridade dos recursos de TIC sob sua responsabilidade, resguardado o auxílio e acesso a orientações pela Coordenadoria de Tecnologia de Informação.

(d) Alternativa falsa. O artigo 5º, § 4º, do Ato Normativo DPG nº 55 de 2011 desfia que a senha e o certificado digital são de uso pessoal e intransferível, sendo de responsabilidade do usuário mantê-los em segurança.

(e) Alternativa correta. O artigo 9º, do Ato Normativo DPG nº 55 de 2011 pontua que todo Defensor Público e Servidor tem direito a acessar os serviços de e-mail, podendo solicitá-los à CTI através do suporte ao usuário.

Gabarito: D

14. (Analista de Sistemas DPE-SP – 2015 – FCC). Funcionário da Defensoria Pública do Estado de São Paulo, preocupado com a sua avaliação de desempenho, analisa o Ato Normativo DPG nº 23/2009 e descobre que

a) assiduidade e disciplina são critérios da avaliação de desempenho que deverá ser realizada até o dia 31 de dezembro de cada ano.

b) capacidade de iniciativa e produtividade são critérios da avaliação de desempenho, desta avaliação não caberá recurso administrativo.

c) produtividade e responsabilidade são critérios da avaliação de desempenho, desta avaliação caberá recurso administrativo.

d) responsabilidade e organização são critérios da avaliação de desempenho, desta avaliação não caberá recurso administrativo.

e) responsabilidade e organização são critérios de avaliação que deverá ser realizada até o dia 31 de dezembro de cada ano.

► *Anotações/Comentários*

De acordo com o artigo 23 do Ato Normativo em análise, assiduidade, disciplina, capacidade de iniciativa, produtividade e responsabilidade serão comportamentos que serão analisados para fins de avaliação. Feita esta consideração, as alternativas podem ser analisadas da seguinte forma:

(a) Alternativa falsa. O Ato Normativo DPG nº 23/2009, em seu artigo 21 dita que a avaliação será realizada anualmente, através dos Sistemas "Gestão RH" e "Meu RH", no período de no período de 1º a 31 de outubro pelo Departamento de Recursos Humanos, englobando o período de 1º de outubro do ano anterior ao dia 30 de setembro de cada ano.

(b) Alternativa errada. O Ato Normativo DPG nº 23/2009, em seu artigo 26, parágrafo único, pontua que servidor avaliado poderá apresentar perante a Comissão Técnica de Avaliação, no prazo de 5 (cinco) dias, a contar da data da publicação, recurso impugnando sua média final, com a finalidade exclusiva de reparar erro material no cômputo ou na publicação da média final da avaliação de desempenho. Assim, é incorreto dizer que da avaliação não cabe recurso.

(c) Alternativa verdadeira. O Ato Normativo DPG n° 23/2009, em seu artigo 26, parágrafo único, pontua que servidor avaliado poderá apresentar perante a Comissão Técnica de Avaliação, no prazo de 5 (cinco) dias, a contar da data da publicação, recurso impugnando sua média final, com a finalidade exclusiva de reparar erro material no cômputo ou na publicação da média final da avaliação de desempenho.

(d) Alternativa falsa. Confira-se o que já foi pontuado em relação à alternativa "b".

(e) Alternativa falsa. Confira-se o que já foi mencionado em relação à alternativa "a".

Gabarito: C

15. (Analista de Sistemas DPE-SP - 2015 - FCC). Hoje faz dois meses que Fernanda, servidora efetiva de Defensoria Pública do Estado de São Paulo, foi punida pela primeira vez em sua carreira. A pena aplicada foi advertência por escrito por ter descumprido determinado dever funcional. Caso descumpra novamente esse mesmo dever funcional Fernanda estará sujeita, conforme a Deliberação da CSDP n° 111 de 2009, à pena de

a) advertência por escrito, que deverá constar no prontuário de Fernanda, mas não poderá ser publicada no Diário Oficial, ainda que seja decisão definitiva.

b) suspensão por até noventa dias, que constará no prontuário de Fernanda e será publicada no Diário Oficial se for decisão definitiva.

c) censura, que constará no prontuário de Fernanda, mas não poderá ser publicada no Diário Oficial, ainda que seja decisão definitiva.

d) suspensão por até noventa dias, que constará do prontuário de Fernanda, mas não poderá ser publicada no Diário Oficial, ainda que seja decisão definitiva.

e) censura, que constará no prontuário de Fernanda cuja decisão definitiva será publicada no Diário Oficial.

► ***Anotações/Comentários***

Dispõe a Deliberação da CSDP n° 111 de 2009 que os servidores da Defensoria Pública são passíveis das seguintes sanções disciplinares:

advertência; censura; suspensão por até 90 (noventa) dias; cassação de disponibilidade e de aposentadoria e demissão.

A Deliberação também pontua que na aplicação das penas disciplinares, deverão ser consideradas a natureza e a gravidade da infração, os danos que dela provenham para o serviço e os antecedentes do infrator.

Assim, a pena de **advertência** será aplicada, por escrito, no caso de descumprimento de dever funcional de pequena gravidade.

A pena de **censura**, por seu turno, será aplicada, por escrito, ao infrator que, **já punido com advertência**, vier a praticar outra infração disciplinar que o torne passível da mesma pena ou se a gravidade da infração justificar, desde logo, a aplicação da pena de censura - é esta, assim, a sanção que deverá ser imposta à Fernanda.

A pena de **suspensão** será aplicada no caso de infrator que, **já punido com censura**, vier a praticar outra infração disciplinar que o torne passível da mesma sanção ou se a gravidade da infração justificar, desde logo, a aplicação da pena suspensiva ou no caso de violação de proibições e impedimentos na Lei 988, de 09 de janeiro de 2006.

É certo, também que enquanto perdurar, a suspensão acarretará a perda dos direitos e vantagens decorrentes do exercício do cargo, não podendo ter início durante férias ou licenças.

A penalidade de cassação, por sua vez, de disponibilidade ou de aposentadoria será aplicada se o servidor houver praticado, quando em atividade, falta passível de pena de demissão.

A pena de demissão, por seu turno, será aplicada ao servidor da Defensoria Pública do Estado nos casos de: prática de conduta tipificada como infração penal incompatível com o exercício do cargo; prática das condutas previstas no artigo 165 e 166 da Lei Complementar nº 988/06, quando a infração se der mediante o exercício irregular da advocacia; abandono do cargo; procedimento irregular, de natureza grave.

As decisões referentes à imposição de sanção disciplinar, com menção dos fatos que lhe deram causa, constarão do prontuário do servidor, e as decisões definitivas referentes à imposição da sanção disciplinar serão publicadas no Diário Oficial.

(a) Alternativa falsa – feitas estas considerações, a letra "a", de pronto, está errada, pois Fernanda já foi punida com advertência por escrito.

(b) Alternativa falsa - a letra "b" também está incorreta, pois a pena de suspensão tem cabimento quando já houver sido aplicado pena de censura, o que não ocorreu com Fernanda, que tem apenas uma advertência.

(c) Alternativa falsa - a letra "c", por sua vez, acerta na pena, mas erra na vedação de publicação no Diário Oficial na vedação de publicação no Diário Oficial.

(d) Alternativa falsa - a letra "d" erra tanto na pena quanto na vedação de publicação no Diário Oficial na vedação de publicação no Diário Oficial.

(e) Alternativa correta - pelas razões acima expostas, a resposta correta é a alternativa constante da letra "e", que acerta tanto na pena a ser aplicada - censura - como na forma da aplicação - que constará no prontuário de Fernanda cuja decisão definitiva será publicada no Diário Oficial.

Gabarito: E

16. (Oficial de Defensoria Pública DPE-SP - 2015 - FCC). Considere as seguintes atribuições:

I. observar o conteúdo das deliberações do Conselho Superior da Defensoria Pública do Estado, os Atos Normativos do Defensor Público-Geral do Estado e o Plano Anual de Atuação da Defensoria Pública.

II. observar os prazos legais, os normativos e os estabelecidos pelos superiores hierárquicos.

III. auxiliar na organização de eventos e solenidades da Unidade, bem como na contratação dos prestadores de serviços.

IV. acessar diariamente a caixa postal do serviço de mensageria institucional.

V. se recusar a executar outras atividades correlatas às suas atribuições, ainda que sejam determinadas pelos superiores hierárquicos.

De acordo com a Deliberação CSDP n° 111 de 2009, que institui o Regimento Interno dos Servidores Públicos da Defensoria Pública do Estado de São Paulo, são atribuições comuns a todos os servidores da Defensoria Pública do Estado de São Paulo as indicadas APENAS em

a) I, II e III.

b) II, III e IV.

c) III, IV e V.

d) I, III e V.

e) I, II e IV.

► ***Anotações/Comentários***

Dispõe a Deliberação da CSDP n° 111 de 2009, em seu artigo 6º, que são atribuições comuns a todos os servidores da Defensoria Pública do Estado, sem prejuízo daquelas decorrentes do regime geral do servidor público civil: I – **observar o conteúdo das deliberações do Conselho Superior da Defensoria Pública do Estado, os Atos Normativos do Defensor Público-Geral do Estado e o Plano Anual de Atuação da Defensoria Pública**; II – **acessar diariamente a caixa postal do serviço de mensageria institucional**; III – **observar os prazos legais, os normativos e os estabelecidos pelos superiores hierárquicos**; IV – realizar atividades e diligências externas, quando necessário, a critério dos seus superiores hierárquicos, e conduzir os veículos da frota da Defensoria Pública, se habilitados para tanto; V – elaborar relatórios, tabelas, gráficos e demonstrativos dos serviços executados; VI – **executar outras atividades correlatas às suas atribuições, que lhes forem determinadas pelos superiores hierárquicos**. VII – zelar pelo uso adequado de recursos de tecnologia da informação sob sua guarda, observando as regras e procedimentos previamente definidos pela Coordenadoria de Tecnologia da Informação - CTI; (Redação inserida pela Deliberação CSDP nº 306, de 14 de novembro de 2014) VIII – participar de treinamentos, capacitações e formações referentes às atribuições gerais e específicas de cada cargo promovidos pelo Departamento de Recursos Humanos e Escola da Defensoria Pública do Estado. (Redação inserida pela Deliberação CSDP nº 306, de 14 de novembro de 2014).

Nesse contexto, auxiliar na organização de eventos e solenidades da Unidade, bem como na contratação dos prestadores de serviços é uma atribuição dos Oficiais de Defensoria Pública classificados na Área Administrativa, consoante preceitua o artigo 8º, inciso II, "l", da mencionada Deliberação.

Ainda, se recusar a executar outras atividades correlatas às suas atribuições, ainda que sejam determinadas pelos superiores hierárquicos viola, como visto acima, o disposto no artigo 6º, inciso VI, da Deliberação da CSDP n° 111 de 2009.

Por esta razão, a resposta correta é a constante dos itens I, II e IV.

Gabarito: E

17. (Oficial de Defensoria Pública DPE-SP – 2015 – FCC). São deveres dos servidores da Defensoria Pública do Estado de São Paulo, conforme a Deliberação CSDP n° 111 de 2009, EXCETO:

a) Comunicar imediatamente à Coordenadoria Geral de Administração o fato de manter participação societária em entidade civil ou comercial que pretenda estabelecer relações comerciais com a Defensoria Pública, com exceção de associação sem fins lucrativos.

b) Guiar-se pelos valores da probidade, retidão, lealdade e justiça, escolhendo sempre, quando estiver diante de duas opções, a melhor e a mais vantajosa para o bem comum e para o interesse público.

c) Desempenhar, com zelo e eficiência, as atribuições do cargo ou função de que seja titular, bem como os comandos emanados dos superiores hierárquicos.

d) Prestar contas aos superiores a respeito de suas atividades sempre que solicitado.

e) Ser assíduo ao serviço.

▶ *Anotações/Comentários*

Dispõe a Deliberação da CSDP nº 111 de 2009, em seu artigo 14, que constituem deveres do servidor da Defensoria Pública do Estado, além de outros decorrentes das normas e princípios constitucionais e da legislação de regência: I–desempenhar, com zelo e eficiência, as atribuições do cargo ou função de que seja titular, bem como os comandos emanados dos superiores hierárquicos; II – guiar-se pelos valores da probidade, retidão, lealdade e justiça, escolhendo sempre, quando estiver diante de duas opções, a melhor e a mais vantajosa para o bem comum e para o interesse público; III – prestar contas aos superiores a respeito de suas atividades sempre que solicitado; IV-prestar aos usuários do serviço público atendimento de qualidade, tratando-os com cortesia, urbanidade, respeito, disponibilidade e atenção, atentando à capacidade e às limitações de cada qual, sem qualquer espécie de preconceito ou distinção de raça, sexo, nacionalidade, cor, idade, religião, orientação sexual, posição social, dentre outras; V-racionalizar, simplificar e desburocratizar os procedimentos, evitando solicitar aos usuários documentos ou diligências prescindíveis à prestação do serviço; VI – representar aos órgãos competentes contra o uso indevido de bens e serviços afetos à Administração Pública e comunicar imediatamente a seus superiores todo ato que contrarie o interesse público; VII-ser assíduo ao serviço; VIII-atender às convocações dos órgãos da Administração Superior; IX – apresentar-se ao trabalho com vestimentas compatíveis com seu cargo, fazendo uso de uniforme quando exigido pela Instituição; X-manter limpo e em perfeita ordem o local de trabalho, seguindo os métodos de organização e distribuição definidos pela Instituição; XI – cumprir, de acordo com as normas de serviço e as ordens e instruções superiores, as tarefas de seu cargo ou função; XII – facilitar a fiscalização dos atos ou serviços por quem de direito; XIII – estudar a legislação pertinente à sua área de atuação, em especial no tocante à estrutura administrativa e organizacional da Defensoria Pública e das atividades desempenhadas pelos membros da Instituição; XIV – evitar desperdícios, adotar o padrão de economia e zelar pela guarda e boa aplicação dos bens e recursos que lhe forem confiados; XV – resguardar o sigilo sobre o conteúdo de documentos ou informações obtidas em razão do cargo ou função; **XVI – comunicar imediatamente à Coordenadoria Geral de Administração o fato de manter participação societária em entidade civil ou comercial que pretenda estabelecer relações comerciais com a Defensoria Pública**; XVII - exercer suas funções com exclusividade na Defensoria Pública do Estado, salvo nos casos de acumulação de cargo previstos em lei. XVIII – exercer permanente fiscalização sobre os servidores subordinados.

Assim, a alternativa **incorreta** é aquela constante da letra "a", afinal, o artigo 14, inciso XVI, afirma que é dever dos servidores da Defensoria Pública do Estado de São Paulo, comunicar imediatamente à Coordenadoria Geral de Administração o fato de manter participação societária em entidade civil ou comercial que pretenda estabelecer relações comerciais com a Defensoria Pública, **não havendo exceção a tal dever na eventualidade de a associação não ter fins lucrativos.**

As demais alternativas, como visto, se encontram previstas no artigo 14, incisos II, I, III e VII, respectivamente, da Deliberação da CSDP nº 111 de 2009.

Gabarito: A

18. (Oficial de Defensoria Pública DPE-SP – 2015 – FCC). Com base no Ato Normativo DPG nº 23 que institui Comissão Técnica e regulamenta a avaliação periódica e a avaliação especial dos servidores públicos da Defensoria Pública do Estado de São Paulo, é correto afirmar que a Comissão Técnica de Classificação

a) será composta por cinco Defensores Públicos que devem ser designados por Ato do Defensor Público-Geral, sendo esses defensores públicos responsáveis pela designação dos dois servidores para integrarem a Comissão.

b) tem por atribuição, além de outras, a gestão de recursos tecnológicos da Defensoria Pública do Estado, assegurar o uso adequado dos recursos de tecnologia da informação e comunicação; além da privacidade e a confidencialidade de informações e dados de uso institucional dos órgãos da Defensoria Pública do Estado.

c) tem por atribuição, além de outras, a instrução dos procedimentos de apuração de infrações atribuídas aos servidores da Defensoria Pública do Estado, mediante determinação das autoridades competentes.

d) tem por atribuição, dentre outras, o acompanhamento do estágio probatório dos servidores públicos titulares de cargos efetivos da Defensoria Pública nas avaliações especiais, e pelo acompanhamento dos servidores públicos estáveis e servidores públicos comissionados da Defensoria Pública nas avaliações periódicas.

e) se reunirá, ao menos, a cada seis meses, mediante convocação do Coordenador, para executar a avaliação conjunta dos servidores públicos da Defensoria Pública.

► *Anotações/Comentários*

(a) Alternativa falsa – Prescreve o artigo 2º do Ato Normativo DPG nº 23, que a a Comissão Técnica será composta por Defensores Públicos e servidores designados por Ato do Defensor Público-Geral, que também designará o responsável pela coordenação dos trabalhos. Não há, assim, menção ao número de membros.

(b) Alternativa falsa – A Comissão Técnica de Classificação é órgão responsável pelo acompanhamento do estágio probatório dos servidores públicos titulares de cargos efetivos da Defensoria Pública nas avaliações especiais, e pelo acompanhamento dos servidores públicos estáveis e servidores públicos comissionados da Defensoria Pública nas avaliações periódicas. Não possui, assim, atribuições relacionadas à gestão de recursos tecnológicos.

(c) Alternativa falsa – A Comissão Técnica de Classificação, como visto, é órgão responsável pelo acompanhamento do estágio probatório dos servidores públicos titulares de cargos efetivos da Defensoria Pública nas avaliações especiais, e pelo acompanhamento dos servidores públicos estáveis e servidores públicos comissionados da Defensoria Pública nas avaliações periódicas e não a atribuição de instruir procedimentos de apuração de infrações atribuídas aos servidores da Defensoria Pública do Estado, mediante determinação das autoridades competentes.

(d) Alternativa correta – A Comissão Técnica de Classificação é órgão responsável pelo acompanhamento do estágio probatório dos servidores públicos titulares de cargos efetivos da Defensoria Pública nas avaliações especiais, e pelo acompanhamento dos servidores públicos estáveis e servidores públicos comissionados da Defensoria Pública nas avaliações periódicas.

(e) Alternativa falsa – A Comissão Técnica, consoante artigo 3º do Ato Normativo DPG nº 23, se reunirá, ao menos, a cada três meses, mediante convocação do Coordenador, para executar a avaliação conjunta dos servidores públicos da Defensoria Pública.

Gabarito: D

19. (Oficial de Defensoria Pública DPE-SP – 2015 – FCC). Considere as seguintes condutas:

I. elaborar o plano estratégico de informatização.

II. garantir a disponibilidade dos sistemas, aplicações institucionais e dos recursos de tecnologia da informação e comunicação – TIC.

III. garantir a avaliação periódica dos recursos de tecnologia da informação e comunicação.

IV. garantir a integração e a interoperabilidade entre os sistemas e aplicações institucionais.

V. fornecer o relatório final de aprovação do funcionário após o período de estágio probatório.

João e Mário, recém-admitidos no concurso para Oficial da Defensoria Pública do Estado de São Paulo, relembrando o Ato Normativo DPG n° 55 de 2011, conversam a respeito das responsabilidades da Coordenadoria de Tecnologia da Informação (CTI) e afirmam que a CTI é responsável APENAS pelas condutas, indicadas em

a) I, II e III.

b) II, III e IV.

c) III, IV e V.

d) I e V.

e) I, II e IV.

► *Anotações/Comentários*

Cabe, de acordo com o artigo 2º do Ato Normativo DPG nº 55, de 20 de outubro de 2011, à Coordenadoria de Tecnologia da Informação (CTI), órgão responsável pelos processos de informatização e gestão de recursos tecnológicos da Defensoria Pública do Estado, as seguintes medidas:

I – Assegurar o uso adequado dos recursos de tecnologia da informação e comunicação;

II – Assegurar a privacidade e a confidencialidade de informações e dados de uso institucional dos órgãos da Defensoria Pública do Estado;

III – Garantir a integração e a interoperabilidade entre os sistemas e aplicações institucionais;

IV – Garantir a disponibilidade dos sistemas, aplicações institucionais e dos recursos de tecnologia da informação e comunicação – TIC;

V – Prover serviços de acesso à internet, mediante a subcontratação de serviços de rede e de telecomunicações;

VI – Conceder, configurar e administrar as contas de e-mail institucional, bem como fixar limites de espaço disponível aos usuários habilitados, de modo a garantir as condições de bom desempenho do sistema;

VI – Elaborar plano estratégico de informatização,

VII – Sugerir a aquisição de programas (softwares) de uso institucional, bem como promover seu desenvolvimento;

VIII – Prover a manutenção de banco de dados sobre as atividades da instituição;

IX – Prover capacitação e suporte para Defensores Públicos, Servidores e Estagiários com relação ao uso de recursos de TIC, à administração de dispositivos de segurança e à responsabilidade pelo bom funcionamento de equipamentos e aplicações de rede;

X – Divulgar amplamente a política de uso de recursos de TIC, com auxílio da Coordenadoria de Comunicação Social.

Assim, garantir a avaliação periódica dos recursos de tecnologia da informação e comunicação (item III) e fornecer o relatório final de aprovação do funcionário após o período de estágio probatório (item V), não são atribuições afetas à Coordenadoria de Tecnologia da Informação (CTI).

As alternativas I, II e IV da questão correspondem, respectivamente, aos incisos VI, IV e III do artigo 2º do Ato Normativo DPG nº 55, de 20 de outubro de 2011, pelo que é correta a alternativa "e".

Gabarito: E

20. (Oficial de Defensoria Pública DPE-SP – 2015 – FCC). A Deliberação CSDP n° 111 de 2009 que institui o Regimento Interno dos Servidores Públicos da Defensoria Pública do Estado de São Paulo determina o impedimento de seus servidores para o exercício de suas funções em qualquer processo ou procedimento em que

I. tenha interesse no tema.

II. é parte ou, de qualquer forma, interessado.

III. tenha atuado anteriormente em defesa dos interesses da parte, ou tenha desempenhado qualquer função fora dos quadros da Defensoria.

IV. for interessado cônjuge ou companheiro, parente consanguíneo, civil ou afim em linha reta ou colateral até o terceiro grau.

V. não tenha aptidão.

Está correto o que se afirma APENAS em

a) I, II e III.

b) II, III e IV.

c) III, IV e V.
d) I, II e V.
e) I, IV e V.

► ***Anotações/Comentários***

O artigo 16 da Deliberação CSDP n° 111 de 2009 desfia que ao servidor da Defensoria Pública do Estado é defeso exercer suas funções em processo ou procedimento:

I – em que seja parte ou, de qualquer forma, interessado;

II – em que tenha atuado anteriormente em defesa dos interesses da parte, ou tenha desempenhado qualquer função fora dos quadros da Defensoria;

III – em que for interessado cônjuge ou companheiro, parente consanguíneo, civil ou afim em linha reta ou colateral até o terceiro grau;

IV – em que haja postulado como advogado de quaisquer das pessoas mencionadas no inciso anterior;

V – em que qualquer das pessoas indicadas no inciso III tenha funcionado ou haja funcionado naquele expediente;

VI – em que houver dado à parte interessada parecer escrito sobre o objeto dos autos;

VII – em outras hipóteses previstas em lei.

A questão trabalha como mera repetição de texto legal, estando incorretas, portanto, as assertivas constantes do item I e V, por não encontrarem amparo nos incisos acima mencionados.

Os itens II, III e IV da questão correspondem, respectivamente, aos incisos I, II e III do artigo 16 da Deliberação CSDP n° 111 de 2009. É correta, assim, a alternativa "b".

Gabarito: B

21. (Oficial de Defensoria Pública DPE-SP – 2015 – FCC). Considere as assertivas abaixo.

I. O Ouvidor-Geral será escolhido pelo Conselho Superior da Defensoria Pública, dentre cidadãos de reputação ilibada, não integrante da Carreira.

II. O mandato do Ouvidor-Geral é de dois anos, permitida uma recondução.

III. O Ouvidor-Geral será nomeado pelo Governador do Estado.

IV. O cargo de Ouvidor-Geral será exercido em regime de dedicação exclusiva.

Está correto o que se afirma em

a) II e IV, apenas.
b) I, II, III e IV.
c) I, II e IV, apenas.
d) I, apenas.
e) III, apenas.

► ***Anotações/Comentários***

As disposições que tratam da Ouvidoria-Geral da Defensoria Pública se encontram previstas a partir do artigo 105-A da Lei Complementar 80/1994.

Nesse contexto, desfia o artigo 105-B, § 2º, que o Ouvidor-Geral será nomeado pelo Defensor Público-Geral do Estado, e não pelo Governador do Estado.

Tal disposição decorre da autonomia administrativa da instituição.

Assim, é incorreta a informação que consta do item III, sendo as demais assertivas verdadeiras e em pleno acordo com a Lei Complementar 80/1994.

É correta, portanto, a alternativa "b".

Gabarito: B

22. (Analista de Sistemas DPE-SP – 2015 – FCC). Sobre sindicância e processo administrativo, que dispõe a Deliberação CSDP nº 111, de 09 de janeiro de 2009, considere as afirmativas abaixo.

I. Durante a sindicância ou processo administrativo o Defensor Público-Geral do Estado, por representação do Corregedor-Geral, poderá afastar o sindicado ou indiciado do exercício do cargo, sem prejuízo de seus vencimentos e vantagens, desde que demonstrada a necessidade da medida para a garantia de regular apuração dos fatos.

II. Durante a sindicância ou processo administrativo o Defensor Público-Geral do Estado, por representação do Corregedor-Geral, poderá afastar o sindicado ou indiciado do exercício do cargo, com prejuízo de seus vencimentos e vantagens, desde que demonstrada a necessidade da medida para a garantia de regular apuração dos fatos.

III. O afastamento do sindicado ou indiciado não excederá 30 dias, podendo, excepcionalmente, ser prorrogado por até 90 dias mediante decisão do Defensor Público-Geral do Estado.

Está correto o que se afirma APENAS em

a) III.
b) II e III

c) II.
d) I e III.
e) I.

► ***Anotações/Comentários***

O item I está correto e de acordo com o artigo 55, da Deliberação CSDP 111/2009, que pontua que durante a sindicância ou processo administrativo, o Defensor Público-Geral do Estado, por representação do Corregedor-Geral, poderá afastar o sindicado ou o indiciado do exercício do cargo, sem prejuízo de seus vencimentos e vantagens, desde que demonstrada a necessidade da medida para a garantia de regular apuração dos fatos.

O item II está incorreto, pois, ao contrário do que afirma, o afastamento do sindicado ou indiciado se dá sem prejuízo dos vencimentos, ou seja, o servidor afastado continua a receber seus proventos enquanto perdurar o afastamento decorrente de sindicância ou processo administrativo.

O item III está incorreto e em desacordo com o artigo 55, parágrafo único, da Deliberação CSDP 111/2009, indicativo de que o afastamento não excederá 60 (sessenta) dias, podendo, excepcionalmente, ser prorrogado por até igual período mediante decisão do Defensor Público-Geral do Estado, provocada por representação do Corregedor-Geral, se mantidas as circunstâncias originais.

Gabarito: E

23. (Defensor Público DPE-SP – 2015 – FCC). O Conselho Superior da Defensoria Pública do Estado, no exercício de seu poder normativo, editou a Deliberação CSDP n° 63/2008, que versa sobre autonomia funcional, independência funcional, parâmetros mínimos de qualidade, teses institucionais, recomendações e rotinas administrativas. A respeito destes institutos, a legislação paulista infralegal disciplina que:

a) Recomendações são orientações sobre o exercício das atribuições dos órgãos da Defensoria Pública do Estado, visando ao aprimoramento dos serviços, aprovadas pelo Conselho Superior da Defensoria Pública do Estado, podendo se originar de sugestão emanada do Defensor Público-Geral, a partir de proposta feita por qualquer membro ou órgão da Defensoria Pública do Estado, dotadas de efeito vinculativo, exceto quando dispuserem sobre a atividade-fim e se destinarem aos órgãos de atuação e execução – Defensores Públicos e Núcleos Especializados – em virtude da independência funcional.

b) Rotinas são regulamentações concernentes a procedimentos administrativos a serem observadas apenas pelos Servidores da Defensoria Pública do Estado, fixadas pelo Conselho Superior, ouvida a Escola da Defensoria Pública do Estado.

c) Teses institucionais são modelos e orientações para atuação dos Defensores Públicos e dos Núcleos Especializados, definidas nos encontros anuais de Defensores Públicos e sujeitas a aprovação pela Escola da Defensoria Pública do Estado, e constituirão parâmetros mínimos de qualidade, devendo ser observadas pelos Defensores Públicos sempre que forem a melhor solução para o usuário.

d) Parâmetros mínimos de qualidade são modelos e orientações sobre a prestação do serviço de assistência jurídica, visando à sua melhoria contínua, mediante a orientação de todos os órgãos da Defensoria Pública do Estado, fixados pelo Conselho Superior, auxiliado pela Escola da Defensoria Pública do Estado, dotados de efeito vinculativo, não ferindo, contudo, a independência funcional dos Defensores Públicos, que podem, justificadamente, deixar de adotá-los no caso concreto.

e) Autonomia funcional é a garantia afeta à instituição para sua plena atuação e consecução de suas atribuições legais, sem subordinação ou ingerência de terceiros, nos estritos limites da legalidade, diferindo-se, portanto, da independência funcional, que é a liberdade ampla do Defensor Público, desprovida de limites legais, no exercício das suas funções, para a adequada realização das atribuições inerentes ao cargo.

▶ *Anotações/Comentários*

(a) Alternativa falsa – Prescreve o artigo 5º da Deliberação CSDP nº 63/2008, que recomendações são orientações sobre o exercício das atribuições dos órgãos da Defensoria Pública do Estado, visando ao aprimoramento dos serviços. O § 1º, por seu turno, assenta que as recomendações serão proferidas pelo Defensor Público-Geral do Estado, podendo se originar de sugestão emanada do Conselho Superior da Defensoria Pública do Estado, e não pelo Defensor Público-Geral.

(b) Alternativa falsa – O artigo 6º da Deliberação CSDP nº 63/2008 pontua que as rotinas são regulamentações concernentes a procedimentos administrativos a serem observados por todos os órgãos da Defensoria Pública do Estado, e não apenas pelos servidores da instituição.

(c) Alternativa falsa – As teses institucionais, segundo o artigo 4º, § 1º, da Deliberação CSDP nº 63/2008 serão definidas nos encontros anuais de Defensores Públicos, organizados pela Escola da Defensoria Pública do

Estado, e constituirão parâmetros mínimos de qualidade. Elas não estão, portanto, sujeitas à aprovação da Escola da Defensoria Pública do Estado.

(d) Alternativa correta – Referida alternativa está correta e de acordo com o artigo 3º, § 1º e 2º da Deliberação CSDP nº 63/2008.

(e) Alternativa falsa – O artigo 2º da Deliberação CSDP nº 63/2008 prevê que independência funcional constitui-se na liberdade que o Defensor Público possui no exercício das suas funções, observados os limites legais relativos às suas atribuições institucionais.

Gabarito: D

24. (Agente de Defensoria – Engenheiro Elétrico DPE-SP – 2013 – FCC). Bruno é titular do cargo de Agente da Defensoria Pública do Estado de São Paulo, exercendo a função de gerente. Neste caso, de acordo com a Lei Complementar Estadual nº 1.050/08,

a) Bruno será retribuído por meio de atribuição de gratificação *pro labore*, na proporção de 15% sobre o valor do padrão inicial do vencimento do cargo que é titular.

b) Bruno será retribuído por meio de atribuição de gratificação *pro labore*, na proporção de 30% sobre o valor do padrão inicial do vencimento do cargo que é titular.

c) não há retribuição específica para o exercício desta função, recebendo apenas as seguintes vantagens pecuniárias: adicional por tempo de serviço, sexta-parte; salário família; décimo terceiro salário; acréscimo de 1/3 das férias; ajuda de custo; e diária.

d) não há retribuição específica para o exercício desta função, recebendo apenas as seguintes vantagens pecuniárias: adicional por tempo de serviço, salário família; décimo terceiro salário e acréscimo de 1/3 das férias.

e) só haveria retribuição específica se Bruno ocupasse a função de supervisão e não de gerência.

► *Anotações/Comentários*

(a) Errada. Segundo o art. 13 da LC estadual 1.050/08, o exercício das funções de gerência será retribuído por meio de atribuição de gratificação "pro labore", calculada pela aplicação de percentuais sobre o valor do padrão inicial do vencimento do cargo de que o servidor é titular, no percentual de 30%.

(b) Afirmação correta. Art. 13 da LC estadual 1.050/08.

(c) Errada. Art. 13 da LC estadual 1.050/08.

(d) Errada. Art. 13 da LC estadual 1.050/08.

(e) Errada. Segundo esse mesmo art. 13 da LC estadual 1.050/08, a função de supervisão também tem retribuição, mas no percentual de 15%.

Gabarito: B.

25. (Agente de Defensoria – Engenheiro Elétrico DPE-SP – 2013 – FCC). Nos termos da Deliberação do Conselho Superior da Defensoria Pública nº 111/09, que institui o Regimento Interno dos Servidores Públicos da Defensoria Pública do Estado de São Paulo, o não comparecimento sem justificativa do servidor ao serviço por mais de 30 (trinta) dias acarretará a aplicação da sanção de

a) censura.
b) advertência
c) demissão.
d) suspensão por 90 (noventa) dias.
e) cassação de disponibilidade.

► ***Anotações/Comentários***

De acordo como o art. 46 da Deliberação do Conselho Superior da Defensoria Pública de SP 111/09, a pena de demissão será aplicada ao servidor da Defensoria Pública do Estado nos casos de:

I – prática de conduta tipificada como infração penal incompatível com o exercício do cargo;

II – prática das condutas previstas no artigo 165 e 166 da Lei Complementar nº 988/06, quando a infração se der mediante o exercício irregular da advocacia;

III – abandono do cargo, que é o não comparecimento do servidor ao serviço por mais de 30 (trinta) dias;

IV – procedimento irregular, de natureza grave.

Logo a alternativa (c) está correta.

Gabarito: C.

26. (Oficial de Defensoria Pública DPE-SP – 2013 – FCC). Conforme as disposições da Lei Complementar Estadual nº 988/06, o Defensor Público-Geral

a) deve ser obrigatoriamente maior de quarenta anos.
b) será nomeado pelo Defensor Geral da União.
c) deve estar na carreira há pelo menos oito anos.
d) terá mandato de 2 (dois) anos, vedada a recondução.

e) em regra, será substituído em suas faltas pelo Segundo Subdefensor Público-Geral do Estado.

► ***Anotações/Comentários***

De acordo com o art. 13 da LC estadual 988/2006, "O Defensor Público-Geral do Estado será nomeado pelo Governador do Estado, dentre os integrantes do quadro ativo da carreira, indicados em lista tríplice, maiores de 35 (trinta e cinco) anos, que tenham ingressado na carreira há pelo menos 8 (oito) anos e estejam em efetivo exercício, sem interrupção, nos últimos 3 (três) anos que antecedam a data prevista para a realização das eleições".

Prevê, ainda, o art. 14 da LC estadual 988/2006 que "O mandato do Defensor Público-Geral do Estado será de 2 (dois) anos, permitida uma recondução, observado o mesmo procedimento de que trata o artigo 13 desta lei complementar".

Por fim, o parágrafo 2º do art. 12 estabelece que "O Defensor Público-Geral do Estado será substituído em suas faltas, licenças, férias e impedimentos pelo Primeiro Subdefensor Público-Geral do Estado".

Portanto, a alternativa (c) está correta.

Gabarito: C.

27. (Oficial de Defensoria Pública DPE-SP – 2013 – FCC). Nos termos da Lei Complementar Estadual nº 988/06, todos os membros do Conselho Superior da Defensoria Pública terão direito a voto, EXCETO o

a) Defensor Público do Estado Corregedor-Geral.

b) Segundo Subdefensor Público-Geral do Estado.

c) Ouvidor-Geral da Defensoria Pública.

d) Representante das Defensorias Regionais.

e) Terceiro Subdefensor Público-Geral do Estado.

► ***Anotações/Comentários***

Segundo o parágrafo 2º do art. 26 da LC estadual 988/2006, "Todos os membros do Conselho Superior, excetuado o Ouvidor-Geral, terão direito a voto, cabendo ao Defensor Público-Geral do Estado, quando for o caso, também o de desempate.".

Portanto, a alternativa (c) está correta.

Gabarito: C.

28. (Oficial de Defensoria Pública DPE-SP – 2013 – FCC). Carlos, Defensor Público do Estado de São Paulo, praticou falta que, pela sua gravidade e repercussão, tornou incompatível sua permanência no órgão de atuação de sua lotação. Conforme as disposições da Lei Complementar Estadual nº 988/06, a falta narrada ensejará a sanção de

a) suspensão por 90 dias.
b) remoção compulsória.
c) suspensão por 30 dias.
d) demissão.
e) censura.

► ***Anotações/Comentários***

Segundo o parágrafo 2º do art. 26 da LC estadual 988/2006, "Todos os membros do Conselho Superior, excetuado o Ouvidor-Geral, terão direito a voto, cabendo ao Defensor Público-Geral do Estado, quando for o caso, também o de desempate.".

Portanto, a alternativa (c) está correta.

Gabarito: C.

29. (Agente de Defensoria – Engenheiro Elétrico DPE-SP – 2013 – FCC). Nos termos da Lei Complementar Estadual nº 988/06, as decisões da Defensoria Pública do Estado, fundadas em sua autonomia funcional e administrativa e obedecidas as formalidades legais,

a) têm auto-executoriedade e eficácia restrita, ressalvadas as competências constitucionais dos Poderes Judiciário e Legislativo e do Tribunal de Contas.
b) não possuem auto-executoriedade, porém têm eficácia plena, ressalvadas apenas as competências constitucionais dos Poderes Judiciário e Legislativo.
c) não possuem auto-executoriedade e têm eficácia restrita, ressalvadas apenas as competências constitucionais dos Poderes Judiciário e Legislativo.
d) têm auto-executoriedade e eficácia plena, ressalvadas as competências constitucionais dos Poderes Judiciário e Legislativo e do Tribunal de Contas.
e) não possuem auto-executoriedade, porém têm eficácia plena, ressalvadas as competências constitucionais dos Poderes Judiciário e Legislativo e do Tribunal de Contas.

► ***Anotações/Comentários***

Segundo o art. 7º, § 1º, da LC estadual 988/2006, "As decisões da Defensoria Pública do Estado, fundadas em sua autonomia funcional e administrativa e obedecidas as formalidades legais, têm auto-executoriedade e eficácia plena, ressalvadas as competências constitucionais dos Poderes Judiciário e Legislativo e do Tribunal de Contas".

Portanto, a alternativa (d) está correta.

Gabarito: D.

30. (Agente de Defensoria – Engenheiro Elétrico DPE-SP – 2013 – FCC). No que concerne à Comissão Técnica da Defensoria Pública, cujas atribuições estão enunciadas no Ato Normativo da Defensoria Pública-Geral do Estado nº 23 de 06 de outubro de 2009, é INCORRETO afirmar:

a) Será composta apenas por Defensores Públicos, designados por Ato do Defensor Público-Geral, que também designará o responsável pela coordenação dos trabalhos.

b) É órgão responsável pelo acompanhamento do estágio probatório dos servidores públicos titulares de cargos efetivos da Defensoria Pública nas avaliações especiais.

c) Se reunirá, ao menos, a cada três meses, mediante convocação do Coordenador, para executar a avaliação conjunta dos servidores públicos da Defensoria Pública.

d) Compartilhará a sede, a secretaria e o setor de protocolo da Coordenadoria Geral de Administração.

e) É o órgão responsável pelo acompanhamento dos servidores públicos estáveis e servidores públicos comissionados da Defensoria Pública nas avaliações periódicas.

► ***Anotações/Comentários***

(a) Afirmação incorreta. Art. 2º do Ato Normativo DPG nº 23/2009 "A Comissão Técnica será composta por Defensores Públicos e servidores designados por Ato do Defensor Público-Geral, que também designará o responsável pela coordenação dos trabalhos".

(b) Afirmação correta. Art. 1º do Ato Normativo DPG nº 23/2009: "A Comissão Técnica é órgão responsável pelo acompanhamento do estágio probatório dos servidores públicos titulares de cargos efetivos da Defensoria Pública nas avaliações especiais, e pelo acompanhamento dos servidores públicos estáveis e servidores públicos comissionados da Defensoria Pública nas avaliações periódicas".

(c) Afirmação correta. Art. 3º do Ato Normativo DPG nº 23/2009: "A Comissão Técnica se reunirá, ao menos, a cada três meses, mediante convocação do Coordenador, para executar a avaliação conjunta dos servidores públicos da Defensoria Pública".

(d) Afirmação correta. Art. 5º do Ato Normativo DPG nº 23/2009: "A Comissão Técnica compartilhará a sede, a secretaria e o setor de protocolo da Coordenadoria Geral de Administração".

(e) Afirmação correta. Art. 1º do Ato Normativo DPG nº 23/2009: "Artigo 1º – A Comissão Técnica é órgão responsável pelo acompanhamento do estágio probatório dos servidores públicos titulares de cargos efetivos da Defensoria Pública nas avaliações especiais, e pelo acompanhamento dos servidores públicos estáveis e servidores públicos comissionados da Defensoria Pública nas avaliações periódicas".

Logo, a alternativa (a) deve ser assinalada, pois é a única incorreta.

Gabarito: A.

31. (Defensor Público DPE-SP – 2012 – FCC). De acordo com a Lei Complementar nº 988/06,

a) os membros da Defensoria Pública de São Paulo são passíveis das seguintes sanções disciplinares: advertência, censura, remoção compulsória, suspensão, cassação de disponibilidade e de aposentadoria e demissão.

b) o regime disciplinar aplicável ao Defensor Público do Estado de São Paulo é o mesmo regime aplicável ao servidor público civil do Estado.

c) cabe ao Conselho Superior da Defensoria Pública avocar, se entender conveniente e necessário, processo administrativo disciplinar em curso.

d) a sindicância e o processo administrativo disciplinar contra Defensor Público poderão ser instaurados por provocação de qualquer pessoa, vedadas a denúncia anônima e a que não forneça elementos indiciários de infração disciplinar.

e) em decorrência de sua independência funcional o Defensor Público não está obrigado a prestar as informações solicitadas por órgãos da Administração Superior.

► ***Anotações/Comentários***

(a) Afirmação correta, conforme o art. 177 da LC estadual 988/06, que assim dispõe:

"Os membros da Defensoria Pública do Estado são passíveis das seguintes sanções disciplinares:

I - advertência;

II - censura;

III - remoção compulsória, quando a falta praticada, pela sua gravidade e repercussão, tornar incompatível a permanência do faltoso no órgão de atuação de sua lotação;

IV - suspensão por até 90 (noventa) dias;

V - cassação de disponibilidade e de aposentadoria;

VI - demissão"

(b) Errada. Não se aplica o mesmo regime jurídico disciplinar O Defensor Público se submete à LC estadual 988/06, enquanto o servidor público estadual ao Estatuto dos Funcionários Públicos do Estado. Nesse sentido, diz art. 243 da LC estadual 988/06 que: "Aplicam-se, subsidiariamente, aos membros da Defensoria Pública do Estado as disposições da Lei nº 10.261, de 28 de outubro de 1968 - Estatuto dos Funcionários Públicos Civis do Estado, e da Lei Complementar nº 180, de 12 de maio de 1978".

(c) Errada. Art. 31, XII, da LC estadual 988/06: compete ao Conselho Superior "recomendar ao Defensor Público-Geral do Estado a instauração de processo administrativo disciplinar em face de integrantes da carreira de Defensor Público".

(d) Errada. Segundo o art. 19, XVIII, da LC estadual 988/06, constitui atribuição do Defensor Público-Geral "determinar a instauração de processo administrativo ou de sindicância".

(e) Errada. Art. 164, XVII, da LC estadual 988/06: é dever dos membros da Defensoria Pública do Estado "prestar as informações solicitadas pelos órgãos da administração superior da Defensoria Pública do Estado".

Gabarito: A.

32. (Defensor Público DPE-SP - 2012 - FCC). Constituem instrumentos e mecanismos de participação popular na gestão e controle da Defensoria Pública do Estado de São Paulo, previstos na Lei Complementar nº 988/06:

a) Conferência Estadual e Pré-Conferências Regionais; Plano Anual de Atuação, Ouvidoria-Geral; Encontro anual de Defensores Públicos; e a possibilidade de uso da palavra por qualquer pessoa nas sessões do Conselho Superior, nos termos regimentais.

b) Conferência Estadual e Pré-Conferências Regionais; Plano Anual de Atuação; Ouvidoria-Geral; e a possibilidade de uso da palavra por qualquer pessoa nas sessões do Conselho Superior, nos termos regimentais.

c) Conferência Estadual e Pré-Conferências Regionais; Plano Anual de Atuação; Ouvidoria-Geral; e o orçamento participativo.

d) Conferência Estadual e Pré-Conferências Regionais; Plano Anual de Atuação; Ouvidoria-Geral; e o controle externo pela Corregedoria-Geral da Administração do Estado.

e) Conferência Estadual e Pré-Conferências Regionais; Plano Anual de Atuação; Ouvidoria-Geral; e o Conselho Nacional de Defensores Públicos-Gerais – CONDEGE.

► ***Anotações/Comentários***

A LC estadual 988/06 traz alguns instrumentos e mecanismos de participação popular na gestão e controle da Defensoria Pública do Estado de São Paulo, podendo-se indicar os seguintes dispositivos legais:

- Art. 36 e 37: a Ouvidoria-Geral, uma vez que membro da DP não poderá ser Ouvidor-Geral;

- Art. 29, § 4º: "Nas sessões públicas será franqueada a palavra a qualquer pessoa ou membro ou servidor da Defensoria Pública, nos termos do regimento interno do Conselho Superior";

- Art. 31, XIX: compete ao Conselho Superior: "aprovar o plano anual de atuação da Defensoria Pública do Estado, garantida a ampla participação popular, em especial de representantes de todos os conselhos estaduais, municipais e comunitários, de entidades, organizações não-governamentais e movimentos populares, através da realização de conferências estaduais e regionais, observado o regimento interno".

Portanto, são instrumentos/mecanismos de participação popular: a Conferência Estadual e as Pré-Conferências Regionais; o Plano Anual de Atuação; a Ouvidoria-Geral e a possibilidade de uso da palavra por qualquer pessoa nas sessões do Conselho Superior.

Assim, a alternativa (b) é a correta.

Gabarito: B.

33. (Oficial de Defensoria Pública DPE-SP – 2010 – FCC). Aos necessitados atendidos pela Defensoria Pública do Estado de São Paulo e nos termos da Lei Complementar nº 988/2006, assiste o direito à informação sobre

a) quaisquer processos judiciais que tramitem no Estado e que sejam patrocinados pela Instituição

b) procedimentos administrativos e processos judiciais em que figurem como interessados.

c) projetos, inclusive normativos, referentes à organização administrativa da Instituição.

d) avaliações da Corregedoria da Instituição sobre seus integrantes.

e) processos administrativos disciplinares em trâmite para apuração de falta disciplinar de servidor público da Instituição.

► ***Anotações/Comentários***

(a) Alternativa errada, visto que o art. 6º, § 1º, IV, da Lei Complementar Estadual (LCE) 988/06 prevê o direito à informação acerca da tramitação de procedimentos administrativos e dos processos judiciais em que figure como interessado, e não de quaisquer processos.

(b) Alternativa correta, nos termos do art. 6º, § 1º, IV, da LCE 988/06.

(c) Alternativa incorreta, pois o art. 6º, III, da LCE 988/06 prevê o direito não apenas à informação, mas à participação na definição das diretrizes institucionais da Defensoria Pública e no acompanhamento da fiscalização das ações e projetos desenvolvidos pela Instituição, da atividade funcional e da conduta pública dos membros e servidores.

(d) Alternativa incorreta. O art. 6º, § 1º, da LCE 988/06 não prevê o direito a informações relativas a avaliações da Corregedoria acerca dos integrantes da Defensoria Pública.

(e) Alternativa errada, visto que o art. 191 da LCE 988/06 prevê que os autos de sindicância e os processos administrativos disciplinares serão sigilosos.

Gabarito: B

34. (Oficial de Defensoria Pública DPE-SP – 2010 – FCC). A autonomia funcional e administrativa garantida à Defensoria Pública do Estado de São Paulo pela Lei Complementar nº 988/2006 compreende a

a) iniciativa de sua proposta orçamentária.

b) decisão sobre a situação funcional dos integrantes da ativa e aposentados da carreira.

c) aprovação de seu orçamento, independentemente de manifestação do Executivo ou do Legislativo.

d) aquisição de bens móveis ou imóveis independentemente de procedimento de licitação.

e) nomeação de defensores públicos independentemente de concurso público.

► ***Anotações/Comentários***

(a) Correta, pois, nos termos do art. 7º, *caput,* da LCE 988/06, é assegurada à DPE a iniciativa de sua proposta orçamentária.

(b) Alternativa incorreta, pois o art. 7º, II, da LCE 988/06, prevê que cabe à DPE "praticar atos e decidir sobre a situação funcional e administrativa do pessoal ativo da carreira de Defensor Público e dos serviços auxiliares organizados em quadros próprios", enquanto a assertiva, equivocadamente, atribuí tal poder também em relação aos aposentados.

(c) Alternativa incorreta, pois a aprovação da proposta orçamentária, nos termos do art. 7º, *caput,* da LCE 988/06, depende do disposto no art. 99, § 2º, da Constituição Federal, com manifestação do Executivo, e sujeita à aprovação legislativa.

(d) Alternativa incorreta, pois em sendo uma Instituição Pública, deve a Defensoria Pública observância à legislação relativa às licitações e contratos administrativos.

(e) Alternativa incorreta, pois o ingresso na carreira de Defensor Público depende de concurso de provas e títulos, nos termos do art. 90 da LCE 988/06.

Gabarito: A

35. (Oficial de Defensoria Pública DPE-SP - 2010 - FCC). Os honorários advocatícios fixados nas ações em que houver atuado a Defensoria Pública são considerados

a) vencimentos do defensor público que houver representado o assistido na demanda judicial.

b) recursos provenientes do Fundo de Assistência Judiciária.

c) dotação orçamentária da Defensoria Pública.

d) arrecadação tributária pertencente ao Estado.

e) receita da Defensoria Pública.

► ***Anotações/Comentários***

(a) Alternativa errada, visto que os honorários advocatícios obtidos em razão de atuação da Defensoria Pública constituem receita da Instituição (Art. 8º, III, da LCE 988/06), sendo que parte destes honorários será destinada ao Fundo de Despesas da Escola da Defensoria Pública do Estado, nos termos do art. 237 da LCE 988/06. Além disso, é expressamente vedado ao Defensor Público o recebimento de honorários (art. 165, III, da LCE 988/06.)

(b) Alternativa incorreta, visto que os recursos do Funda de Assistência Judiciária possuem origem distinta, nos termos do art. 2º do Decreto Estadual N. 23.703, de 25 de julho de 1985.

(c) Alternativa incorreta, visto que as dotações orçamentárias constituem fonte autônoma de receita, nos termos do art. 8º, I, da LCE 988/06, estando os honorários advocatícios previstos no inciso III do mesmo artigo.

(d) Alternativa incorreta, por não se tratar de arrecadação tributária, mas sim de receita da Defensoria Pública. (art. 8º, III, da LCE 988/06).

(e) Alternativa correta, nos termos do art. 8º, III, da LCE 988/06.

Gabarito: E

36. (Agente de Defensoria – Comunicação Social DPE-SP – 2010 – FCC). De acordo com o que dispõe a Lei Complementar Estadual no 988/2006, dentre as funções institucionais da Defensoria Pública do Estado de São Paulo, insere-se a de

a) prestar a qualquer interessado orientação permanente sobre seus direitos e garantias.

b) representar em juízo qualquer interessado, individual ou coletivamente, para defesa de interesse difuso, coletivo ou individual homogêneo.

c) promover a tutela dos direitos individuais dos necessitados, excluídos menores e idosos, que devem ser representados pelo Ministério Público.

d) promover a mediação e conciliação extrajudicial entre as partes em conflito de interesses envolvendo direitos e garantias dos necessitados.

e) promover a tutela individual ou coletiva dos interesses dos necessitados, exceto no que se refere a direito do consumidor, cuja tutela é prestada pela Fundação Procon com exclusividade.

► ***Anotações/Comentários***

(a) Alternativa incorreta, pois, nos termos do art. 5º, I, da LCE 988/06, é atribuição da DPE "prestar aos necessitados orientação permanente sobre seus direitos e garantias", e não a qualquer interessado.

(b) Alternativa incorreta, pois, nos termos do art. 5º, III, da LCE 988/06, é atribuição da DPE "representar em juízo os necessitados, na tutela de seus interesses individuais ou coletivos", e não qualquer interessado.

(c) Alternativa incorreta, visto que há, no art. 5º, VI, c, da LCE 988/06, expressa previsão da atuação da DPE em prol de crianças, adolescentes e idosos.

(d) Alternativa correta, nos termos do art. 5º, VI, a, da LCE 988/06, que prevê ser atribuição institucional da DPE a promoção da mediação e conciliação extrajudicial entre as partes em conflito de interesses.

(e) Alternativa incorreta, posto que o art. 5º, VI, d, da LCE 988/06, prevê a tutela individual e coletiva dos interesses e direitos do consumidor necessitado como atribuição institucional da DPE.

Gabarito: D

37. (Administrador DPE-SP – 2010 – FCC). Com relação à definição normativa de usuário da Defensoria Pública do Estado de São Paulo (Deliberação CSDP nº 89/2008), considere as afirmativas abaixo.

I. Não existem parâmetros fixos e objetivos para a denegação de atendimento pela Defensoria Pública, nas hipóteses de demandas individuais.

II. Não sendo possível a exibição de documentos comprobatórios da renda mensal familiar, milita em favor da pessoa interessada a presunção de veracidade das informações por ela prestadas no ato de preenchimento do questionário de avaliação da situação econômico-financeira.

III. É obrigação da Defensoria Pública do Estado de São Paulo a prestação de assistência jurídica a todas as pessoas físicas e entidade civis que tenham, dentre as suas finalidades, a tutela de interesses dos necessitados.

IV. Considera-se necessitada a entidade civil regularmente constituída, de finalidade não lucrativa, que tenha no objeto social a tutela do interesse dos necessitados e não disponha de recursos financeiros para a contratação de advogados que a representem judicialmente.

V. O exercício da defesa criminal de quem não é hipossuficiente não implica a gratuidade, constitucionalmente deferida apenas aos necessitados, devendo ser promovida a oportuna cobrança de honorários advocatícios.

Está correto o que se afirma APENAS em

a) I, II e III.

b) II, IV e V.

c) III e V.

d) I, II, III e IV.

e) I e IV.

► *Anotações/Comentários*

I – Assertiva incorreta, visto que, pelo contrário, a Deliberação CSDP 89/2008 traz critérios fixos e objetivos para o atendimento (e logo, para a denegação), como os previstos em seu art. 2º, por exemplo, em que se afirma que se presume necessitada a pessoa que integre entidade familiar que, cumulativamente, I – aufira renda familiar mensal não superior **a três salários mínimos federais**; II – não seja proprietária, titular de aquisição, herdeira, legatária ou usufrutuária de bens móveis, imóveis ou direitos, cujos valores ultrapassem a quantia equivalente a 5.000 (cinco mil) Unidades Fiscais do Estado de São Paulo – UFESP's; III – não possua recursos financeiros em aplicações ou investimentos em valor superior a 12 (doze) salários mínimos federais.

II – Assertiva correta, nos termos do art. 6º, § 4º, da Deliberação CSDP 89/08.

III – Assertiva incorreta, visto que não basta que as entidades civis tenham a finalidade de tutela dos interesses dos necessitados, sendo também necessário que não disponham de recursos financeiros para a atuação em juízo (art. 5º, VI, "h", da LCE 988/06), conforme regulamentação trazida pelo art. 3º e respectivos parágrafos da Deliberação CSDP 89/08.

IV – Assertiva correta, que reproduz o art. 3º da Deliberação CSDP 89/08.

V – Assertiva correta. Ainda que o exercício da defesa criminal não dependa de considerações prévias sobre a situação econômico-financeira do interessado (art. 4º, Deliberação CSDP 89/08), a atuação nesta área em prol de quem não é hipossuficiente não implica a gratuidade constitucionalmente deferida apenas aos necessitados, devendo ser promovida a oportuna cobrança de honorários advocatícios, nos termos do artigo 3º, inciso II da Lei Estadual nº 12.793 de 04 de janeiro de 2008 (art. 4º, parágrafo único, Deliberação CSDP 89/08).

Gabarito: B

38. (Agente de Defensoria – Analista de Sistemas – 2010 – FCC -2010). De acordo com o que dispõe a Lei Complementar Estadual nº 988/2006, dentre as funções institucionais da Defensoria Pública do Estado de São Paulo, insere-se a de

a) prestar a qualquer interessado orientação permanente sobre seus direitos e garantias.

b) representar em juízo qualquer interessado, individual ou coletivamente, para defesa de interesse difuso, coletivo ou individual homogêneo.

c) promover a tutela dos direitos individuais dos necessitados, excluídos menores e idosos, que devem ser representados pelo Ministério Público.

d) promover a mediação e conciliação extrajudicial entre as partes em conflito de interesses envolvendo direitos e garantias dos necessitados.

e) promover a tutela individual ou coletiva dos interesses dos necessitados, exceto no que se refere a direito do consumidor, cuja tutela é prestada pela Fundação Procon com exclusividade.

► ***Anotações/Comentários***

(a) Alternativa incorreta, pois, nos termos do art. 5º, I, da LCE 988/06, é atribuição da DPE "prestar aos necessitados orientação permanente sobre seus direitos e garantias", e não a qualquer interessado.

(b) Alternativa incorreta, pois, nos termos do art. 5º, III, da LCE 988/06, é atribuição da DPE "representar em juízo os necessitados, na tutela de seus interesses individuais ou coletivos", e não qualquer interessado.

(c) Alternativa incorreta, visto que há, no art. 5º, VI, c, da LCE 988/06, expressa previsão da atuação da DPE em prol de crianças, adolescentes e idosos.

(d) Alternativa correta, nos termos do art. 5º, VI, a, da LCE 988/06, que prevê ser atribuição institucional da DPE a promoção da mediação e conciliação extrajudicial entre as partes em conflito de interesses.

(e) Alternativa incorreta, posto que o art. 5º, VI, d, da LCE 988/06, prevê a tutela individual e coletiva dos interesses e direitos do consumidor necessitado como atribuição institucional da DPE.

Gabarito: D

39. (Oficial de Defensoria Pública DPE-SP – 2008 – FCC). De acordo com a Lei Complementar nº 988, de 09 de janeiro de 2006, tem-se como um dos princípios institucionais da Defensoria Pública a

a) hierarquia.

b) inamovibilidade.

c) removibilidade.

d) permanência.

e) independência funcional.

► ***Anotações/Comentários***

(a) Alternativa errada, visto que a hierarquia não se encontra entre os princípios institucionais descritos no art. 4º da LC 988/06.

(b) Alternativa equivocada, já que a inamovibilidade é prerrogativa dos defensores públicos (art. 160, II, da LCE 988/06), e não princípio institucional da DPE/SP.

(c) A removibilidade não é princípio institucional da DPE/SP, sendo errada a alternativa.

(d) Alternativa incorreta, pois o art. 4º da LCE 988/06 não prevê a permanência como princípio institucional da DPE/SP

(e) Alternativa correta, nos termos do art. 4º da LCE 988/06, que prevê que "são princípios institucionais da Defensoria Pública do Estado a unidade, a indivisibilidade e a independência funcional".

Gabarito: E

40. (Oficial de Defensoria Pública DPE-SP – 2008 – FCC). Constituem receitas da Defensoria Pública, na forma expressamente prevista pela Lei Complementar nº 988/2006, os recursos

a) provenientes de dotações orçamentárias previstas pelo Tesouro da União Federal.

b) provenientes da cobrança pelos serviços jurídicos prestados à população necessitada.

c) arrecadados com a cobrança de taxa municipal pela prestação dos serviços de assistência ao judiciário.

d) provenientes de contratos firmados com entidades nacionais ou estrangeiras para prestação de serviços de assistência judiciária.

e) consubstanciados nos honorários advocatícios fixados nas ações em que houver atuado.

► ***Anotações/Comentários***

(a) Alternativa errada, já que as dotações são originárias do Tesouro do Estado de São Paulo (art. 8º, I, da LCE 988/06).

(b) Alternativa errada, já que não há qualquer cobrança pelos serviços à população necessitada, sendo a assistência jurídica prestada gratuitamente (art. 2º, LCE 988/06).

(c) Alternativa errada, já que inexistente a citada taxa, além de, repise-se, a assistência jurídica aos necessitados ser prestada gratuitamente.

(d) Alternativa errada, já que o art. 8º, IV, da LCE 988/06 fala em "convênios" com órgãos ou entidades, nacionais ou estrangeiras, e não em "contratos", como consta da assertiva.

(e) Alternativa correta, que reproduz o teor do art. 8º, III, da LCE 988/06.

Gabarito: E

41. (Oficial de Defensoria Pública DPE-SP - 2008 - FCC). Ao funcionário público integrante do quadro da Defensoria Pública que praticar, em serviço, conduta tipificada como infração penal incompatível com o exercício do cargo, deverá ser aplicada, conforme estabelece a Lei Complementar 988/2006, pena disciplinar de

a) demissão.

b) multa.

c) suspensão.

d) repreensão.

e) detenção.

► ***Anotações/Comentários***

(a) Alternativa correta, visto que o art. 183, I, da LCE 988/06, prevê a pena de demissão para o membro da DPE/SP que pratique conduta tipificada como infração penal incompatível com o exercício do cargo.

(b) Alternativa equivocada, conforme se verifica no art. 183 da LCE 988/06

(c) Alternativa equivocada, conforme se verifica no art. 183 da LCE 988/06

(d) Alternativa equivocada, conforme se verifica no art. 183 da LCE 988/06

(e) Alternativa equivocada, conforme se verifica no art. 183 da LCE 988/06

Gabarito: A

42. (Defensor Público DPE-SP - 2006 - FCC). NÃO é prerrogativa de defensor público:

a) requisitar, a quaisquer órgãos públicos estaduais, exames, certidões, cópias reprográficas, perícias, vistorias, diligências, processos, documentos, informações e esclarecimentos.

b) deixar de patrocinar ação, quando manifestamente incabível ou inconveniente aos interesses da parte sob seu patrocínio.

c) ter acesso amplo e irrestrito a todas as dependências de estabelecimentos penais, de internação de adolescentes e aqueles destinados à custódia ou ao acolhimento de pessoas.

d) portar arma de fogo.

e) solicitar o auxílio e a colaboração das autoridades públicas para o desempenho de suas funções.

► ***Anotações/Comentários***

(a) Prerrogativa prevista no art. 162, IV, da LCE 988/06

(b) Prerrogativa prevista no art. 162, VII, da LCE 988/06

(c) Prerrogativa prevista no art. 162, XII, da LCE 988/06

(d) Os membros da DPE/SP não possuem a prerrogativa do porte de arma, sendo que a LC 80/94 também não traz tal previsão. Entretanto, há Defensorias Públicas estaduais que trazem o porte de arma em suas leis orgânicas estaduais, como é o caso da Defensoria Pública do Mato Grosso, cujos membros possuem tal prerrogativa, prevista no art. 77, III, da LCE 146/03, ou dos membros da Defensoria Pública do Mato Grosso do Sul, que podem portar armas com base no art. 104, III, da LCE 111/05.

(e) Prerrogativa prevista no art. 162, V, da LCE 988/06

Gabarito: D

43. (Defensor Público DPE-SP – 2006 – FCC). São órgãos de execução da Defensoria Pública:

a) os defensores públicos e os núcleos especializados.

b) os defensores públicos e os estagiários.

c) os núcleos especializados e os centros de atendimento multidisciplinar.

d) as defensorias regionais e os centros de atendimento multidisciplinar.

e) a Corregedoria-Geral e a Ouvidoria-Geral.

► ***Anotações/Comentários***

(a) Assertiva correta, visto que a Seção III ("Órgãos de Execução e de Atuação") da LCE 988/06 traz os Defensores Públicos e Núcleos Especializados

(b) Assertiva incorreta, visto que, ainda que os Defensores Públicos sejam órgãos de execução (art. 49 da LCE 988/06), os estagiários são considerados órgãos auxiliares (art. 56, VII, LCE 988/06)

(c) Assertiva incorreta, visto que, ainda que estejam os Núcleos Especializados na Seção III ("Órgãos de Execução e de Atuação") da LCE 988/06, os Centros de Atendimento Multidisciplinar são órgãos auxiliares, previstos no art. 56, VI, da LCE 988/06.

(d) Alternativa incorreta, visto que as Defensorias Públicas Regionais são órgãos de administração da Defensoria Pública do Estado (art. 44, I, da LCE 988/06) e os Centros de Atendimento Multidisciplinar são órgãos auxiliares, previstos no art. 56, VI, da LCE 988/06.

(e) Alternativa incorreta, visto que a Corregedoria-Geral e a Ouvidoria-Geral são órgãos de Administração Superior da Defensoria Pública do Estado, previstos respectivamente nos incisos VI e VII do art. 11 da LCE 988/06

Gabarito: A

44. (Defensor Público DPE-SP – 2006 – FCC). A Defensoria Pública possui

a) iniciativa de lei referente à sua estrutura.

b) iniciativa de sua proposta orçamentária.

c) iniciativa de lei referente à criação e extinção de cargos e à fixação de vencimentos e vantagens.

d) prerrogativa de se manifestar sobre projetos de lei referentes a sua estrutura.

e) poder de veto sobre projetos de lei referentes a sua estrutura.

► *Anotações/Comentários*

(a) Atenção: assertiva era incorreta à época da prova de onde extraída a presente questão (2006). Afinal, não possuía a Defensoria Pública iniciativa de lei quanto à sua estrutura. Entretanto, após a Emenda Constitucional 80/2014, foi incluído o § 4º ao art. 134 da Constituição Federal, dispondo que "são princípios institucionais da Defensoria Pública a unidade, a indivisibilidade e a independência funcional, aplicando-se também, no que couber, o disposto no art. 93 e no inciso II do art. 96 desta Constituição Federal." Este art. 96, inciso II, da CF, trata da iniciativa de lei do STF e demais tribunais acerca de sua estrutura, e é aplicável às Defensorias Públicas, que passam a ter tal iniciativa legislativa. Assim, sob a vigência da EC 80/14, a assertiva "a" estaria correta, mas, repisa-se, à época do concurso em que estava inserida (2006), era mesmo incorreta.

(b) Alternativa correta, nos termos do art. 7º da LCE 988/06.

(c) Alternativa incorreta, mas que, pelos mesmos motivos apresentados nos comentários à alternativa "a", hoje deveria ser considerada correta. Afinal, após a EC 80/14, com a aplicação do art. 96, II da CF também à Defensoria Pública, hoje esta Instituição possui iniciativa de lei referente à criação e extinção de cargos e à fixação de vencimentos e vantagens. (CF, art. 96, II, "b"), algo inexistente em São Paulo à época em que elaborada a questão ora estudada (2006).

(d) Assertiva incorreta, não havendo tal previsão na legislação.

(e) Assertiva incorreta, não havendo tal previsão na legislação

Gabarito: B

45. (Defensor Público DPE-SP – 2006 – FCC). Aos defensores públicos é vedado

a) filiar-se à partido político.

b) exercer o magistério.

c) fazer parte de sociedade comercial.

d) integrar associação civil.

e) exercer a advocacia fora das suas atribuições institucionais.

► ***Anotações/Comentários***

(a) Alternativa incorreta, visto que, nos termos do art. 130, V, da LC 80/94, a atividade político-partidária só é vedada enquanto o Defensor atuar junto à Justiça Eleitoral.

(b) Alternativa incorreta, visto que inexiste tal vedação.

(c) Alternativa incorreta, visto que o defensor público pode integrar sociedade comercial, mas na qualidade de cotista ou acionista (art. 130, IV, da LC 80/94)

(d) Não há tal vedação na legislação, sendo incorreta a questão.

(e) Assertiva correta, nos termos do art. 165, I, da LCE (SP) 988/06 e do art. 130, I, da LC 80/94.

Gabarito: E

46. (Defensor Público DPE-SP – 2006 – FCC). O ouvidor-geral da Defensoria Pública é

a) um defensor público nomeado pelo governador do Estado a partir de lista tríplice elaborada pelo Conselho Superior da Defensoria Pública.

b) um servidor da Defensoria Pública nomeado pelo defensor público-geral do Estado.

c) uma pessoa nomeada pelo governador do Estado, a partir de lista tríplice elaborada pelo Conselho Estadual de Defesa dos Direitos da Pessoa Humana – CONDEPE.

d) uma pessoa nomeada pelo defensor público-geral do Estado, a partir de lista tríplice elaborada pelo Conselho Superior da Defensoria Pública.

e) um defensor público nomeado pelo governador do Estado, a partir de lista tríplice elaborada pelo Conselho Estadual de Defesa dos Direitos da Pessoa Humana – CONDEPE.

► ***Anotações/Comentários***

(a) Assertiva incorreta, já que o Ouvidor-Geral da DPE/SP não poderá ser Defensor Público, consoante se depreende do art. 37, § 4º, da LCE 988/06, que prevê que não poderá integrar a lista tríplice dos candidatos à Ouvidor-Geral o membro da Defensoria Pública.

(b) Assertiva incorreta, não encontrando previsão na legislação.

(c) Correta, reproduzindo o teor do art. 37 da LCE 988/06, que dispõe que "o Ouvidor-Geral será nomeado pelo Governador do Estado, dentre os indicados em lista tríplice organizada pelo Conselho Estadual de Defesa dos Direitos da Pessoa Humana - CONDEPE, para mandato de 2 (dois) anos, permitida uma recondução, respeitado o mesmo procedimento." É importante que o leitor conheça também o que dispõe a LC 80/94, modificada pela LC 132/09. Em seu art. 105-B, prevê que nos Estados "o Ouvidor-Geral será escolhido pelo Conselho Superior, dentre cidadãos de reputação ilibada, não integrante da Carreira, indicados em lista tríplice formada pela sociedade civil, para mandato de 2 (dois) anos, permitida 1 (uma) recondução". Em 2018, o Conselho Superior da DPE/SP realizou eleição para Ouvidor-Geral nos termos da LC 80/94, o que gerou disputa judicial, já que o CONDEPE iniciara, por seu turno, o processo de escolha conforme a LCE 988/06. Prevaleceu o procedimento adotado pelo Conselho Superior, fundado na LC 80/94, consoante sentença proferida nos autos do Mandado de Segurança nº 1002152-15.2018.8.26.0053, em trâmite perante a 4ª Vara da Fazenda Pública de São Paulo – SP, em que o julgador entendeu que "em que pese a Lei Complementar Estadual nº 988/2006 traga disposições acerca dos critérios de escolha e nomeação do Ouvidor-Geral, tratando-se de matéria de competência concorrente da União, deve prevalecer a Lei Complementar Federal nº 80/1994 e suas posteriores alterações".

A referida sentença foi publicada em 16/5/2019, e até o fechamento desta edição não havia notícia de recurso ou do trânsito em julgado da decisão. Deve-se frisar que questão ora estudade é de concurso datado de 2006, anterior, portanto, à LC 132/09, que reformou a LC 80/94, motivo pelo qual a assertiva "c" era indicada como correta.

(d) Errada, pois a LCE 988/06 prevê a nomeação pelo Governador do Estado.

(e) Assertiva incorreta, visto que a LCE 988/06 veda que Defensores Públicos integrem a lista tríplice para o cargo de Ouvidor-Geral (vide art. 37, § 4º)

Gabarito: C

47. (Defensor Público DPE-SP – 2006 – FCC). NÃO integra o rol de direitos das pessoas destinatárias das funções institucionais da Defensoria Pública previsto na Lei Complementar nº 988/06

a) a informação.

b) a qualidade da execução das funções.

c) a participação na gestão e na fiscalização da instituição e de seus membros.

d) o ressarcimento das despesas com transporte.

e) a adequação entre meios e fins, vedada a imposição de exigências, obrigações, restrições e sanções não previstas em lei.

► ***Anotações/Comentários***

(a) Assertiva incorreta, visto que tal direito está previsto no art. 6º, I, da LCE 988/06 como direito dos usuários da DPE/SP.

(b) Assertiva incorreta, estando tal direito estampado no art. 6º, II, da LCE 988/06.

(c) Assertiva incorreta, já que tal direito se encontra no art. 6º, III, da LCE 988/06

(d) Assertiva correta, já que inexiste tal direito entre aqueles previstos no art. 6º e demais dispositivos da LCE 988/06.

(e) Assertiva incorreta, já que tal direito se encontra previsto no art. 6º, § 2º, V, da LCE 988/06.

Gabarito: D

48. (Defensor Público DPE-SP – 2006 – FCC). O poder normativo no âmbito da Defensoria Pública é exercido

a) pelo defensor público-geral.
b) pelo corregedor-geral.
c) pela Assembleia Legislativa.
d) pelo governador do Estado.
e) pelo Conselho Superior.

► ***Anotações/Comentários***

(a) Assertiva incorreta, visto que o poder normativo no âmbito da DPE/SP é exercido pelo Conselho Superior.

(b) Assertiva incorreta, pelo motivo já exposto acima.

(c) Assertiva incorreta, pelo motivo já exposto acima.

(d) Assertiva incorreta, pelo motivo já exposto acima.

(e) Assertiva correta, nos termos do art. 31, III, da LCE 988/06.

Gabarito: E

49. (Defensor Público DPE-SP – 2006 – FCC). Considere as seguintes afirmações sobre o plano anual de atuação da Defensoria Pública:

I. Norteia a elaboração da proposta orçamentária.
II. É encaminhado pelo Conselho Superior.
III. É apresentado pelo defensor-geral à Assembleia Legislativa.
IV. É discutido pela sociedade civil em conferências.

Estão corretas as afirmações

a) I, II e III, apenas.
b) I, II e IV, apenas.
c) I, III e IV, apenas.
d) II, III e IV, apenas.
e) I, II, III e IV.

► ***Anotações/Comentários***

I – Assertiva correta, nos termos do art. 9º da LCE 988/06.

II – Assertiva correta, nos termos do art. 31, XIX, da LCE 988/06.

III – Assertiva incorreta, visto que caberá ao Defensor Público-Geral elaborar e propor o plano anual ao Conselho Superior (art. 19, I, da LCE 988/06)

IV – Assertiva correta, nos termos do art. 7º, § 3º, da LCE 988/06.

Gabarito: B

50. (Defensor Público DPE-SP – 2006 – FCC). Constitui um dos fundamentos de atuação da Defensoria Pública do Estado de São Paulo:

a) a indivisibilidade.

b) a prevenção dos conflitos.

c) a independência funcional.

d) a tutela jurídica integral e gratuita, individual e coletiva, judicial e extrajudicial, dos necessitados.

e) a unicidade.

► ***Anotações/Comentários***

(a) Alternativa incorreta, visto que a indivisibilidade não é fundamento de atuação da DPE/SP, mas um de seus princípios institucionais, previsto no art. 4º da LCE 988/06.

(b) Alternativa correta, nos termos do art. 3º da LCE 988/06, que traz os fundamentos de atuação da DPE/SP.

(c) Alternativa incorreta, visto que a independência funcional não é fundamento de atuação da DPE/SP, mas um de seus princípios institucionais, previsto no art. 4º da LCE 988/06.

(d) Alternativa incorreta, visto que a tutela jurídica integral e gratuita, individual e coletiva, judicial e extrajudicial, dos necessitados não é fundamento de atuação da DPE/SP, mas sua finalidade, nos termos do art. 2º da LCE 988/06.

(e) A unicidade ou unidade é um dos princípios institucionais da DPE/SP (art. 4º, LCE 988/06) e não um de seus fundamentos de atuação.

Gabarito: B

51. (Defensor Público DPE-SP – 2006 – FCC). NÃO é atribuição institucional da Defensoria Pública Paulista:

a) atuar subsidiariamente nos Juizados Especiais Federais e na Justiça do Trabalho.

b) prestar atendimento interdisciplinar.

c) manter comissões permanentes para formular e acompanhar propostas de alteração legislativa.

d) orientar e representar entidades civis que tenham entre suas finalidades assistir pessoas carentes e que não possuam recursos.

e) contribuir na elaboração e planejamento de políticas públicas.

▶ ***Anotações/Comentários***

(a) Alternativa correta, não sendo atribuição da DPE/SP a atuação subsidiária nos Juizados Especiais Federais e na Justiça do Trabalho.

(b) Alternativa incorreta, visto que é atribuição da DPE/SP o atendimento multidisciplinar, nos termos do art. 5º, VI, "j", da LCE 988/06.

(c) Alternativa incorreta, visto que é atribuição da DPE/SP a manutenção de tais comissões, nos termos do art. 5º, IV, da LCE 988/06.

(d) Alternativa incorreta, visto que é atribuição da DPE/SP orientar e representar entidades civis que tenham entre suas finalidades assistir pessoas carentes e que não possuam recursos, nos termos do art. 5º, VI, "h", da LCE 988/06.

(e) Alternativa incorreta, visto que é atribuição da DPE/SP contribuir no planejamento, elaboração e proposição de políticas públicas que visem a erradicar a pobreza e a marginalização e a reduzir as desigualdades sociais, nos termos do art. 5º, XII, da LCE 988/06.

Gabarito: A

Gabarito

01 – B	**02** – A	**03** – D	**04** – A	**05** – C	**06** – A
07 – D	**08** – E	**09** – D	**10** – A	**11** – D	**12** – C
13 – D	**14** – C	**15** – E	**16** – E	**17** – A	**18** – D
19 – E	**20** – B	**21** – B	**22** – E	**23** – D	**24** – B
25 – C	**26** – C	**27** – C	**28** – C	**29** – D	**30** – A
31 – A	**32** – B	**33** – B	**34** – A	**35** – E	**36** – D
37 – B	**38** – D	**39** – E	**40** – E	**41** – A	**42** – D
43 – A	**44** – B	**45** – E	**46** – C	**47** – D	**48** – E
49 – B	**50** – B	**51** – A			

10

LEI DA DEFENSORIA PÚBLICA DO PARÁ

01. (Defensor Público DPE-PA – 2015 – FMP Concursos). Considerando as disposições das legislações federal e estadual pertinentes, são prerrogativas dos membros da Defensoria Pública do Estado do Pará:

a) ser processado e julgado originariamente pelo Tribunal de Justiça de seu Estado, nos crimes comuns e de responsabilidade, ressalvada exceção de ordem constitucional.

b) receber, inclusive quando necessário, mediante entrega dos autos com vista, intimação pessoal em qualquer processo e grau de jurisdição ou instância administrativa, contando-se lhes em dobro o prazo para contestar e em quádruplo o prazo para recorrer.

c) deixar de patrocinar ação ou interpor recurso, quando for manifestamente incabível ou inconveniente aos interesses da parte sob seu patrocínio, comunicando o fato ao Corregedor-Geral da Defensoria Pública, com as razões da recusa.

d) ser custodiado ou recolhido à prisão domiciliar, por ordem e à disposição do Tribunal competente, quando sujeito a prisão antes do julgamento final.

e) agir, em juízo ou fora dele, na defesa de seu assistido, com dispensa de taxas, emolumentos e custas processuais, além de outras isenções previstas em lei.

► ***Anotações/Comentários***

(a) Alternativa errada. A Lei Complementar nº 54/2006 dispõe, no artigo 55, § 4º, que o Defensor Público, nos crimes comuns e de responsabilidade, será processado e julgado, originariamente, pelo Tribunal de Justiça do Estado, não fazendo nenhuma ressalva em relação ou exceção de ordem constitucional.

(b) Alternativa errada. Constitui prerrogativa dos membros da Defensoria Pública, nos termos do artigo 56, inciso V, da Lei Complementar nº 54/2006, receber mediante entrega dos autos com vista, intimação pessoal em qualquer processo e grau de jurisdição ou instância administrativa, contando-se-lhes em dobro todos os prazos.

(c) Alternativa errada. Constitui prerrogativa dos membros da Defensoria Pública, nos termos do artigo 56, inciso X, da Lei Complementar nº 54/2006, deixar de patrocinar ação ou interpor recurso, quando for manifestamente incabível ou inconveniente aos interesses da parte sob seu patrocínio, comunicando o fato ao Defensor Público-Geral, com as razões da recusa.

(d) Alternativa errada. Constitui prerrogativa do Defensor Público, nos termos do artigo 56, inciso III, da Lei Complementar nº 54/2006, ser recolhido a prisão especial ou à sala especial de Estado Maior, com direito a privacidade e, após sentença condenatória transitada em julgado, ser recolhido em dependência separada, no estabelecimento em que tiver de ser cumprida a pena.

(e) Alternativa correta, nos termos do que prevê o artigo 56, inciso XIV, da Lei Complementar nº 54/2006.

Gabarito: E

02. (Defensor Público DPE-PA – 2015 – FMP Concursos). Nos termos da LC 54/2006, é inelegível para o cargo de Defensor Público-Geral do Estado do Pará o membro da Defensoria Pública que:

a) tenha sido condenado por crime culposo, com decisão transitada em julgado, ressalvada a hipótese de reabilitação.

b) tenha sofrido penalidade disciplinar nos dois últimos anos anteriores à data da eleição.

c) tenha se afastado da instituição nos dois anos anteriores à data da eleição, inclusive para atividade em associação de classe.

d) tenha suas contas relativas ao exercício de cargos ou funções públicas rejeitadas por irregularidade insanável, e por decisão, ainda que recorrível do órgão competente, salvo se esta houver sido suspensa ou anulada pelo Poder Judiciário.

e) tenha exercido, nos doze meses anteriores à eleição, cargo ou função de direção em estabelecimentos de crédito, financiamento ou seguro, que tenham sido ou estejam sendo objeto de processo de liquidação judicial ou extrajudicial, enquanto não for exonerado de qualquer responsabilidade.

► ***Anotações/Comentários***

De acordo com o artigo 3º, § 6º, da Lei Complementar Paraense nº 54/2006, é inelegível para o cargo de Defensor Público-Geral o membro da Defensoria Pública que:

I – tenha se afastado da instituição nos dois anos anteriores à data da eleição, inclusive para atividade em associação de classe;

II – forem condenados por crimes dolosos, com decisão transitada em julgado, ressalvada a hipótese de reabilitação;

III – não apresentarem, à data da eleição, certidão de regularidade dos serviços afetos a seu cargo, expedida pela Corregedoria-Geral;

IV – tenham sofrido penalidade disciplinar nos doze meses anteriores à inscrição da candidatura;

V – mantenham conduta pública ou particular incompatível com a dignidade do cargo.

Assim, a alternativa correta é aquela talhada na letra "c".

Gabarito: C

03. (Defensor Público DPE-PA – 2015 – FMP Concursos). Sobre a disciplina, a composição e as atribuições do Conselho Superior da Defensoria Pública do Estado do Pará, é CORRETO afirmar que:

a) são membros natos do Conselho Superior o Defensor Público-Geral do Estado, o Subdefensor Público-Geral do Estado, o Corregedor-Geral da Defensoria Pública e o Ouvidor Geral da Defensoria Pública.

b) participam como membros eleitos do Conselho Superior três integrantes da categoria mais elevada e três integrantes da categoria imediatamente inferior à mais elevada da Carreira de Defensor Público, escolhidos pelo voto nominal, direto e secreto de todos os membros da Carreira para mandato de dois anos, permitida uma reeleição.

c) qualquer membro do Conselho Superior pode desistir de sua participação no Conselho, assumindo, imediatamente, o respectivo suplente.

d) o Conselho Superior é presidido pelo Defensor Público-Geral, que, além do seu voto de membro, tem o de qualidade, inclusive em matéria de remoção e promoção, sendo as deliberações tomadas por maioria de votos.

e) compete ao Conselho Superior supervisionar as atividades dos Defensores Públicos e servidores, coibindo erros, abusos, omissões e distorções verificadas, bem como sugerir medidas preventivas e ações de aperfeiçoamento e reciclagem de seus agentes.

▶ *Anotações/Comentários*

(a) Alternativa correta. A Lei Complementar nº 54/2006 dispõe, no artigo 10, inciso I, que são membros natos do Conselho Superior da Defensoria Pública o Defensor Público-Geral do Estado, o Subdefensor Público-Geral do Estado, o Corregedor-Geral da Defensoria Pública e o Ouvidor Geral da Defensoria Pública.

(b) Alternativa errada. A Lei Complementar nº 54/2006 dispõe, no artigo 10, inciso II, que atuam como membros eleitos do Conselho Superior da Defensoria Pública dois integrantes da entrância especial, dois integrantes da 3ª entrância, dois integrantes da 2ª entrância e dois integrantes da 1ª entrância, todos estáveis e da carreira de Defensor Público, eleitos pelo voto direto e secreto de todos os membros da Carreira para mandato de dois anos, permitida uma reeleição.

(c) Alternativa errada. Qualquer membro, a luz do que preceitua o artigo 10, § 5º, da Lei Complementar nº 54/2006, **exceto os natos**, podem desistir de sua participação no Conselho Superior assumindo imediatamente, o cargo o respectivo suplente.

(d) Alternativa errada. A Lei Complementar nº 54/2006 dispõe, no artigo 10, § 1º, que o Conselho Superior é presidido pelo Defensor Público-Geral, que, além do seu voto de membro, tem o de qualidade, **exceto** em matéria de remoção e promoção, sendo as deliberações tomadas por maioria de votos.

(e) Alternativa errada, nos termos do que prevê o artigo 13, inciso I, da Lei Complementar nº 54/2006, tal atribuição compete à **Corregedoria-Geral.**

Gabarito: A

04. (Defensor Público DPE-PA - 2015 - FMP Concursos). Segundo o entendimento consolidado pelo Conselho Superior da Defensoria Pública do Estado do Pará acerca dos projetos sociais executados pelos Defensores Públicos deste estado, é CORRETO afirmar que:

a) os Defensores Públicos do Estado do Pará devem cientificar o Defensor Público-Geral do interesse na realização de quaisquer projetos a serem utilizados prevalecendo-se do cargo de Defensor Público, independentemente da existência de termo de cooperação ou convênios.

b) dispensam prévia autorização do Defensor Público-Geral os projetos que envolverem mais de uma comarca ou núcleo.

c) a concessão de autorização para projetos pelo Defensor Público-Geral dispensa a análise de critérios de conveniência e oportunidade, em respeito ao princípio da independência funcional dos Defensores Públicos, desde que os objetivos sejam consentâneos com as atribuições e o planejamento estratégico da Defensoria Pública.

d) uma vez concedida a autorização para execução do projeto, este passa a ser da instituição, restando apenas a exibição nos meios de comunicação condicionada à autorização do Defensor Público autor.

e) o projeto que tiver a respectiva autorização indeferida, não poderá ser novamente apresentado

► ***Anotações/Comentários***

(a) Alternativa correta. A Resolução CSDP nº 119/2013 dispõe, no artigo 2º, que os Defensores Públicos do Estado do Pará devem cientificar o Defensor Público Geral do interesse na realização de quaisquer projetos a serem utilizados prevalecendo-se do cargo de Defensor Público, independente da existência de termo de cooperação ou convênios.

(b) Alternativa errada. A Resolução CSDP nº 119/2013 dispõe, no artigo 3º, inciso I, que o projeto necessitará de autorização do Defensor Público-Geral para ser inicializado quando sua área de atuação envolver mais de uma comarca ou núcleo.

(c) Alternativa errada. Ao analisar a concessão de autorização, de acordo com o artigo 5º, § 2º, da Resolução CSDP nº 119/2013, o Defensor Público-Geral considerará os critérios de conveniência e oportunidade, assim como o princípio da independência funcional dos Defensores, além dos objetivos finalísticos e o planejamento estratégico da Defensoria Pública.

(d) Alternativa errada. Uma vez concedida a autorização, de acordo com o artigo 7º, da Resolução CSDP nº 119/2013, o projeto passa a ser da Instituição, podendo livremente ser expandido e exibido nos meios de comunicação, conforme critérios de conveniência e oportunidade da Administração Superior da Defensoria Pública do Estado do Pará.

(e) Alternativa errada. Nos termos do artigo 6º, da Resolução em estudo, o projeto que tiver a respectiva autorização indeferida, poderá ser novamente apresentado no exercício financeiro seguinte ao do indeferimento.

Gabarito: A

05. (Defensor Público DPE-PA – 2009 – FCC). Um Defensor Público do Estado do Pará que cometer um crime de homicídio em qualquer cidade desse Estado

a) poderá ser preso em flagrante delito pela autoridade policial, mas, se não o for, não poderá depois ter a sua prisão preventiva decretada judicialmente, porque tem o direito de responder ao processo em liberdade

b) será processado e julgado na forma da lei, com direito ao exercício efetivo da ampla defesa, e, se for condenado, cumprirá pena em dependência separada no estabelecimento ao qual for encaminhado, após o trânsito em julgado da sentença condenatória.

c) poderá ser preso em flagrante delito pela autoridade policial, mas, em qualquer circunstância, terá o direito de obter judicialmente a liberdade provisória para responder solto ao processo.

d) poderá ser preso em flagrante delito pela autoridade policial, mas, se não o for, poderá ter a sua prisão decretada pelo Juízo da Vara do Júri, que é competente para processar e julgar os crimes dolosos contra a vida.

e) se for preso em flagrante pela autoridade policial ou tiver a prisão preventiva decretada judicialmente, ficará recolhido em prisão comum, até o julgamento definitivo da ação penal, em virtude do princípio constitucional de que todos são iguais perante a lei, sem distinção de qualquer natureza.

► *Anotações/Comentários*

(a) Assertiva incorreta, visto que, além da prisão em flagrante delito, o membro da Defensoria Pública pode ser preso por ordem judicial escrita e fundamentada (art. 56, inciso II, da Lei Complementar Estadual 54/06), não existindo a imunidade descrita na alternativa

(b) Assertiva correta, sendo que o cumprimento de pena em dependência separada no estabelecimento prisional está previsto na parte final do inciso III do art. 56 da LCE 54/06.

(c) Assertiva incorreta, já que a concessão da liberdade provisória depende, no caso concreto, da inexistência dos requisitos da prisão preventiva, ou da cessação da presença de tais requisitos, não sendo a liberdade provisória concedida em qualquer circunstância.

(d) Assertiva incorreta. No caso, a assertiva indica o "juízo da vara do júri" como competente para o julgamento dos crimes dolosos contra a vida, o que é errado, posto que tal competência é do Tribunal do Júri, nos termos do art. 5º, XXXVIII, "d", da Constituição Federal. Se ela dissesse que competiria ao juiz decretar medidas cautelares, como a prisão preventiva, estaria correta. Atenção: os membros da Defensoria Pública possuem foro por prerrogativa de função, sendo julgados, nos delitos comuns e de responsabilidade, pelo Tribunal de Justiça do Estado (Constituição do Estado do Pará, art. 161, I, "a"), previsão existente também no art. 55, § 4º, da LCE 54/06. Tal informação pode induzir o leitor a erro, uma vez que poderia considerar que o equívoco da assertiva consistiria na existência do foro por prerrogativa de função. Entretanto, tal foro é previsto unicamente na Constituição Estadual do Pará, não havendo igual disposição na Constituição Federal. Portanto, diante deste conflito, prevalece o texto Constituição Federal, que, no caso, traz a competência do Tribunal do Júri. Este, inclusive, é o teor da Súmula Vinculante 45, do STF: "A competência constitucional do Tribunal do Júri prevalece sobre o foro por prerrogativa de função estabelecido exclusivamente pela Constituição Estadual".

(e) Assertiva incorreta, já que o art. 56, III, da LCE 54/06 prevê, em sua primeira parte, a prisão especial ou sala especial de Estado Maior, com direito à privacidade, ao Defensor Público preso provisoriamente.

Gabarito: B

06. (Defensor Público DPE-PA – 2009 – FCC). O artigo 56, inciso XV, da Lei Complementar Estadual nº 54/2006 estabelece como prerrogativa do Defensor Público *"não ser constrangido, por qualquer forma e modo, a agir em desconformidade com a sua consciência ético – profissional"*, o que é uma manifestação da

a) garantia legal da independência funcional do Defensor Público.

b) garantia legal da estabilidade do Defensor Público;

c) princípio constitucional da eficiência da Administração Pública.

d) princípio constitucional da moralidade da Administração Pública.

e) garantia constitucional da autonomia funcional da Defensoria Pública.

► ***Anotações/Comentários***

(a) A alternativa se mostra correta, posto que a independência funcional, prerrogativa dos defensores públicos, consiste justamente na possibilidade de atuar livre de qualquer forma de constrangimento, mantendo-se preservada a sua consciência ético-profissional.

(b) Alternativa equivocada, visto que a garantia da estabilidade tem relação com a impossibilidade de ser o defensor público demitido, salvo após processo administrativo disciplinar em que se assegure ampla defesa, ou sentença judicial transitada em julgada.

(c) Alternativa errada, já que o princípio da eficiência da Administração Pública tem relação com o adequado funcionamento da Instituição Defensoria Pública, prestando serviços eficientes à população, mediante o emprego correto, pelo gestor, dos recursos disponíveis.

(d) Alternativa incorreta, já que o princípio da moralidade da Administração Pública tem relação com a atuação da Defensoria Pública em respeito não só à legalidade, mas também à lealdade, probidade e boa-fé, não tendo vínculo com o texto trazido no enunciado.

(e) Alternativa está incorreta, já que a autonomia funcional é garantia da Instituição Defensoria Pública perante outros órgãos e Poderes, ao passo que a independência funcional é prerrogativa de cada Defensor Público, vinculada ao cargo.

Gabarito: A

Gabarito

01 – E	**02** – C	**03** – A
04 – A	**05** – B	**06** – A

11

LEI DA DEFENSORIA PÚBLICA DE PERNAMBUCO

01. (Estágio – Direito DPE-PE – 2015 – DPE-PE). Considerando o disposto nas Leis Complementares Estaduais 20/1998 e 124/2008, que regem a Defensoria Pública do Estado de Pernambuco, assinale a alternativa incorreta:

a) A Defensoria Pública do Estado é instituição permanente e essencial à função jurisdicional do Estado, incumbindo-lhe a assistência jurídica, judicial e extrajudicial, integral e gratuita, aos necessitados, assim considerados na forma da lei

b) À Defensoria Pública do Estado é assegurada autonomia funcional, financeira e administrativa, competindo-lhe praticar atos próprios de gestão e a iniciativa de sua proposta orçamentária, a qual será enviada ao Governador do Estado, observados os limites previstos pela lei de diretrizes orçamentárias.

c) As funções institucionais da Defensoria Pública do Estado só poderão ser exercidas por membro da carreira.

d) A Defensoria Pública do Estado atuará junto aos estabelecimentos prisionais visando ao atendimento jurídico permanente dos presos sumariados e apenados, necessitados na forma da lei, competindo à administração do Sistema Penitenciário do Estado reservar-lhe instalações adequadas a seus trabalhos, prestar as informações solicitadas, assegurando o acesso à documentação dos presos internos e garantir o direito de entrevista, na forma da lei.

e) A Defensoria Pública do Estado tem por chefe o Defensor Público Geral, nomeado pelo Governador do Estado, dentre os integrantes da carreira, que detenham dez (10) ou mais anos de efetivo exercício na atividade, maiores de trinta e cinco (35) anos, indicados em lista tríplice para mandato de (2) anos, permitida uma recondução, por igual período.

► ***Anotações/Comentários***

A alternativa errada é aquela prevista na letra "e". Com efeito, dispõe o artigo 5º, LC nº 124/2008 que a Defensoria Pública do Estado tem por chefe o Defensor Público Geral, nomeado pelo Governador do Estado, dentre os integrantes da carreira, que detenham cinco (5) ou mais anos de efetivo exercício na atividade, maiores de trinta e cinco (35) anos, indicados em lista tríplice para mandato de dois (2) anos, permitida uma recondução, por igual período.

Gabarito: E

Gabarito

01 – E

12

LEI DA DEFENSORIA PÚBLICA DO RIO DE JANEIRO

01. (Técnico Médio de Defensoria Pública DPE-RJ – 2010 – CEPUERJ). Quanto às sanções disciplinares previstas na lei complementar n° 6/77, analise as alternativas abaixo:

I) A suspensão será aplicada na falta de cumprimento do dever funcional.

II) A censura caberá nos casos de procedimento reprovável e faltas leves em geral.

III) A suspensão será aplicada na violação intencional de dever funcional e na prática de ato incompatível com a dignidade ou o decoro do cargo ou da função.

IV) A multa será aplicada nos casos de retardamento injustificado de ato funcional ou de descumprimento dos prazos legais, nos termos e na forma da lei processual.

São corretas as afirmativas

a) I e II

b) I e III

c) I e IV

d) III e IV

► ***Anotações/Comentários***

(I) Errada. A suspensão será aplicada nos casos de: I – violação intencional do dever funcional; II – prática de ato incompatível com a dignidade ou o decoro do cargo ou da função; III – reincidência em falta punida com as penas de censura ou multa (art. 146 da LC estadual 6/77)

(II) Errada. A censura caberá nas hipóteses de I – falta de cumprimento do dever funcional; II – procedimento reprovável; III – desatendimento a determinações dos órgãos de administração superior da Defensoria Pública; IV – reincidência em falta punida com pena de advertência (art. 144 da LC estadual 6/77).

(III) Afirmação correta. At. 146 da LC estadual 6/77.

(IV) Afirmação correta. Art. 145 da LC estadual 6/77: "A multa será aplicada nos casos injustificados de retardamento de ato funcional ou de descumprimento dos prazos legais, nos termos e na forma da legislação processual".

Gabarito: D.

02. (Técnico Médio de Defensoria Pública DPE-RJ – 2010 – CEPUERJ). Considerando-se as disposições da Lei Complementar n.° 06/77, do Estado do Rio de Janeiro, a hipótese de servidor que deixa de atender a determinação de órgão da administração superior da Defensoria Pública do Estado do Rio de Janeiro enseja a pena de:

a) multa

b) censura

c) suspensão

d) advertência

► ***Anotações/Comentários***

A censura será cabível nas hipóteses de I – falta de cumprimento do dever funcional; II – procedimento reprovável; III – desatendimento a determinações dos órgãos de administração superior da Defensoria Pública; IV – reincidência em falta punida com pena de advertência (art. 144 da LC estadual 6/77).

Portanto, a alternativa (b) é a correta.

Gabarito: B.

03. (Técnico Médio de Defensoria Pública DPE-RJ – 2010 – CEPUERJ). Acerca das disposições contidas na Lei Complementar Estadual 6/77 e no do Decreto 2.479/79, referentes ao processo administrativo disciplinar e das sanções disciplinares, é correto afirmar que:

a) dentre as possíveis punições disciplinares a que se sujeita o defensor público, encontra-se a possibilidade de destituição de função

b) o Decreto-Lei 220/75 determina que o prazo prescrição para a imposição de penalidade administrativa será de 4 (quatro) anos

c) o processo administrativo deverá ser concluído em até 90 dias, contados do dia em que os autos chegarem à Comissão Permanente de Inquérito Administrativo, prorrogável por 30 dias, em, no máximo, três períodos

d) compete ao Corregedor Geral da Defensoria Pública determinar a instauração de processo disciplinar para a apuração de falta punível com as penas de suspensão, demissão ou cassação de aposentadoria, observando o sigilo no procedimento

► ***Anotações/Comentários***

(a) Alternativa errada, visto que a destituição da função não se encontra dentre as punições disciplinares previstas no art. 141 da LCE 6/77, que prevê em seus incisos as sanções de advertência, censura, multa, suspensão, demissão e cassação da aposentadoria,

(b) Alternativa errada, visto que o art. 303 e respectivos incisos do Decreto-Lei 220/75 traz prazos prescricionais distintos, sendo de 02 anos para faltas sujeitas às penas de advertência, repreensão, multa ou suspensão, e de 05 anos nas faltas sujeitas à demissão ou destituição da função, e nas de cassação de aposentadoria, jubilação ou disponibilidade

(c) Alternativa correta, pois dispõe o art. 324 do Decreto-Lei 220/75 que o processo administrativo disciplinar deverá estar concluído no prazo de 90 (noventa) dias, contados da data em que os autos chegarem à Comissão prorrogáveis sucessivamente por períodos de 30 (trinta) dias, até o máximo de 3 (três), em caso de força maior e a juízo do Secretário de Estado de Administração.

(d) Alternativa errada, pois, nos termos do art. 155 da LCE 6/77, compete ao Defensor Público Geral do Estado determinar a instauração de processo disciplinar para a apuração de falta punível com as penas de suspensão, demissão ou cassação de aposentadoria, observando o sigilo no procedimento.

Gabarito: C

04. (Técnico Médio de Defensoria Pública DPE-RJ – 2010 – CEPUERJ). Quanto às sanções disciplinares previstas na lei complementar n° 6/77, analise as alternativas abaixo:

I) A suspensão será aplicada na falta de cumprimento do dever funcional.

II) A censura caberá nos casos de procedimento reprovável e faltas leves em geral.

III) A suspensão será aplicada na violação intencional de dever funcional e na prática de ato incompatível com a dignidade ou o decoro do cargo ou da função.

IV) A multa será aplicada nos casos de retardamento injustificado de ato funcional ou de descumprimento dos prazos legais, nos termos e na forma da lei processual.

São corretas as afirmativas

a) I e II

b) I e III

c) I e IV

d) III e IV

▶ ***Anotações/Comentários***

I – Assertiva incorreta, visto que ela é cabível não na simples falta de cumprimento do dever funcional, mas no caso de violação intencional de tal dever (art. 146, I, da LCE 6/77), bem como nos casos de prática de ato incompatível com a dignidade ou o decoro do cargo ou da função (inciso II); e reincidência em falta punida com as penas de censura ou multa (inciso III).

II – Assertiva incorreta, visto que casos de faltas leves em geral são apenados com advertência (art. 143, II, da LCE 6/77).

III – Assertiva correta, nos termos do art. 146, I, da LCE 6/77.

IV – Assertiva correta, nos termos do art. 145 da LCE 6/77.

Gabarito: D

05. (Técnico Médio de Defensoria Pública DPE-RJ – 2010 – CEPUERJ). Considerando-se as disposições da Lei Complementar n.° 06/77, do Estado do Rio de Janeiro, a hipótese de servidor que deixa de atender a determinação de órgão da administração superior da Defensoria Pública do Estado do Rio de Janeiro enseja a pena de:

a) multa

b) censura

c) suspensão

d) advertência

▶ ***Anotações/Comentários***

(a) Alternativa incorreta, já que a multa é aplicável nos casos injustificados de retardamento de ato funcional ou de descumprimento dos prazos legais, nos termos e na forma da legislação processual (art. 145 da LCE 6/77), e não de descumprimento de determinação da Administração Superior.

(b) Alternativa correta, visto que o art. 144, III, da LCE 6/77, prevê a imposição de censura para os casos de "desatendimento a determinações dos órgãos de administração superior da Defensoria Pública", justamente a conduta narrada no enunciado da presente questão.

(c) Incorreta, sendo que as hipóteses de suspensão se encontram no art. 146 da LCE 6/77, não abarcando a conduta descrita no enunciado da presente questão.

(d) Alternativa incorreta, visto que só os casos de faltas leves em geral são apenados com advertência (art. 143, II, da LCE 6/77), havendo expressa previsão de censura para a conduta narrada no enunciado (art. 144, III, da LCE 6/77).

Gabarito: B

06. (Técnico Médio de Defensoria Pública DPE-RJ – 2010 – CEPUERJ). Acerca das disposições contidas na Lei Complementar Estadual 6/77 e no do Decreto 2.479/79, referentes ao processo administrativo disciplinar e das sanções disciplinares, é correto afirmar que:

a) dentre as possíveis punições disciplinares a que se sujeita o defensor público, encontra-se a possibilidade de destituição de função

b) o Decreto-Lei 220/75 determina que o prazo prescrição para a imposição de penalidade administrativa será de 4 (quatro) anos

c) o processo administrativo deverá ser concluído em até 90 dias, contados do dia em que os autos chegarem à Comissão Permanente de Inquérito Administrativo, prorrogável por 30 dias, em, no máximo, três períodos

d) compete ao Corregedor Geral da Defensoria Pública determinar a instauração de processo disciplinar para a apuração de falta punível com as penas de suspensão, demissão ou cassação de aposentadoria, observando o sigilo no procedimento

► ***Anotações/Comentários***

(a) Assertiva incorreta, visto que as sanções a que podem ser submetidos os Defensores Públicos estão previstas no art. 141 da LCE 6/77, quais sejam: advertência, censura, multa, suspensão, demissão e cassação de aposentadoria.

(b) Assertiva incorreta, visto que os prazos previstos no art. 57 do Decreto-Lei 220/75 são de dois anos para a falta sujeita às penas de advertência, repreensão, multa ou suspensão; e de cinco anos para a falta sujeita à pena de demissão ou destituição de função, ou à pena de cassação da aposentadoria ou disponibilidade. Por seu turno, o Art. 149 da LCE 6/77 prevê que ocorrerá a prescrição em dois anos, quando a falta for sujeita às penas de advertência, censura ou multa; e em cinco anos nos demais casos

(c) Assertiva correta, nos termos do art. 324 do Decreto Estadual 2479/79, que dispõe que "o processo administrativo disciplinar deverá estar concluído no prazo de 90 (noventa) dias, contados da data em que os autos chegarem à Comissão prorrogáveis sucessivamente por períodos de 30 (trinta) dias, até o máximo de 3 (três), em caso de força maior e a juízo do Secretário de Estado de Administração".

(d) Alternativa incorreta, já que não compete ao Corregedor-Geral, mas sim ao "Defensor Público Geral do Estado determinar a instauração de processo disciplinar para a apuração de falta punível com as penas de suspensão, demissão ou cassação de aposentadoria, observando o sigilo no procedimento". (art. 155 da LCE 6/77).

Gabarito: C

07. (Técnico Médio de Defensoria Pública DPE-RJ – 2010 – CEPUERJ). Após aprovação no concurso público a que se candidatou, o funcionário entrará em exercício no prazo de 30 (trinta) dias, contados a partir da data da:

a) assinatura do ato de posse

b) publicação do resultado do concurso

c) assinatura do ato de nomeação para o cargo efetivo

d) publicação do ato de nomeação para o cargo efetivo

► ***Anotações/Comentários***

De acordo com o art. 14 do Estatuto dos Funcionários Públicos do Poder Executivo do Estado do Rio de Janeiro, "a investidura em cargo em comissão, integrante do Grupo I – Direção e Assessoramento Superiores – DAS, ocorrerá com a posse; em cargo de provimento efetivo, do Grupo III – Cargos Profissionais, com o exercício. Em ambos os casos, iniciar-se-á dentro do prazo de 30 (trinta) dias, contados da publicação do ato de provimento".

Portanto, a alternativa (d) é a correta.

Gabarito: D

08. (Técnico Superior Especializado – Administração DPE-RJ – 2014 – FGV). Considerando o disposto na Lei Complementar nº 80/94 e na Lei Complementar nº 06/77, o Ouvidor Geral da Defensoria Pública do Rio de Janeiro será escolhido pelo;

a) Conselho Superior da Defensoria Pública, dentre quaisquer cidadãos de reputação ilibada indicados em lista tríplice formada pela sociedade civil.

b) Defensor Público Geral, dentre cidadãos de reputação ilibada indicados em lista tríplice formada pelo Corregedor Geral.

c) Defensor Público Geral, dentre cidadãos de reputação ilibada indicados em lista tríplice formada pelo Conselho Superior da Defensoria Pública.

d) Governador do Estado, dentre cidadãos de conduta ilibada indicados em lista tríplice formada pelo Defensor Público Geral.

e) Conselho Superior da Defensoria Pública, dentre cidadãos de reputação ilibada, não integrantes da carreira, indicados em lista tríplice formada pela sociedade civil.

► ***Anotações/Comentários***

De acordo com o art. 20-B da LC estadual nº 06/77, na redação dada pela LC 169/2016, "O Ouvidor-Geral será escolhido pelo Conselho Superior, dentre cidadãos de reputação ilibada, não integrante da Carreira, indicados em lista tríplice formada pela sociedade civil, para mandato de 2 (dois) anos, permitida 1 (uma) recondução."

Portanto, a alternativa (e) está correta.

Gabarito: E.

Gabarito

01 – D	**02** – B	**03** – C	**04** – D
05 – B	**06** – C	**07** – D	**08** – E

13

LEI DA DEFENSORIA PÚBLICA DE TOCANTINS

01. (Analista em Gestão Especializado DPE-TO – 2012 – COPESE – UFT). Nos termos da Lei Estadual nº 2.252/2009, o quadro de servidores auxiliares da Defensoria Pública do Estado do Tocantins é organizado, dentre outras, com fundamento nas seguintes diretrizes:

I. Organização e escalonamento dos cargos, tendo em vista a multifuncionalidade, a multidisciplinaridade e a complexidade das atribuições;

II. Motivação dos servidores, mediante o reconhecimento dos resultados obtidos no desempenho das suas atribuições, após aferição da eficiência e qualidade dos serviços prestados;

III. Desenvolvimento profissional dos servidores, mediante tempo de serviço e sindicância prévia de suas atribuições;

IV. Compromisso dos servidores com a filosofia e os objetivos da Instituição;

V. Revisão geral e bienal da remuneração em abril, obedecidos os parâmetros da Lei de Diretrizes Orçamentárias e a disponibilidade financeira;

a) Somente os itens I, II e III estão corretos.

b) Somente os itens II, III e IV estão corretos.

c) Somente os itens I, II e IV estão corretos.

d) Somente os itens III, IV e V estão corretos.

► ***Anotações/Comentários***

- I. Correto, segundo o art. 1º, II, b, da Lei Estadual nº 2.252/2009.
- II. Correto, conforme o art. 1º, II, d, da Lei Estadual nº 2.252/2009.
- III. Afirmação errada, pois o art. 1º, II, IV, da Lei Estadual nº 2.252/2009 diz que o quadro de servidores é organizado segundo a diretriz de "desenvolvimento profissional dos servidores, mediante qualificação, para o exercício de suas atribuições", não fazendo menção ao tempo de serviço ou à necessidade de sindicância prévia de suas atribuições.

- IV. Correto, de acordo com o art. 1º, V, da Lei Estadual nº 2.252/2009.
- V. Afirmação errada. Dentre as diretrizes de organização do quadro de servidores da Defensoria Pública previstas no art. 1º da Lei Estadual nº 2.252/2009, não há menção a uma revisão geral e bienal da remuneração em abril.

Portanto, a alternativa (c) é a correta.

Gabarito: C.

Gabarito

01 – C

14

LEI DA DEFENSORIA PÚBLICA DO ACRE

01. (Defensor Público DPE-AC – 2012 – CESPE). Acerca do defensor público-geral do estado, do Conselho Superior e do corregedor-geral do estado, assinale a opção correta.

a) O Conselho Superior da DP, composto por membros da carreira eleitos para mandato de dois anos, é presidido pelo defensor público-geral do estado, detentor de voto de qualidade em todas as matérias.

b) O presidente da entidade de classe de maior representatividade dos membros da DPE tem assento e voz bem como direito a voto nas reuniões do Conselho Superior.

c) O corregedor-geral da DPE é indicado entre os integrantes da classe mais elevada da carreira, em lista tríplice elaborada pelo Conselho Superior, e nomeado pelo chefe do Poder Executivo para mandato de dois anos, permitida uma recondução.

d) Antes do término de seu mandato, o corregedor-geral da DPE poderá ser destituído por proposta do chefe do Poder Executivo, aprovada pela maioria absoluta dos membros do Conselho Superior.

e) Caso o chefe do Poder Executivo estadual não efetive a nomeação do defensor público-geral do estado nos quinze dias que se seguirem ao recebimento da lista tríplice, será investido automaticamente no cargo o DP mais votado para exercício do mandato.

► ***Anotações/Comentários***

(a) Errada, pois o "Conselho Superior é presidido pelo Defensor Público-Geral, que terá voto de qualidade, exceto em matéria disciplinar", conforme o art. 101, § 1º, da LC 80/94.

(b) Errada, uma vez que o "presidente da entidade de classe de maior representatividade dos membros da Defensoria Pública do Estado terá assento e voz nas reuniões do Conselho Superior" (art. 101, § 5º, da LC 80/94), mas sem direito à voto.

(c) Errada. Art. 104 da LC 80/94: "A Corregedoria-Geral é exercida pelo Corregedor-Geral indicado dentre os integrantes da classe mais elevada da

Carreira, em lista tríplice formada pelo Conselho Superior, e nomeado pelo Defensor Público-Geral para mandato de 2 (dois) anos, permitida 1 (uma) recondução".

(d) Errada. Art. 104, § 1º, da LC 80/94: "O Corregedor-Geral poderá ser destituído por proposta do Defensor Público-Geral, pelo voto de dois terços do Conselho Superior, antes do término do mandato".

(e) Afirmação correta, nos precisos termos do parágrafo 4º do art. 99 da LC 80/94: "Caso o Chefe do Poder Executivo não efetive a nomeação do Defensor Público-Geral nos 15 (quinze) dias que se seguirem ao recebimento da lista tríplice, será investido automaticamente no cargo o Defensor Público mais votado para exercício do mandato".

Gabarito: E.

Gabarito

01 – E

15

LEI DA DEFENSORIA PÚBLICA DE GOIÁS

01. (Defensor Público DPE-GO – 2010 – INSTITUTO CIDADES). Sobre o regime jurídico da carreira de Defensor Público do Estado de Goiás:

a) É vedado ao membro da carreira desempenhar cargo ou função fora da área de competência da Defensoria Pública do Estado, exceto cargos de direção e assessoramento superior.

b) É prerrogativa do membro da carreira não ser preso, senão por ordem judicial escrita, salvo em flagrante, caso em que a autoridade fará imediata comunicação ao Corregedor – Geral.

c) É facultada a recusa à promoção, sem prejuízo do critério do preenchimento da vaga recusada.

d) E prerrogativa funcional do membro da carreira ter vista pessoal de quaisquer processos fora dos cartórios e secretarias, sendo inoponíveis quaisquer dispositivos legais em sentido contrário.

e) Pode o membro da carreira oficiar em processo no qual houver dado à parte contrária parecer verbal ou escrito sobre o objeto da demanda.

► ***Anotações/Comentários***

(a) Errada. Art. 159 da LC estadual 130/2017: "Além das proibições decorrentes do exercício de cargo público, aos membros da Defensoria Pública do Estado é vedado: I – exercer a advocacia fora das atribuições institucionais".

Art. 154 da LC estadual 130/2017: "Ao membro da Defensoria Pública do Estado poderá ser concedido afastamento para o exercício de cargo em comissão na administração pública direta ou indireta, ou em quaisquer dos Poderes, nas esferas federal, estadual ou municipal, desde que de alta relevância".

(b) Errada. A comunicação deve ser ao Defensor Público-Geral e não ao Corregedor. Art. 128, II, da LC 80/94: é prerrogativa do membro da DP "não ser preso, senão por ordem judicial escrita, salvo em flagrante, caso em que a autoridade fará imediata comunicação ao Defensor Público-Geral".

(c) Afirmação correta. Art. 115, § 1º, da LC 80/94: "É facultada a recusa à promoção, sem prejuízo do critério do preenchimento da vaga recusada".

No mesmo sentido, menciona-se o art. 97 da LC estadual 130/2017: "É lícita a recusa à promoção, que deverá ser manifestada na forma regulada pelo Conselho Superior da Defensoria Pública do Estado".

(d) Errada. Art. 157 da LC estadual 130/2017: "São prerrogativas dos membros da Defensoria Pública do Estado, dentre outras previstas em lei: VI – ter vista pessoal dos processos fora dos cartórios e secretarias, ressalvadas as vedações legais".

(e) Errada. Art. 160 da LC estadual 130/2017: "É defeso ao membro da Defensoria Pública do Estado exercer as suas funções em processo ou procedimento: VI – em que houver dado à parte contrária parecer verbal ou escrito sobre o objeto da demanda".

Gabarito: C.

02. (Defensor Público DPE-GO – 2010 – INSTITUTO CIDADES). Considerando o regime disciplinar da Defensoria Pública do Estado de Goiás.

- **a)** A legitimidade do cônjuge do Defensor Público para instauração de processo revisional de penalidade pode ser considerada como subsidiária.
- **b)** A pena de cassação de aposentadoria é reservada para aqueles casos em que a inativação tiver sido concedida irregularmente.
- **c)** No regime da Lei Orgânica da Defensoria Pública do Estado de Goiás, prescrevem todas as faltas disciplinares no lapso de dois a quatro anos.
- **d)** Ao Defensor Público-Geral do Estado compete aplicar penas disciplinares aos membros da carreira.
- **e)** A Lei Orgânica da Defensoria Pública do Estado de Goiás veicula regime disciplinar próprio e exaustivo.

► *Anotações/Comentários*

(a) Errada. Art. 223 da LC estadual 130/2017: "A instauração do processo revisional poderá ser requerida pelo próprio interessado ou, se falecido ou interdito, por seu curador, cônjuge, companheiro, ascendente, descendente ou irmão".

(b) Errada. Art. 176 da LC estadual 130/2017: "A penalidade de cassação de disponibilidade ou de aposentadoria será aplicada se o Defensor Público houver praticado, quando em atividade, falta passível de pena de demissão".

(c) Errada. Pelo art. 178 da LC estadual 130/2017, "extingue-se a punibilidade pela prescrição: I – da falta sujeita às penas de advertência, censura e remoção compulsória, em 2 (dois) anos; II – da falta sujeita à pena de suspensão, demissão e cassação de disponibilidade e de aposentadoria, em 5 (cinco) anos; III – da falta prevista em lei como infração penal, no prazo de prescrição em abstrato da pena criminal, se for superior a 5 (cinco) anos."

(d) Afirmação correta. Art. 12 da LC estadual 130/2017: "Compete ao Defensor Público-Geral do Estado, além de outras atribuições que lhe sejam conferidas por lei ou que forem inerentes a seu cargo: XV – aplicar as sanções disciplinares aos membros da Defensoria Pública do Estado e aos servidores, assegurada a ampla defesa".

(e) Errada. Art. 187 da LC estadual 130/2017: "Aplicam-se, subsidiariamente, aos procedimentos disciplinares de que trata esta Lei Complementar as normas do Estatuto dos Funcionários Públicos Civis do Estado e do Código de Processo Penal".

Gabarito: D.

03. (Defensor Público DPE-GO – 2010 – INSTITUTO CIDADES). O Conselho Superior da Defensoria Pública do Estado de Goiás é composto

a) pelo Defensor Público-Geral e pelo Corregedor-Geral, como membros natos, e por quatro representantes da categoria mais elevada, escolhidos pelo Colégio de Defensores Públicos de Primeira Categoria, em escrutínio direto e secreto.

b) pelo Defensor Público-Geral, pelo Subdefensor Público-Geral e pelo Corregedor-Geral, como membros natos, e por quatro representantes da categoria mais elevada estáveis, escolhidos pelos seus pares em escrutinio direto e secreto.

c) pelo Defensor Público-Geral, pelo Subdefensor Público-Geral e pelo Corregedor-Geral, como membros natos, e por quatro representantes da categoria mais elevada estáveis, escolhidos pelo Colégio de Defensores Públicos de Terceira Categoria, em escrutínio direto e secreto.

d) pelo Defensor Público-Geral e pelo Corregedor-Geral, como membros natos, e por quatro representantes da categoria mais elevada, escolhidos pelo Colégio de Defensores Públicos de Primeira Categoria, em escrutínio direto e secreto.

e) pelo Defensor Público-Geral, pelo Subdefensor Público-Geral e pelo Corregedor-Geral, como membros natos, e por quatro representantes da categoria mais elevada, escolhidos pelos seus pares em escrutínio direto e secreto.

► ***Anotações/Comentários***

Conforme a atual redação do art. 24 da LC estadual 130/2017, "O Conselho Superior da Defensoria Pública do Estado, órgão colegiado, com poderes consultivo, normativo e decisório, será composto pelo Defensor Público-Geral, pelo Primeiro Subdefensor Público-Geral, pelo Segundo Subdefensor Público-Geral, pelo Corregedor-Geral e pelo Ouvidor-Geral, como membros natos, além de 6 (seis) representantes estáveis na Carreira e igual número de suplentes, eleitos pelo voto direto, plurinominal e obrigatório de todos os membros" (redação dada pela LC 141/2018).

Note-se que o gabarito oficial indica a alternativa (e), no entanto é anterior à LC 141/2018, que deu nova redação ao dispositivo legal.

Gabarito: E.

Gabarito

01 – C	**02** – D	**03** – E

16

LEI DA DEFENSORIA PÚBLICA DE ALAGOAS

01. (Defensor Público DPE-AL – 2009 – CESPE). Compete à corregedoria geral da DPE/AL instaurar processo disciplinar contra os membros da DPE/AL.

☐ Certo

☐ Errado

► ***Anotações/Comentários***

A assertiva está errada, visto que, nos termos do art. 135 da Lei Complementar Estadual (LCE) 29/2011, compete ao Defensor Público-Geral a instauração de processo administrativo disciplinar (de ofício ou por sugestão do Corregedor-Geral ou do Conselho Superior da DPE), competindo à Corregedoria-Geral a instrução de processos administrativos disciplinares em face de Defensores Públicos (art. 23, II, da LCE 29/11)

Gabarito: Errado.

02. (Defensor Público DPE-AL – 2009 – CESPE). Encontra-se no âmbito de competência do Conselho Superior da DPE/AL recomendar correições extraordinárias.

☐ Certo

☐ Errado

► ***Anotações/Comentários***

A assertiva se mostra correta, pois compete ao Conselho Superior da DPE/AL, nos termos do art. 20, VIII, da LCE 29/2011, recomendar correições extraordinárias.

Gabarito: Certo.

03. (Defensor Público DPE-AL – 2009 – CESPE). O exercício de atividades decisórias é vedado ao Conselho Superior da DPE/AL.

☐ Certo

☐ Errado

► ***Anotações/Comentários***

Assertiva errada, pois, pelo contrário, o Conselho Superior exerce atividades decisórias, conforme se depreende, por exemplo, do art. 20, incisos XI e XII, da LCE 29/2011.

Gabarito: Errado.

04. (Defensor Público DPE-AL - 2009 - CESPE). Acerca das prerrogativas e impedimentos dos membros da DPE/AL, julgue os próximos itens.

O DP é dispensado de revista e tem franco acesso aos locais sob a fiscalização da polícia.

☐ Certo

☐ Errado

► ***Anotações/Comentários***

Assertiva correta, sendo que o art. 104, X, da LCE 29/2011 prevê ser prerrogativa do Defensor Público Estadual em Alagoas ser dispensado de revista e ter franco acesso aos locais sob a fiscalização da polícia, devendo as autoridades civis e militares, sob pena de responsabilidade, prestar-lhe apoio e auxílio necessário ao desempenho de suas funções.

Gabarito: Certo.

05. (Defensor Público DPE-AL - 2009 - CESPE). O DP não pode exercer suas funções em processo no qual tiver emitido à parte contrária parecer verbal sobre o objeto da demanda.

☐ Certo

☐ Errado

► ***Anotações/Comentários***

Assertiva correta, visto que o art. 109 da LCE 29/2011 prevê, em seu inciso VI, ser defeso ao membro da Defensoria Pública exercer suas funções em processo ou procedimento em que "em que houver dado à parte contrária parecer verbal ou escrito sobre o objeto da demanda".

Gabarito: Certo.

06. (Defensor Público DPE-AL – 2009 – CESPE). Em cada um dos próximos itens, é apresentada uma situação hipotética relativa à competência e às atribuições da DPE/AL, seguida de uma assertiva a ser julgada. **Marcelo procurou a DP com o objetivo de ajuizar ação negatória de paternidade, declarando não ter condições de pagar as custas do processo e os honorários de advogado sem prejuízo próprio ou de sua família. Nessa situação, ajuizada a ação, o DP poderá adotar medidas para que seja apurado o estado de carência do assistido, caso desconfie que a situação financeira de Marcelo não condiz com a assistência judiciária.**

☐ Certo

☐ Errado

► ***Anotações/Comentários***

Assertiva correta, visto que a atuação da Defensoria Pública é destinada à prestação de assistência jurídica integral e gratuita aos que comprovarem a insuficiência de recursos (CF, art. 5º, inciso LXXIV), sendo que, em sendo identificado eventual conforto financeiro, cabe ao membro da Defensoria Pública adotar medidas para apurar tal circunstância, zelando pela missão constitucional da Instituição. No âmbito da DPE/AL, tal proceder também encontra amparo no art. 8 da Resolução CSDP 06/2012

Gabarito: Certo.

07. (Defensor Público DPE-AL – 2009 – CESPE). Carla entrou em contato com Marta visando obter indenização por danos materiais que esta causou em seu veículo, além dos danos morais que entendia cabíveis. Marta, entendendo que os danos morais exigidos por Carla eram absurdos, procurou a DPE/AL. Nessa situação, pode a DP promover, extrajudicialmente, a conciliação entre Carla e Marta.

☐ Certo

☐ Errado

► ***Anotações/Comentários***

Assertiva correta, visto que, nos termos do art. 7º, IV, da LCE 29/2011, é função institucional da Defensoria Pública do Estado "promover, prioritariamente, a solução extrajudicial dos litígios, visando à composição entre as pessoas em conflito de interesses, por meio da mediação, conciliação, arbitragem e demais técnicas de composição e administração de conflitos". Na assertiva, não há informação acerca da existência de ação judicial, o que facilita a promoção do acordo extrajudicial – muito embora a pendência de ação não impeça, por óbvio, a composição entre as partes envolvidas.

Gabarito: Certo.

08. (Defensor Público DPE-AL – 2009 – CESPE). Pedro procurou a DPE/AL visando ajuizar ação para eximir-se de pagar IPVA, cuja cobrança entendia equivocada. Nessa situação, por tratar-se de ação que será ajuizada contra pessoa jurídica de direito público, é defeso à DP patrocinar a ação.

☐ Certo

☐ Errado

► ***Anotações/Comentários***

Alternativa incorreta, visto que pelo contrário, as funções institucionais da DPE/AL serão exercidas inclusive contra as pessoas jurídicas de Direito Público. É o que prevê o art. 7º, § 2º, da LCE 29/2011, havendo idêntica previsão no art. 4º, § 2º, da LC 80/94, com aplicação a todas Defensorias Públicas do país.

Gabarito: Errado.

09. (Defensor Público DPE-AL – 2009 – CESPE). Rafael ajuizou ação de investigação de paternidade patrocinada pela DPE/AL. O juiz julgou improcedente o pedido, decisão que foi mantida pelo tribunal em sede de apelação. Nessa situação, se for cabível a interposição de recurso especial, deverá a atuação ser deslocada para a Defensoria Pública da União.

☐ Certo

☐ Errado

► ***Anotações/Comentários***

A assertiva se mostra incorreta, visto que, com fundamento no art. 7º, II, da LCE 29/2011, é função institucional da Defensoria Pública do Estado de Alagoas "representar em juízo os necessitados, na tutela de seus interesses individuais e coletivos, no âmbito civil ou criminal, perante os órgãos jurisdicionais do Estado e em todas as instâncias, inclusive os Tribunais Superiores". Além disso, o art. 32, III, do mesmo diploma prevê que caberá aos Defensores Públicos "esgotar todas as instâncias recursais, judiciais e administrativas possíveis no caso concreto, salvo se houver motivo justificado com a devida comunicação ao Defensor Público-Geral, cabendo a este adotar as providências previstas nas resoluções do Conselho Superior".

Gabarito: Errado.

10. (Defensor Público DPE-AL – 2009 – CESPE). Julgue os itens subsequentes, acerca da promoção na carreira e dos deveres e penalidades a que se sujeita o DP.

As promoções na carreira de DP do estado são efetivadas por ato do DPG do estado, obedecidos, alternadamente, os critérios de antiguidade e merecimento, sendo defesa recusa à promoção por antiguidade.

☐ Certo

☐ Errado

▶ ***Anotações/Comentários***

Assertiva incorreta, visto que apesar das promoções dependerem de ato do DPE para sua efetivação, obedecidos, alternadamente, os critérios da antiguidade e do merecimento (art. 55 da LCE 29/2011), não há obstáculo à recusa à promoção por antiguidade, tanto que o § 3º do art. 55 da LCE 29/2011 prevê que "os membros da Defensoria Pública do Estado de 1ª classe somente poderão ser promovidos após três anos de efetivo exercício, dispensado o interstício se não houver quem preencha tal requisito, ou se quem o preencher recusar a promoção".

Gabarito: Errado.

11. (Defensor Público DPE-AL – 2009 – CESPE). Ao contrário dos membros da magistratura, os DPs não estão obrigados a residir na localidade onde exercem suas funções.

☐ Certo

☐ Errado

▶ ***Anotações/Comentários***

A assertiva se mostra incorreta, visto que o art. 7º, § 1º, da LCE 29/2011, prevê que "as funções institucionais da Defensoria Pública só poderão ser exercidas por membro da carreira, que deverá residir na comarca da respectiva lotação, salvo autorização do chefe da instituição."

Gabarito: Errado.

12. (Defensor Público DPE-AL – 2009 – CESPE). Caso um DP do estado do Alagoas esteja respondendo a processo administrativo disciplinar, para se aplicar a pena de remoção compulsória, será necessário prévio parecer do Conselho Superior.

☐ Certo

☐ Errado

► ***Anotações/Comentários***

A assertiva se mostra correta, nos termos do art. 120 da LC 80/94, constante da Seção VI do referido diploma, a qual trata dos Defensores Públicos do Estado. Dispõe o citado artigo que "a remoção compulsória somente será aplicada com prévio parecer do Conselho Superior, assegurada ampla defesa em processo administrativo disciplinar".

Gabarito: Certo.

13. (Defensor Público DPE-MT – 2009 – FCC). O Defensor Público Substituto do Estado de Mato Grosso NÃO possui

a) o direito a férias, antes de ser confirmado na carreira, após cumprido o estágio probatório.

b) a garantia da irredutibilidade de seu subsídio.

c) a prerrogativa da independência funcional.

d) a garantia da inamovibilidade.

e) a prerrogativa do foro especial junto ao Tribunal de Justiça.

► ***Anotações/Comentários***

(a) Alternativa incorreta, visto que o direito a férias está previsto para todos os membros da DPE/MT no art. 80, III, da Lei Complementar Estadual (LCE) 146/03, direito também assegurado no art. 25 da LC 80/94.

(b) Alternativa incorreta, visto que a irredutibilidade é garantida a todos os membros da DPE/MT, nos termos do art. 70 da LCE 146/03, sendo também assegurada pelo art. 127, III, da LC 80/94.

(c) Alternativa incorreta, já que a prerrogativa da independência funcional é assegurada a todos os membros da DPE/MT pelo art. 70 da LCE 146/03 e pelo art. 127, I, da LC 80/94.

(d) Alternativa correta, visto que o art. 44, § 1º, da LCE 146/03 dispõe que não se aplica a garantia da inamovibilidade ao ocupante de cargo inicial da carreira em estágio probatório.

(e) Alternativa incorreta, visto que o art. 75 da LCE 146/03 prevê que os membros da Defensoria Pública, nos crimes comuns e de responsabilidade, serão processados e julgados, originariamente, pelo Tribunal de Justiça do Estado, não havendo qualquer ressalva quanto ao defensor público substituto. Trata-se de reprodução da previsão do art. 96, I, "a", da Constituição do Estado do Mato Grosso.

Gabarito: D

Gabarito

01 – ERRADO	**02** – CERTO	**03** – ERRADO	**04** – CERTO	**05** – CERTO
06 – CERTO	**07** – CERTO	**08** – ERRADO	**09** – ERRADO	**10** – ERRADO
11 – ERRADO	**12** – CERTO	**13** – D		

17

LEI DA DEFENSORIA PÚBLICA DE MINAS GERAIS

01. (Defensor Público DPE-MG – 2009 – FUMARC). Assinale a opção correta acerca das disposições da Lei Complementar Estadual n.º 65/03:

a) Os membros da DPMG adquirem a garantia da estabilidade após três anos de exercício, não podendo perder o cargo a não ser após regular processo administrativo-disciplinar, no qual lhes seja garantida ampla defesa.

b) O membro da DPMG poderá ser removido compulsoriamente do cargo ou função, por motivo de interesse público, mediante decisão do Conselho Superior, por voto de dois terços de seus membros, desde que assegurada a ampla defesa. Pode ainda ser removido voluntariamente através de requerimento direcionado para o Conselho Superior.

c) Os defensores públicos de primeira classe são agentes que atuam em primeira instância, não podendo propor ações diretamente nos tribunais, pois tratando de competência originária dos tribunais, tais ações devem ser propostas por defensores públicos que atuam em segunda instância.

d) Ao Conselho Superior compete decidir, pelo voto da maioria de seus integrantes, sobre a avaliação e a permanência na carreira dos membros da DPMG em estágio probatório.

e) Ao Corregedor-Geral compete baixar instruções, sem caráter vinculativo e no limite de suas atribuições, visando à regularidade e ao aperfeiçoamento das atividades da Defensoria Pública, bem como à independência funcional de seus membros.

► ***Anotações/Comentários***

(a) Alternativa errada, visto que, além do processo administrativo-disciplinar, o art. 73, § 1º, da LCE 65/03 prevê que o defensor público estável poderá ser demitido também em virtude de sentença judicial transitada em julgado.

(b) Alternativa equivocada, na parte relativa à remoção voluntária, que na verdade deve ter seu requerimento direcionado ao Defensor Público-Geral (art. 71 da LCE 65/03) e não ao Conselho Superior.

(c) Alternativa incorreta, já que é dever dos membros da Defensoria Pública (aí incluídos os de Primeira Classe), nos termos do art. 79, XIV, da LCE 65/03, "interpor os recursos cabíveis para qualquer instância ou tribunal e promover revisão criminal, sempre que encontrar fundamentos na lei, jurisprudência ou prova dos autos". Ou seja: é dever de todos os membros a interposição de revisão criminal, ação proposta diretamente em Tribunal, o que evidencia o equívoco da assertiva.

(d) Alternativa incorreta, visto que, para tal decisão, é preciso o voto de dois terços dos integrantes do Conselho Superior (LCE 65/03, art. 28, inciso XXI), e não apenas da maioria.

(e) Alternativa correta, que reproduz o teor do art. 34, inciso XI, da LCE 65/03.

Gabarito: E

02. (Defensor Público DPE-MG – 2009 – FUMARC). São prerrogativas previstas na LC 65/03 dos membros da Defensoria Pública no exercício de suas atribuições, EXCETO:

a) Ter vista pessoal dos processos judiciais, em cartório ou na repartição competente, e, ressalvadas as vedações legais, fora dos cartórios e das secretarias.

b) Requisitar de autoridade pública ou de seus agentes, civis e militares, exames, certidões, perícias, vistorias, diligências, processos, documentos, informações, esclarecimentos e providências.

c) Receber intimação pessoal em qualquer processo ou grau de jurisdição, mediante entrega dos autos com vista, contando-lhe em dobro todos os prazos, ressalvado o prazo de interposição de recurso extraordinário para o STF.

d) Receber o mesmo tratamento reservado aos membros do Ministério Público e aos Desembargadores.

e) Examinar, em qualquer repartição policial, mesmo sem designação, autos de flagrante delito e de inquérito, findos ou em andamentos, ainda que conclusos à autoridade, podendo copiar peças e tomar apontamentos.

► ***Anotações/Comentários***

(a) Alternativa correta, visto que encontra amparo no art. 74, inciso V, da LCE 65/03.

(b) Alternativa correta, que reproduz o teor do art. 74, inciso IX, da LCE 65/03.

(c) Alternativa incorreta, visto que todos os prazos serão contados em dobro (art. 74, inciso I, da LCE 65/03), não havendo a citada ressalva quanto ao recurso extraordinário.

(d) Alternativa correta, já que o art. 74, XV, da LCE 65/03, prevê que os defensores públicos receberão "o mesmo tratamento reservado aos magistrados, aos membros do Ministério Público e aos demais titulares de cargos das funções essenciais à Justiça", aí incluídos, logicamente, os desembargadores, que são magistrados atuantes em Segunda Instância.

(e) Alternativa correta, que reproduz o teor do art. 74, VII, da LCE 65/03.

Gabarito: C

03. (Defensor Público DPE-MG - 2009 - FUMARC). Com base na Lei Complementar Estadual n.º 65/03, analise as assertivas abaixo:

I – A Corregedoria-Geral é exercida pelo Corregedor-Geral, indicado entre os integrantes da carreira, em lista sêxtupla elaborada pelo Conselho Superior e nomeado pelo Governador do Estado.

II – A Defensoria Pública-Geral e o Conselho Superior são órgãos da Administração Superior, sendo o Defensor Público-Geral chefe do primeiro e quem sempre presidirá o segundo.

III – O Defensor Público é órgão de execução, exceto se estiver em função administrativa.

IV – São órgãos de atuação da Defensoria Pública: Defensorias Públicas nas Comarcas; Núcleos da Defensoria Pública do Estado; Coordenadorias Regionais de Defensoria Pública, em número de quinze.

V – São órgãos de execução de apoio administrativo: o Gabinete; a Assessoria jurídica e de comunicação; a Superintendência de Planejamento, Gestão e Finanças e a Superintendência de Gestão Jurídica.

Pode-se afirmar que:

a) pelo menos três assertivas estão corretas.

b) somente duas assertivas estão corretas.

c) somente uma assertiva está correta.

d) Todas as assertivas estão incorretas.

e) Há quatro assertivas corretas.

▶ *Anotações/Comentários*

I – Trata-se de assertiva incorreta, visto que o Corregedor-Geral será indicado dentre os integrantes da classe mais elevada da carreira, informação não constante do item a ser analisado pelo candidato, que indica que o Corregedor-Geral poderia ser indicado dentre todos os membros da carreira. É o que se verifica no art. 33 da LCE 65/03: "A Corregedoria-Geral é exercida pelo Corregedor-Geral, indicado entre os integrantes da classe mais elevada da carreira, em lista sêxtupla elaborada pelo Conselho Superior, e nomeado pelo Governador do Estado, para mandato de dois anos".

II – Alternativa incorreta. Ainda que a Defensoria Pública-Geral e o Conselho Superior estejam previstos como órgãos da Administração Superior nas seções I e III do Capítulo II da LCE 65/03, sendo o Defensor Público-Geral o chefe da Defensoria Pública-Geral (art. 7º da LCE 65/03), este não estará sempre na presidência do Conselho Superior. Dispõe o art. 23, § 1º, da LCE 65/03 que o Conselho Superior será presidido pelo Defensor Público-Geral, respeitadas as exceções previstas na mesma lei. A título de exemplo, se encontra o disposto nos artigos 14, § 1º e 15, *caput,* e § 4º, da LCE 65/03, que tratam do procedimento de destituição do Defensor Público-Geral, e preveem que neste caso a presidência do Conselho Superior ficará a cargo do conselheiro mais antigo na Classe Especial.

III – Assertiva correta, visto que, ainda que os Defensores Públicos, regulamentados pela seção única do Capítulo IV da LCE 65/03, intitulado "Dos Órgãos de Execução", sejam órgãos de execução, a questão considerou que o Defensor que exerça função administrativa, estando eventualmente afastado da suas funções, não estaria atuando como órgão de execução, mas sim integrando outras estruturas, como órgãos da Administração Superior (art. 6º, II, LCE 65/03) ou Órgãos de apoio administrativo e serviços auxiliares (art. 6º, IV, LCE 65/03)

IV – Assertiva correta, já que o art. 6º, II, alíneas "a" a "c", da LCE 65/03, prevê como órgãos de atuação as Defensorias Públicas do Estado nas Comarcas, os Núcleos da Defensoria Pública do Estado e as Coordenadorias Regionais de Defensoria Pública, em número de quinze.

V – Assertiva incorreta, visto que não existe a "Superintendência de Gestão Jurídica" dentre os órgãos de apoio administrativo e serviços auxiliares, listados no art. 6º, IV, da LCE 65/03. O que existe, prevista na alínea "f" do citado inciso IV, é a "Assessoria Jurídica", juntamente com o Gabinete (alínea "a"), a Assessoria de Comunicação e Cerimonial (alínea "g") e a Superintendência de Planejamento, Gestão e Finanças (alínea "j"). Além disso, a assertiva fala em "órgãos de execução de apoio administrativo", quando o correto, previsto na lei, é a expressão "órgãos de apoio administrativo".

Gabarito: B

Gabarito

01 – E	02 – C	03 – B

18

LEI DA DEFENSORIA PÚBLICA DO CEARÁ

01. (Defensor Público - DPE-CE - CESPE - 2008). Em relação à Defensoria Pública do Estado do Ceará, de acordo com a Lei Complementar Estadual n.º 6/1997, julgue os itens seguintes.

É vedado ao defensor se declarar suspeito para o patrocínio dos interesses de pessoa atendida pela assistência judiciária.

☐ Certo

☐ Errado

► ***Anotações/Comentários***

A assertiva encontra-se incorreta, visto que, pelo contrário, nos termos do art. 98, XII, da LCE 6/1997, é dever do membro da Defensoria Pública "declarar-se suspeito ou impedido nos termos da Lei".

Gabarito: Errado.

02. (Defensor Público DPE-CE - 2008 - CESPE). É dever do defensor residir na comarca na qual servir, dela só podendo se ausentar, nos dias úteis, com autorização do defensor público-geral.

☐ Certo

☐ Errado

► ***Anotações/Comentários***

A assertiva está correta, reproduzindo o teor do art. 98, inciso XIV, da LCE 6/1997, que dispõe ser dever do defensor público "residir na comarca na qual servir, dela só podendo se ausentar nos dias úteis, com autorização expressa do Defensor Público-Geral".

Gabarito: Certo.

03. (Defensor Público DPE-CE - 2008 - CESPE). Em razão da autonomia funcional, a atividade dos defensores está sujeita apenas às fiscalizações em correições ordinárias e extraordinárias.

☐ Certo
☐ Errado

► ***Anotações/Comentários***

A assertiva é incorreta, pois além de fiscalizações em correições ordinárias e extraordinárias, a atividade dos defensores públicos do Ceará também é sujeita à inspeção permanente (art. 106, I, da LCE 6/1997)

Gabarito: Errado.

04. (Defensor Público DPE-CE - 2008 - CESPE). Em procedimento administrativo disciplinar, o corregedor-geral da Defensoria Pública pode aplicar penalidade de suspensão por até noventa dias ao defensor público.

☐ Certo
☐ Errado

► ***Anotações/Comentários***

A assertiva se mostra incorreta, já que a imposição da sanção de suspensão por até 90 dias (art. 116, III, LCE 6/1997) é de competência do Defensor Público-Geral (art. 124, II, LCE 6/1997)

Gabarito: Errado.

05. (Defensor Público DPE-CE - 2008 - CESPE). Entre as funções institucionais da Defensoria Pública está a promoção, nos cartórios competentes, do registro civil de pessoas carentes.

☐ Certo
☐ Errado

► ***Anotações/Comentários***

Trata-se de assertiva correta, encontrando previsão no art. 3º, inciso XII, da LCE 6/1997, que dispõe ser função institucional da DPE/CE "promover, junto aos cartórios competentes, o registro civil de nascimento e óbito das pessoas carentes".

Gabarito: Certo.

Gabarito

01 – ERRADO	**02** – CERTO
03 – ERRADO	**04** – ERRADO
05 – CERTO	

19

LEI DA DEFENSORIA PÚBLICA DO ESPÍRITO SANTO

01. (Defensor Público DPE-ES – 2009 – CESPE). A defensoria pública, prevista na CF e na CEES, vem regulamentada, respectivamente, pela Lei Complementar Federal n.º 80/1994 e pela Lei Complementar Estadual n.º 55/1994. Com base nos referidos diplomas infraconstitucionais, julgue os itens subsequentes.

A lei complementar federal citada assegura assistência jurídica integral e gratuita aos necessitados. A acepção atual da expressão necessitados abrange tanto os necessitados econômicos como os necessitados jurídicos – pessoas que, de qualquer modo, em razão da hipossuficiência, estão em situação jurídica de vulnerabilidade em relação à parte contrária. A norma estadual contempla ambas as possibilidades.

☐ Certo

☐ Errado

Anotações/comentários

Trata-se de assertiva correta, sendo que o art. 2º da LCE 55/94 traz expressamente da ideia de hipossuficiência decorrente de situação jurídica de vulnerabilidade em relação à parte contrária. Eis o texto legal: "Considera-se necessitado, para os fins desta Lei Complementar, toda pessoa, brasileira ou estrangeira, residente ou em trânsito no Estado, cuja insuficiência de recursos não lhe permita arcar com os custos da defesa de seus direitos, ou cuja hipossuficiência a coloque em situação de vulnerabilidade em relação à parte contrária".

Gabarito: Certo.

02. (Defensor Público DPE-ES – 2009 – CESPE). A previsão normativa da independência funcional no desempenho de suas atribuições assegura ao defensor público liberdade de bem escolher a tese a ser sustentada no feito sob a sua responsabilidade. É vedada a avocação pelo defensor geral, salvo em caso de representação do assistido e de constatar-se a ocorrência de desídia, negligência ou falta funcional, indicando-se, de pronto, outro membro para patrocínio da causa. A autonomia ou independência funcional não desobriga o defensor público de se submeter a regras e procedimentos estabelecidos pela administração superior da instituição.

☐ Certo

☐ Errado

Anotações/comentários

O item está certo, trazendo correto conceito de independência funcional. Também deve ser salientado que o art. 54 da LCE 55/94 veda a avocatória, ficando o Defensor Público com responsabilidade exclusiva na condução da causa, até final decisão, só podendo ser destituído pela parte ou substituído em razão de seu afastamento voluntário. Além disso, a independência funcional não pode ser confundida com absoluta irresponsabilidade, devendo o Defensor Público atuar em conformidade com regras e procedimentos estipulados pela Administração Superior.

Gabarito: Certo.

03. (Defensor Público DPE-ES - 2009 - CESPE). A defensoria pública é instituição essencial à função jurisdicional do Estado e tem previsão expressa na CF e na CEES. Considerando as referidas normas fundamentais, julgue os itens que se seguem.

Ao tratar da defesa do consumidor, a CEES, na implantação da política pública, assegura ao consumidor o direito de assistência judiciária, quando solicitada, de forma ampla, integral e gratuita, independentemente de sua situação financeira.

☐ Certo

☐ Errado

► ***Anotações/Comentários***

Alternativa certa, visto que o art. 11, IV, da Constituição do Estado do Espírito Santo prevê que o Estado assegurará ao consumidor assistência judiciária, quando solicitada, independente de sua situação financeira. Entretanto, em se tratando de Defensoria Pública, e considerando a missão constitucional de tutela dos hipossuficientes, pode ser questionada a correção desta assertiva no que diz respeito à tutela individual, que deveria, a rigor, se ater aos economicamente necessitados.

Gabarito: Certo.

Gabarito

01 – CERTO	**02** – CERTO
03 – CERTO	

REFERÊNCIAS BIBLIOGRÁFICAS

ALMEIDA FILHO, N. Transdisciplinaridade e Saúde Coletiva. Ciência & Saúde Coletiva. II (1-2), 1997.

CAVALCANTE, Paula Rosana. Cadernos da Defensoria Pública do Estado de São Paulo v. 3 n. 20. Questões Institucionais e Atuação Interdisciplinar. **Psicólogas e psicólogos na Defensoria Pública: a psicologia a serviço da população, dos seus direitos e do acesso à justiça**. *Psicólogas/os na Defensoria Pública: novas possibilidades de atuação e velhos desafios da Psicologia Jurídica.* 2018.

COSTA, Fernanda Pereira Termo de Ajustamento de Conduta - TAC - Disponível em: http://lex.com.br/doutrina_26089822_TERMO_DE_AJUSTAMENTO_DE_CONDUTA__TAC.aspx Acesso em: 30/05/2019.

MEIRELLES, Hely Lopes. Direito Administrativo Brasileiro. 36. ed. São Paulo: Malheiros, 2010. P. 660/661.

PAIVA, Caio; FENSTEREIFEN, Tiago. Comentários à Lei Nacional da Defensoria Pública. Belo Horizonte: CEI, 2019. p.163.

PORTELA, Adélia Luiza; ATTA, Dilza Maria Andrade. A Dimensão Pedagógica da Gestão da Educação. In: RODRIGUES, Maristela; BRAGA, Ana Catarina (Org.). Guia de Consulta para o Programa de Apoio aos Secretários Municipais de Educação PRASEM II. Brasília: FUNDESCOLA/MEC, 1999, p. 77-114.

ROCHA, Jorge Bheron. Legitimação da Defensoria Pública para ajuizamento de ação civil pública tendo por objeto direitos transindividuais. Florianópolis: Empório Modara Editora, 2018.

ANOTAÇÕES

ANOTAÇÕES

ANOTAÇÕES

ANOTAÇÕES

EDITORA
JusPODIVM
www.editorajuspodivm.com.br